北京政法职业学院教材建设资助项目
新编21世纪高等职业教育精品教材　公共管理与服务类

社会工作服务实务操作手册

顾　问／张　菡
主　编／孙　慰
副主编／苏　锋

中国人民大学出版社
·北京·

图书在版编目（CIP）数据

社会工作服务实务操作手册 / 孙慰主编. -- 北京 :
中国人民大学出版社，2021.10
新编 21 世纪高等职业教育精品教材 . 公共管理与服务
类
ISBN 978-7-300-29828-3

Ⅰ.①社… Ⅱ.①孙… Ⅲ.①社会工作－中国－高等
职业教育－教材 Ⅳ.①D632

中国版本图书馆 CIP 数据核字（2021）第 177237 号

北京政法职业学院教材建设资助项目
新编 21 世纪高等职业教育精品教材·公共管理与服务类
社会工作服务实务操作手册
顾　问　张　菡
主　编　孙　慰
副主编　苏　锋
Shehui Gongzuo Fuwu Shiwu Caozuo Shouce

出版发行	中国人民大学出版社		
社　　址	北京中关村大街 31 号	**邮政编码**	100080
电　　话	010－62511242（总编室）		010－62511770（质管部）
	010－82501766（邮购部）		010－62514148（门市部）
	010－62515195（发行公司）		010－62515275（盗版举报）
网　　址	http://www.crup.com.cn		
经　　销	新华书店		
印　　刷	北京昌联印刷有限公司		
开　　本	787 mm×1092 mm　1/16	**版　　次**	2021 年 10 月第 1 版
印　　张	16	**印　　次**	2024 年 12 月第 2 次印刷
字　　数	383 000	**定　　价**	48.00 元

前言
PREFACE

理论是实务之光，实务是理论之石。社会工作是一门实践性较强的学科，社会工作实务的开展效果直接体现了我国社会工作的整体发展水平。在实际工作中，实践与理论结合不紧密、盲目套用理论模式，甚至实践脱离理论等各种问题仍然存在。刚进入实践领域的人士常常面临无所适从、不知从何做起的困境。本教材突出职业教育特点，紧密结合当前的社会工作行业标准，能够及时填补社会工作专业核心课程“社会工作实务”使用教材的空白，为学生提供具体、明确、操作性强的工作指引。本书以习近平新时代中国特色社会主义思想为指导，全面融入党的二十大精神，始终把提高学生的思想道德素质与专业素养融为一体，培养学生诚实守信、爱岗敬业等优秀品质，为中国式现代化建设提供高技能人才支撑。

本教材由七个项目、三十三个任务组成，主要特点如下：

1. 体现最新的职业教育理念。本教材突出职业教育特点，深化产教融合、校企合作，由北京政法职业学院和北京中鼎社会工作事务所共同开发，任务情境均来自中鼎社会工作事务所近年来专业实践的真实案例，使本教材内容及所设计的项目、任务更加贴近社会工作实践。

2. 任务驱动式教学模式。根据社会工作的实际工作情况与要求，将各实务领域工作内容设计成工作任务。学生在任务驱动下进行学习，强调学生学习的主动性。

3. 以社会工作过程为导向，以工作项目和工作任务为载体。将目前重点社会工作领域所涉及的内容细分成具体的技能和任务，对学生进行训练。

4. 突出实用性。本教材紧密结合当前社会工作国家标准和行业标准，突出当前四大重点社会工作领域，有针对性地讲述社会工作的服务内容、服务方法、服务流程等，使学生的社会工作实务与现实要求结合得更加密切。

5. 融入思政元素。课程思政是有效发挥课堂育人主渠道作用的必然选择，本教材有效融入社会主义核心价值观，将社会工作专业的学科资源、学术资源、行业资源转化为育人资源，实现了“知识传授”和“价值引领”的有机统一，以培养具有家国情怀、专业精神和个人追求的新时代社会主义建设者。

6. 工作手册式教材，简单易学。本教材为学生提供具体、明确、有较强操作性的工作指引和工作说明书，使初学者轻松入门，快速适应岗位工作。

本教材在编写过程中，参阅了大量研究资料，广泛吸纳现有研究成果，引用了一些专家学者的观点，在此诚挚地向他们表示衷心的感谢。由于时间和水平有限，本教材中难免有失当之处，望广大读者、专家不吝指正。

孙　慰

2021 年 8 月

目录 CONTENTS

项目一 社会工作实务的通用过程

社会工作实务的通用过程包括接案、预估、计划、介入、评估和结案六个阶段或步骤，每个阶段或步骤都有各自不同的工作任务、内容、方法和技巧，本项目重点针对社会工作实务通用过程的六个步骤进行逐一讲解。

知识目标

- 了解社会工作实务通用过程的基本程序
- 熟悉每个阶段的主要任务

技能目标

- 熟练掌握社会工作实务通用过程的操作步骤
- 熟悉每个阶段的服务技巧

素养目标

- 充分感受社会工作实务通用过程的价值和意义
- 培养开展社会工作的“服务流程”思维

思政目标

- 认同共建共治共享的社会治理理念
- 认同社会工作者的职业身份，具有较强的社会责任感和良好的职业伦理意识

任务一　接案

“接案”是社会工作实务过程的第一步，是社会工作助人活动的开端，也是整个助人过程的基础和起点。在“接案”过程中，社会工作者需要与潜在的服务对象进行初步接触，在确定服务对象来源与类型的基础上，根据具体情形做好会谈准备；在开展会谈的过程中，进一步界定服务对象的需求和问题，鼓励并帮助服务对象进入受助角色，最终建立良好的专业关系。社会工作者如何有效运用会谈技巧，如何有效回应服务对象需求，如何辨别服务对象问题的迫切性和严重程度，如何克服服务对象不良情绪或处理其抵触情绪，均是“接案”阶段的关键所在。

任务情境

2019 年 7 月，中鼎社会工作事务所接到上级民政部门通知，经某社区儿童主任排查，发现辖区内的儿童笑笑无人照顾，长期居住在社区楼道，缺乏家庭监护。作为社会工作事务所的社工小刘，将如何开展“接案”工作呢？

分解任务流程

了解服务对象来源和接受服务的意愿 → 收集信息 → 会谈商榷 → 建立专业关系

任务实施

流程一　了解服务对象来源和接受服务的意愿

重点工作任务

- 了解服务对象来源
- 确定服务对象接受服务的意愿

任务情境分析

• 重点工作任务 •

一、服务对象来源

一般来讲，服务对象通常有以下三种来源：

类型	定义	特点
第一种：主动求助的	一个人、家庭或团体、组织、社区带着超出他们能力之外的不能解决的问题主动前来寻求帮助	这类服务对象通常具有较强的改变动机，社会工作者与之建立信任关系相对比较容易，但需要进一步筛选服务对象的问题
第二种：他人转介的	由他人转介而来，可能是社区内的相关机构（例如街道办事处、居委会）或邻居发现了他们的问题，从而要求社会工作者介入来帮助他们解决	这类服务对象大多数是非自愿型，可能会由于不了解机构服务而对社会工作者怀有敌意和抵触情绪，甚至拒绝接受服务

续表

类型	定义	特点
第三种：由社会工作者主动接触而成为服务对象的	社会工作者在日常工作中主动接触需要协助的人而使其成为服务对象	社会工作者的重要工作和任务是，消除他们对机构和社会工作者的不信任甚至是怀疑，引导他们接受服务

二、服务对象接受服务的意愿

一般来讲，按照服务对象接受服务的意愿可将服务对象分为以下三种类型：

类型	内容	特点
第一种：自愿型服务对象	认识到需要协助而主动求助的以及由他人介绍而接触社会工作服务机构并愿意成为其服务对象的人	这类服务对象求助动机强，社会工作者比较容易与之建立关系，机构的服务与他们的需要也会比较吻合
第二种：非自愿型服务对象	那些需要协助且由他人（包括父母、老师等）转介给社会工作服务机构以协助其解决问题的人	这种服务对象自己并不情愿接受服务，或者不是依法必须接受服务的人（被动接受服务是这类服务对象的特点）
第三种：应急处置服务对象	那些由政府、法院或其他被授权的部门转介而来的，依法必须接受社会工作服务机构服务的人	这些服务对象如果不接受服务将依法受到相应的制裁，这种特性使得他们在接受服务时通常会存在或表现出某些抗拒情绪和行为

• 任务情境分析 •

一、服务对象来源

根据任务情境介绍可知，笑笑是社区儿童主任在实际工作中发现并报告后由上级民政部门转介至中鼎社会工作事务所的，属于服务对象来源的第二种“他人转介的”。

二、服务对象接受服务的意愿

根据任务情境介绍可知，笑笑是社区儿童主任在排查工作中发现的服务对象，由上级民政部门转介过来且依法必须接受社会工作服务机构的服务，服务对象类型属于“应急处置服务对象”，这类服务对象求助意愿不强，在接受服务时通常会存在或表现出某些抗拒情绪和行为。

知识链接

儿童主任

2019年4月30日，民政部、教育部等十部门联合印发《关于进一步健全农村留守儿童和困境儿童关爱服务体系的意见》（以下简称《意见》），要求加强基层儿童工作队伍建设，在村（居）一级设立“儿童主任”，明确了儿童主任的六项工作职责。根据《意见》的规定，儿童主任的职责之一就是：负责组织开展信息排查，及时掌握农村留守儿童、困境儿童和散居孤儿等服务对象的生活保障、家庭监护、就学情况等基本信息。

流程二 收集信息

重点工作任务
- 初步收集与服务对象有关的信息
- 初步探索服务对象的困境和需要

任务情境分析

• 重点工作任务 •

一、初步收集与服务对象有关的信息

基本内容	1. 个人资料； 2. 身体情况； 3. 心理状况； 4. 个人特长； 5. 社会环境
基本方法	1. 访谈法； 2. 标准化量表； 3. 走访社区
注意事项	1. 一般情况下应优先收集服务对象急需解决问题的相关信息； 2. 事先研读服务对象资料，尤其是转介个案来源； 3. 尊重服务对象意愿，运用相关会谈技巧引导服务对象主动介绍自己的情况

二、初步探索服务对象的困境和需要

基本内容	1. 初步界定服务对象面临的问题，确认是否属于本机构的服务范畴
	2. 初步确认服务对象的实际需求，确定问题解决的先后次序
	3. 初步了解服务对象的基本情况

• 任务情境分析 •

在本任务情境中，由于服务对象笑笑属于社区转介而来，社区儿童主任对笑笑的基本情况较为了解，于是社会工作者首先通过街道和社区儿童主任沟通，了解了服务对象笑笑的一些基本情况：笑笑，女，14 岁，其父母已离婚，监护权转移给笑笑父亲，但其父亲不积极履行监护职责，导致笑笑流浪街头，其母亲已回河北老家，社区只有其母亲的联系方式。同时笑笑还存在一些不良行为，甚至是越轨行为。社会工作者初步推断笑笑目前处于家庭监护缺失的状态，急需解决其家庭监护问题。

【值得注意的是，由于本任务情境中的服务对象属于社区转介而来，此种情况下社会工作者收集信息相对比较容易，可以通过阅读转接材料或者与转介部门沟通获得服务对象的基本信息，并可以初步探索其困境和需要，之后再根据具体情况开展会谈商榷。一般情况下，社会工作者需要通过会谈商榷过程收集服务对象信息。也就是说，流程二和流程三的工作内容可以根据实际情况进行调整，并非固定流程不可变更。】

社会工作者对笑笑基本情况的分析如下：

收集信息类别	具体内容
生理方面	口齿清晰，智商正常，思维敏捷，身体健康
心理方面	心理健康状况不佳；通过其自述得知偶尔会有自虐倾向
社会方面	因为年龄差异，与同班同学沟通较少；与班主任关系不好；学习成绩中等；没有辍学打算；在日常生活中不会主动结交朋友
家庭基本情况	父亲拒绝访谈，其他情况未知。 母亲，未再婚，无固定职业，每月收入 2 000～3 000 元，现借住于河北省某市的母亲家中，在笑笑 6 岁时离开，后断绝往来。笑笑母亲及家人很乐意接纳笑笑，但由于经济原因不能提供住宿费用，也不能随笑笑来北京居住
社区情况	居住社区非常关注笑笑的个人成长，儿童社区主任将其作为重点关注对象
其他情况	善于解决问题，自我表达能力很强，生活自理能力强

流程三 会谈商榷

重点工作任务

- 进行会谈的前期准备
- 确定会谈的主要任务
- 使用恰当的会谈技巧
- 回应服务对象
- 注意事项

任务情境分析

• 重点工作任务 •

一、会谈的前期准备

会谈的前期准备主要包括：资料准备、拟定会谈提纲、确定会谈时间与地点。

会谈前期准备	相关流程	具体内容及目的
资料准备	1. 事先研读服务对象资料	记下不清楚的地方，以便在面谈时进一步了解
	2. 了解其是否接受过服务	对其他机构转介来的服务对象，要充分阅读服务记录，便于进一步了解
	3. 了解服务对象是否有特殊事项需要谨慎小心处理	如对心理或精神健康方面问题的服务对象，做好预防工作的同时，还可以邀请相关专业的专家一起与服务对象见面
	4. 走访社区	通过服务对象的社会网络来了解其社会功能及社会处境方面的情况
拟定会谈提纲	1. 介绍自己和自己的专长	1. 社会工作者需要灵活处理上述谈话内容，基本原则是“以服务对象为中心”，尽量协助服务对象表达对自己问题的看法； 2. 社会工作者要通过专注地聆听，鼓励服务对象发挥主观能动性，进行自我探索，以便把握他们的想法
	2. 简要说明本次会谈的目的和内容，以及双方的角色和责任	
	3. 介绍机构的功能和服务、相关政策（如保密原则）和工作过程	
	4. 征求服务对象对会谈安排的意见，了解其对机构和社会工作者的期望	
	5. 询问服务对象是否有需要紧急处理的事情，以便提供及时的协助	

续表

会谈前期准备	相关流程	具体内容及目的
确定会谈时间与地点	1. 时间：要配合服务对象的时间	多安排在周末，工作日一般安排在下班后或者晚上
	2. 地点：一般情况下是在接案社会工作者的办公室或者机构专门的会谈室，以方便遇到问题时联络其他资源和得到机构相关部门的配合	要考虑服务对象的行动能力，对于不能外出的人，要安排上门面谈；对于有特别需要的人士，要考虑无障碍设施等问题
原则：便于服务对象自由谈论自己的问题		

二、会谈的主要任务

（一）界定服务对象的需要和问题

值得注意的是，虽然通过前期准备阶段，社会工作者从多方获取的资料中已能够了解服务对象存在的某些需要和问题，但是也必须要了解服务对象自己对问题的看法，一般来讲服务对象自己对问题的看法是界定问题时最重要的起点，只有这样才能够在开展服务的过程中充分遵循“以服务对象为中心”原则，努力调动服务对象对解决自己问题的积极主动性。

任务类型	具体任务	具体内容
界定服务对象需要	了解服务对象寻求帮助的原因	这适用于第一类主动寻求帮助的服务对象
	了解服务对象对自己问题的看法	他们认为自己存在什么问题、有什么困难和需要，以及问题的范围、持续时间、原因、程度如何等
	了解服务对象期望达到的目标	社会工作者要了解服务对象的求助愿望，了解他们希望从与自己的接触中获得什么、解决什么问题、产生什么结果
界定服务对象问题	运用倾听技巧，全神贯注于服务对象的表达	听懂服务对象表达的真实内涵，这是准确界定问题的前提
	运用同感技巧，鼓励服务对象表达	
	与服务对象不断沟通	通过持续沟通形成对问题的共同看法

（二）澄清角色期望和责任

面谈的首要工作是澄清双方的期望和应尽的责任，通过协商减少差异，并尽量发现服务对象那些隐藏的动机，使双方能坦诚相见、相互信任。要互相澄清并讨论对对方的角色期望，包括：服务对象对自己的角色期望、对社会工作者的角色期望，社会工作者对服务对象的角色期望、对自己的角色期望，对比并找出双方想法的差异和距离，最终协商并达成一致看法。接案面谈时如果不将期望和责任明确，有关各方可能会在工作开展一段时间后发现大家对问题和对方有不同期望，轻则伤及双方的专业关系，重则使工作陷入僵局，而不得不从头开始。

（三）激励并帮助服务对象进入受助角色

接案面谈是社会工作者与服务对象建立专业关系的开始，此时社会工作者要帮助并引导服务对象逐渐接受自己的角色，以便双方能够相互配合，包括两个方面：一是进行角色引导，二是训练并帮助服务对象逐渐接受其角色。进行角色训练的方法主要是展示助人过程，详细说明服务对象应有的适当行为，可以通过让服务对象观看录像、直接观察社会工作者为其他服务对象提供的服务或者请以前的服务对象分享他们的受助经验等来帮助服务对象进入角色。

（四）促进和引导服务对象态度和行为的改变

接案面谈时双方的良好沟通会成为激励服务对象改变的动力。当社会工作者和服务对象为改变态度和行为进行的努力出现效果时，服务对象解决问题的动机也会得到强化，从而进一步激励其做出不懈的努力，增强其为解决问题采取行动的自觉性。

三、会谈技巧

（一）支持性技巧

支持性技巧是指社会工作者通过身体及口头语言的表达，让服务对象感到被尊重、被理解、被接受，从而建立信心的一系列技巧。

1. 专注

社会工作者通过身体语言表现自己专注于服务对象的表达，让其感受到关心和关注。

（1）正面朝向服务对象。

（2）身体略微前倾。

（3）开放的姿势，不防卫。

（4）保持良好的目光接触，体现你有兴趣了解服务对象及其忧虑。

（5）尽量放轻松。向服务对象表达你的自信心，使服务对象也放松。

2. 倾听

社会工作者要通过语言和非语言行为向对方传达一个信息，即“我正在很有兴趣地听着你的叙述，尝试理解你”，因此倾听包括社会工作者通过身体传达的对服务对象的专注，以及从态度上传达的内心的专注。通过倾听，社会工作者能够更多地了解服务对象的情况，与其建立专业关系。

3. 同理

设身处地体会服务对象的内心感受，理解他的想法和要求。

4. 鼓励

运用口头和身体语言肯定服务对象的一些积极表现。如点头、微笑、手势示意、眼神鼓励等。

（二）引领性技巧

引领性技巧是指社会工作者主动引导服务对象具体、深入地探索自己的经验、处境、问题、观念等的技巧。其目的是促使服务对象在相关主题上做较为具体、深入、有组织性的表达和探讨，增进社会工作者对服务对象的认识和了解，协助服务对象做较为深入的自我探索。

1. 澄清

澄清包括社会工作者引领服务对象对模糊不清的陈述做更详细、清楚的解说，使之成为更清楚、具体的信息；也包括社会工作者解释自己表达得不甚清楚的信息，如服务的目的、理念等；还包括对产生的误会进行必要的解释。

【举例】

服务对象：有时我真想离开它。

社会工作者：听起来你好像要和什么东西分开。

服务对象：不是那样，我是希望能从太多的工作中解脱出来。

社会工作者：你的意思是不是……

2. 对焦

对焦是指社会工作者将游离的话题、过大的谈论范围或同时出现的多个话题收窄，找出重心，并围绕其进行讨论。

【举例】

社会工作者：刚才我们谈了很多的问题，你现在最想谈的或者最想解决的是什么问题？

社会工作者：我们已经讨论了你工作上的情况，但还没有探讨你的家庭生活，我们是否现在就谈谈这个方面？

3. 摘要

摘要是指社会工作者对服务对象过长的谈话或不同部分所表达的内容进行整理、概括和归纳，并简要做重点的摘述。

【举例】

社会工作者：在过去的20分钟里，我们一直在讨论……你似乎对你的前男友……

社会工作者：先让我确认一下我是否了解了你，就我刚才听到的你的讲述，你的情况是……

（三）影响性技巧

影响性技巧是指社会工作者通过影响服务对象，使其从新的角度或层面理解问题或采取其他方法解决问题的技巧。

1. 提供信息建议

社会工作者基于专业特长和经验，针对服务对象的实际情况，选择适当的方式，向服务对象提供所需要的知识、观念、技术等方面的信息建议。

【举例】

社会工作者：我了解到……（信息内容）

2. 自我披露

社会工作者选择性地向服务对象披露自己的亲身经验、处事方法和态度等，从而使服务对象能够借鉴他人的经验，作为处理自己问题的参考。

3. 建议

根据服务对象的具体情况提供有利于其改善生活的建设性意见。避免使用“必须”“一定”等词语，尊重其自决权。

4. 忠告

社会工作者向服务对象指出其行为的危害性或服务对象必须采取的行动。

【举例】

社会工作者：如果你还是每天翻看你丈夫的手机，他会觉得自己不被尊重，会影响你们之间的夫妻感情。

5. 对质

社会工作者发觉服务对象的行为、经验、情感等有不一致的情况时直接发问或提出异议。对质应建立在信任关系的基础上，同时需营造接纳、尊重、客观评价、真诚的情感环境。

【举例】

某服务对象觉得自己的生活不如意，没有什么指望。社会工作者回应：“在您的生活中，哪些事情让您觉得自己没有指望了？”

（四）其他技巧

1. 主动介绍

要消除服务对象的戒心和防卫，一个好办法就是社会工作者主动介绍自己，向他们说明协助的目的，主动介绍机构的目标、功能，以及自己的工作经验和专长、对求助受助的看法等，这些都有助于消除服务对象的疑虑，使他们顺利进入受助者的角色。

2. 沟通

类型	具体内容
事实性沟通	了解服务对象的问题和需要，交流双方对服务对象的问题和社会工作服务机构的功能以及社会工作者角色的看法和期望
治疗性沟通	1. 提供支持； 2. 减轻服务对象因求助而产生的内心焦虑； 3. 协助服务对象建立对自己和解决自己问题的正确看法； 4. 促使服务对象为解决问题采取有效的行动

四、回应服务对象

（一）回应服务对象的方法

回应既可以是言语性的，也可以是非言语性的。例如，可以用“嗯”“是的”“然后呢”“请继续”等言语来鼓励对方继续说下去，或者用微笑、眼睛的关注、身体的前倾、相呼应的点头等表达你的回应。

（二）回应服务对象的重要意义

（1）表明对服务对象的想法与反应有了透彻的了解，促使服务对象放下包袱，有利于双方充分沟通。

（2）对照自己对服务对象的感受和他们对接受服务过程的感受，缩短自己与服务对象的心理距离。

（3）敏锐地察觉到服务对象的各种情绪态度和反应，并将服务对象的感受用语言表达出来，使服务对象有被了解和被理解的感觉，从而愿意接受帮助。

（4）向服务对象表达愿意提供协助的态度，进一步增强服务对象改变的决心。

五、注意事项

（1）有效辨别服务对象的类型，评估服务对象的受助意愿以及接受服务的能力。

（2）接纳服务对象的情绪。无论服务对象是乐于接受服务还是对服务具有抵触情绪，社会工作者首先都要表明来意并表达热诚帮助的意愿。

（3）先确认服务对象的问题是否属于本机构的服务范畴，如果不在本机构服务范围之内，社会工作者不宜接案。

• 任务情境分析 •

为了更好地与服务对象开展第一次会谈，社会工作者在会谈前拟定了与笑笑的会谈提纲：

（1）笑笑你好，我是中鼎社会工作事务所社会工作者小刘，我服务的工作领域是青少年社会工作，以后你可以称呼我“社工姐姐”。

（2）你可以说说自己现在面临什么问题，需要我提供什么帮助吗？当然，是否需要帮助，还是由你自己来决定。

（3）你放心，我们社会工作事务所重点就是针对青少年开展服务，具有非常丰富的经验，请你相信我们，同时我们会对你的信息保密，你可以放心地和我说心里话。

（4）以上的内容你是否明白？有什么不理解的吗？同时你对我们还有什么其他要求吗？

（5）你是否有其他需要紧急处理的事情？方便的话可以告诉我，我可以为你提供及时的协助。

最后，社会工作者在街道和社区的帮助下，与服务对象确定了第一次会谈的时间与地点：某周六上午，社区居委会谈话室。

【社会工作者与笑笑初次见面时，笑笑穿着背带短裤配白色 T 恤，衣着整洁，精神状态良好。】

社会工作者：笑笑你好，我是中鼎社会工作事务所小刘，我们事务所成立于 2011 年，属于民办非企业非营利性社会组织，青少年社会工作是我们事务所的主要服务内容之一。我服务的工作领域是青少年社会工作，以后你可以称呼我“社工姐姐”。

会谈技巧

*主动介绍自己：主动介绍自己是初次会谈中的一个非常重要的技巧，可以消除服务对象的戒心。

知识链接

自我介绍的内容

（1）服务的机构。

（2）自己的姓名及专长（服务的领域或方向、主要的强项）。

（3）为方便交流，在介绍自己时可主动告知对方如何称呼自己，如情境中的“社工姐姐”“刘社工”等。

（社会工作者继续说道）听咱们社区儿童主任张姐介绍，你一直都是自己住在这里，今年多大了？

【当社会工作者与服务对象还没有建立很好的信任关系时，可以借助服务对象比较信任的人—— 如情境中的“社区儿童主任”，充分发挥其媒介的作用。】

笑笑：14 岁。

社会工作者：你可以说说自己现在面临什么问题，需要我提供什么帮助吗？当然，是否需要帮助，还是由你自己来决定。

笑笑：（沉默）

【社会工作者意识到了服务对象的抵触情绪，此时不要着急按照拟定提纲进行会谈，

当务之急是建立双方的信任关系。】

社会工作者：你刚才说一直都是自己住，你真勇敢啊！看来你自理能力很强！你会做家务吗？

笑笑：当然，洗衣服、做饭、打扫房屋……这些我都会。（态度有点缓和）

社会工作者：社工姐姐太佩服你了，我在你这个年纪真的没有你厉害！

笑笑：（露出笑容）

社会工作者：你身边有什么朋友吗？

【继续以双方都愿意展开的话题进行会谈，进一步建立信任关系。】

笑笑：有啊，都是和我年龄差不多的，但关系一般，我还是比较喜欢和年龄大的人聊天。

社会工作者：为什么呢？

笑笑：思想比较成熟，不像小孩子那么幼稚。

社会工作者：看来你是一个有思想的女孩子。姐姐非常喜欢你，为你的勇敢、独立、有思想点赞，以后我还会经常找你聊天，你有什么需要也可以直接找我，我非常愿意帮助你！（眼神坚定）

笑笑：嗯，好的。（情绪很好，并主动添加微信）

【虽然第一次会谈的实际开展情况与拟定提纲有一定差距，但社会工作者一定要坚定信心，不要将焦虑、急迫情绪传递给服务对象，因为此时服务对象仍处于抵触阶段，建立双方的信任关系是最重要的。】

流程四 建立专业关系

重点工作任务

- 使用恰当的建立专业关系的技巧

任务情境分析

重点工作任务

建立专业关系的技巧包括以下几个方面。

一、同感

社会工作者需要把自己置于服务对象的处境中，在不丧失自己立场与观点的前提下，设身处地地体会和理解对方的各种内心感受。增进同感的能力可以从两个方面入手：一方面，在与服务对象正式接触前，通过阅读服务对象资料琢磨他们的感受，投入他们所关心的事情中，借此增进对服务对象的认识和理解；另一方面，想象和感受服务对象面对的一般情况、特殊情况和目前所处的与社会工作者关系的阶段，思考如果是自己，会有什么感觉和想法，以此增强对服务对象的同感。

二、诚恳

社会工作者要在专业关系中始终保持诚恳的、开放的、真实的态度。向服务对象实事求是地介绍机构的政策和社会工作者的角色，而不加以任何修饰；完全以服务对象的需要为自己工作的出发点，接纳服务对象，全神贯注于服务对象的处境。

三、温暖与尊重

社会工作者要关心、关注服务对象的一切，并能够向服务对象传达这种情感，包括：

对服务对象的责任感，对服务对象的关心、尊重、了解，以及帮助服务对象改善生活的愿望。

四、积极主动

社会工作者积极主动的态度有助于与服务对象成功地建立专业关系。积极主动的态度表明社会工作者对服务对象有兴趣，关心他。研究显示，积极主动的态度会促进双方的沟通，减少服务对象的紧张情绪。但积极主动并不意味着对服务对象的控制和支配，而是要在适当的时间给服务对象适当的回应。这需要在服务对象主导和社会工作者积极主动之间取得平衡，既要以服务对象为中心，鼓励他们对自己的积极探索，同时又要让服务对象感觉社会工作者是与他站在一起，并积极寻求解决途径的。

• 任务情境分析 •

第一次会谈后，服务对象笑笑对社会工作者信任感增强，通过微信沟通两人关系愈加密切，于是社会工作者小刘提议再次见面。在第二次正式会谈中，基于平时双方微信沟通的良好基础，社会工作者小刘准备继续实施第一次尚未完成的会谈提纲，这一次服务对象笑笑非常配合。

（社会工作者与服务对象笑笑会谈摘要）

社会工作者：笑笑，你现在可以说说自己面临什么问题吗？需要我提供什么帮助吗？当然，是否需要帮助，还是由你自己来决定。

笑笑：我觉得现在没有人关心我，爸爸妈妈都见不到。

社会工作者：你非常想念他们吧？

笑笑：嗯。

社会工作者：这种状态持续多久了？

笑笑：很久了，自从爸爸妈妈离婚就这样了。

社会工作者：那你和爸爸妈妈沟通过吗？告诉过他们你的感受吗？

笑笑：爸爸很忙，没有时间理我；妈妈嘛，不在我身边，我也不知道她是否还惦记我，我也没有她的电话……

社会工作者：我非常能理解你的感受。你希望我们在哪些方面为你提供帮助？

笑笑：我想爸爸妈妈，羡慕别的同学都有一个温暖的家。

> 邀请服务对象参与并澄清其期望。

社会工作者：嗯，谢谢你能和我分享真实的感受和想法，对于你提出的期望我想澄清一下，你想要一个温暖的家庭，我非常能够理解你。但你要知道，爸爸妈妈的离婚、复婚都不是我们能决定的，那是他们的选择，而我们能做的是让你能够体会到家的温暖，你说到爸爸不管你，妈妈也不在身边，我们会尽最大努力让你回到爸爸身边，我们也会尽快联系你妈妈，让她了解你现在的状况，当前急需解决的问题是你的居住和监护问题，你还是未成年人，需要有监护人陪伴你的成长。对于青少年的监护问题，我们社会工作事务所非常有经验，非常感谢你能相信我，当然，也请你放心，我们会对你的信息保密的！（眼神坚定）

笑笑：谢谢。

【至此，社会工作者与服务对象正式确立专业关系，并撰写接案记录表（见附录“一、个案工作接案记录表”）。】

评价标准

序号	评价指标	评价内容	分值	评分	备注
1	了解服务对象来源和意愿情况	是否了解了服务对象的来源和接受服务的意愿	10		
2	信息收集并初步探索困境和需要情况	是否初步收集了与服务对象有关的信息	15		
		是否初步探索了服务对象的困境和需要	20		
3	会谈情况	是否进行了会谈的前期准备	5		
		是否明确了会谈的主要任务	5		
		是否使用了恰当的会谈技巧	5		
		是否有效回应了服务对象	5		
4	建立专业关系情况	是否与服务对象建立了专业关系	10		
		是否根据服务对象的需要及社会工作者自身的能力，做出了接案与否的决定或转介的安排	10		
		是否填写了“个案工作接案记录表”	15		
共计			分		
加分项					
1	判断服务对象状况的紧急程度		10		需提供佐证资料
2	避免将服务对象标签化		10		需提供佐证资料
3	关注服务对象的资源与优势		10		需提供佐证资料

任务二 预估

“预估”工作是在接案阶段与服务对象建立了专业关系后进行的，在此阶段，社会工作者需要充分收集服务对象的相关信息和资料，了解其问题形成的过程，从而能够全面清晰地认识和了解服务对象的问题和需要，进而对服务对象表现出的问题和需要进行深入分析、解释，最终在认定问题后运用专业方法撰写预估报告，并将预估报告作为下一步制订介入计划的依据。可见，预估的目的在于为制订有效的介入计划打下科学的基础，它是一个有清晰的工作方向和步骤的工作过程。

任务情境

在与笑笑正式确立专业关系后，为了更充分地收集笑笑的相关信息和需要，了解其家庭成员的真实情况和想法，社会工作者再次前往红门街道，在街道督导员和社区儿童主任的陪同下，准备前往笑笑父亲、母亲的居所进行访问。社会工作者在开展本阶段工作时应当注意哪些事项呢？

分解任务流程

收集资料 → 初步诊断 → 需求设计 → 撰写预估表

任务实施

流程一 收集资料

重点工作任务

- 收集服务对象个人的生理、心理及社会等方面的资料
- 收集服务对象社会环境的微观、中观、宏观系统等资料，主要是家庭及社区信息
- 收集服务对象对自己及处境的感受、观念和期待

任务情境分析

重点工作任务

一、收集资料的方法

（一）询问

社会工作者直接向服务对象询问，还可以从服务对象的家庭成员、工作单位以及与服务对象关系密切的同事及朋友那里直接获取有关服务对象的资料。

（二）咨询

社会工作者可以向专业人士咨询意见或者通过转介让服务对象接受其他专业系统的预估来获取服务对象的资料，从而对服务对象的问题形成全面、正确、科学的认识。

（三）观察

通过实地观察，社会工作者可以增加对服务对象及其社会环境的了解，使收集的资料更加丰富和准确。

（四）家访

社会工作者到服务对象的家庭生活环境中收集资料，这样可以观察和了解到很多在机构会谈中不能发现的东西。

（五）利用现有资料

社会工作者利用机构已有的服务对象资料、机构转介材料、工作报告、调查研究报告或服务对象自身所有的材料，将其作为了解服务对象的途径之一。

二、服务对象社会环境

微观系统	一般指服务对象自身
中观系统	指与服务对象直接相关的群体或组织，如家庭成员、同伴、社区等
宏观系统	指社会文化、风俗习惯、政策法规等背景因素

三、收集服务对象对自己及处境的感受、观念和期待

个案服务效果与服务对象对自己及处境的感受、观念和期待密切相关。如果服务对象

没有自我改善的愿望，或者寻求帮助的目的不合理，社会工作者不加以澄清便盲目开展工作，势必会影响后续的助人过程。

• 任务情境分析 •

【一般来讲，在接案阶段由于时间关系或者受服务对象接受服务的意愿影响，社会工作者只能进行简单、快速的资料收集工作，所收集的资料并不足以帮助社会工作者做出精准的判断，因此一旦专业关系建立，就意味着社会工作者要从各个方面对服务对象的情况做详细的了解、资料收集工作，资料收集得越详细，越有利于找出问题所在。在本任务情境中，社会工作者是通过会谈、家访、利用现有资料等方式开展资料收集工作的。】

一、收集服务对象家庭系统情况信息

收集资料的方法：会谈、家访、利用现有资料等。

参与人员：社会工作者、服务对象父母。

会谈内容：

社会工作者：您好，笑笑爸爸，我是中鼎社会工作事务所社工小刘，我们想要和您了解一下笑笑的基本情况，您可以开下门吗？

笑笑父亲：（拒绝开门，态度强硬）

【遇到此种特殊情况，社会工作者的职责是注重对服务对象的陪伴。对于父亲拒绝对话的问题，可交由所在街道和社区、公安派出所进行解决。】

之后社会工作者会同相关部门联系笑笑母亲，让其母亲了解服务对象现状，促使母亲履行监护职责。

（社会工作者与服务对象母亲会谈摘要）

笑笑母亲：我非常疼爱我的女儿，我也想去北京陪她上学，但是北京物价太高，我学历低、个人能力有限，还是要留在河北老家打工。

社会工作者：嗯，非常理解您。

【简单回应服务对象母亲此时的情感，表达同理心。】

笑笑母亲：我也想过，以我的经济能力，我去北京陪孩子，也只能租住在楼梯间里，但您也知道住在那里非常不安全，我也没地方住啊……

社会工作者：但是孩子也是非常需要您照顾的，毕竟正值青春期，家长的陪伴必不可少。

笑笑母亲：我知道，但是我也没有办法啊。

社会工作者：现在您和孩子的父亲关系怎么样？

笑笑母亲：非常不好，其实我之前也想去探望笑笑，但是被他父亲强硬拒绝，还把我买的东西扔了出去，并威胁我说如果再来见一次就打一次。（哭泣）

社会工作者：（拍了拍笑笑母亲的肩膀，并递过纸巾）

笑笑母亲：我其实非常想念女儿，可我自己什么都没有，不想笑笑跟着我受苦……

社会工作者：您现在生活得怎么样？

笑笑母亲：我还有一个孩子需要抚养，我学历低，挣不到钱，实在承担不起啊……

社会工作者：嗯，非常理解您，我们也争取一下政府支持，缓解一下您的经济压力。另外如果笑笑有机会和您居住，您愿意吗？

笑笑母亲：嗯，我和家里人非常愿意笑笑过来住。

二、收集服务对象个人基本情况信息

参与人员：社会工作者、笑笑。

会谈内容：

（社会工作者与服务对象笑笑会谈摘要）

社会工作者：笑笑你好，我们又见面了。

笑笑：姐姐你好。（比上一次明显热情许多）

社会工作者：我给你推送了好多你喜欢的偶像的信息，都看到了吧？

笑笑：嗯嗯，谢谢姐姐。你消息可真灵通，我都不知道呢！

社会工作者：谢谢夸奖，以后我有消息第一时间分享给你。

笑笑：（非常开心）

社会工作者：你身边有和你爱好相同的同学吗？

笑笑：没有。（显得有点失落）

社会工作者：为什么？

笑笑：他们都太小了，聊不到一起。

社会工作者：是什么原因呢？不喜欢他们吗？（意识到朋辈关系问题）

笑笑：我10岁才开始上学，比班里的同学都大很多，根本没有什么交流，平时我比较喜欢和高年级的学生聊天。

社会工作者：那你喜欢老师吗？（拓展范围）

笑笑：不喜欢现在的班主任，还是想念以前的班主任、体育老师，我们相处得很好。

社会工作者：以姐姐的经验，每个老师都有自己的风格，但老师都是为了学生好，咱们还是要积极一些，学会接受不同老师的教学方法，不能因此耽误自己的学习啊！

笑笑：嗯，这个我知道，我还是比较喜欢在学校学习的。

【可以推断出服务对象并没有不再学习的打算。】

社会工作者：你喜欢什么科目？

笑笑：没什么特别喜欢的科目。

社会工作者：那你平时喜欢读小说吗？姐姐在你这年龄，非常喜欢读言情小说的。（以自身经历进行引导，进一步了解服务对象情况）

笑笑：我还是比较喜欢看悬疑惊悚推理小说，从6岁就开始看了，平时没有阅读课外书籍的习惯。（找到兴趣点，为进一步沟通找到突破点）

社会工作者：嗯，看来你一定喜欢柯南了。你喜欢听什么类型的歌曲呢？

笑笑：轻柔一点、伤感一点的……

社会工作者：《越长大越孤单》喜欢吗？我就比较喜欢这首歌。

笑笑：嗯嗯。（明显透露出赞同的眼神）

社会工作者：看来你和姐姐一样，是个易伤感的人，那你一定喜欢下雨天吧？

笑笑：你怎么知道？我喜欢下雨天，喜欢自己一个人在河边闲逛，会经常感到不是很开心。

【看准时机，社会工作者可以对服务对象的内心感受进行更加深入的了解。】

社会工作者：能和我分享一下吗？姐姐很愿意帮助你的。（眼神坚定，态度温和，并伸手握住笑笑的手）

笑笑：（似乎感受到了温暖与信任）其实我和父母关系并不好，也不会主动结交朋友，

我从小就没有受到过家人的表扬，在责骂中成长，经常感到无助与委屈……（落泪）

社会工作者：（沉默，递过纸巾，拍了拍笑笑的肩膀）

笑笑：我跟别人一起的时候要装得很开心，要不然他们就会问东问西，感觉很烦。有时候我会失去理智，干什么自己都不知道。比如手上的那个疤，第二天起来我自己都不知道昨天晚上干了什么。我控制不了自己的情绪，听什么歌都会很伤心，有时候看着好笑的东西，但是想到了什么，眼泪都会流出来。现在只想一个人生活，一个人吃饭，一个人听歌，一个人睡觉。

社会工作者：姐姐非常感动，你能跟我分享你的真实想法，谢谢你的信任。

【这期间通过微信沟通，笑笑与社会工作者之间已经建立起充分信任的关系。】

流程二　初步诊断

重点工作任务

- 以需求为导向，与服务对象讨论其需要、困境或问题
- 以资源为导向，识别服务对象及其所处环境中的资源、优势与障碍

任务情境分析

• 重点工作任务 •

一、分析资料的具体方法

方法名称	定义	注意事项
排列次序	按顺序和重要性对资料进行排序	社会工作者需要将材料排列成在时间上有先后次序、在逻辑上有因果联系或者有其自身脉络的事件图
发现问题	识别资料间的关系，发现资料各部分间的逻辑关系	社会工作者需要将零散的资料组合成一个完整的整体，对服务对象的需要和问题有完整的了解
识别原因	将那些形成问题或者可以缓解问题的因素找出来，进而确定事件各因素间的关系，确定导致问题的原因	社会工作者需要从问题的表面深入问题的内部，通过探查问题内在深层的因素，找出问题形成的本质原因
对服务对象的问题与需要做出解释	将所获得的有关服务对象系统的资料、直觉及服务对象和社会工作者对需要与问题的认识加以整理和组织，形成概念性的认识，去解释问题（解释资料与分析资料是同步进行的）	社会工作者要注意，自己的解释是有界限和盲点的，服务对象是他们自己问题的专家，所以要将自己的解释与服务对象进行讨论，不断澄清和修正原先的解释

二、认定问题的几个方面

（一）描述服务对象的问题与需要

描述服务对象的问题与需要，包括：问题是什么，问题的范围、原因、严重程度及持续的时间。

（二）描述问题是如何发生的及发生的原因

描述服务对象的问题与需要的发展情况，包括：问题是在什么情况下发生的，发生的时间、原因与先后次序，服务对象和其他重要系统的反应及应对措施。

（三）描述服务对象的处境及社会系统的情况

确定服务对象系统、目标系统和行动系统，描述出服务对象系统之间的关系、服务对

象系统与目标系统和行动系统之间的关系。

（四）描述服务对象系统的发展阶段

无论服务对象系统是个人还是家庭，他们都有“生命周期”，也有与生命周期对应的发展阶段及各发展阶段的特征。同样，一个小组或社区在为某项工作而运作时也有其发展的不同阶段。了解服务对象系统的发展阶段与状况，能够帮助社会工作者加深对服务对象问题与需要的认识和理解。

（五）描述并鉴定服务对象系统的资源状况

描述并鉴定服务对象系统的资源状况，包括：预估服务对象参与解决问题的动机强度，学习的能力、资源和时间等情况。

• 任务情境分析 •

一、确定服务对象当前主要问题及需要

（一）生存问题及监护问题

服务对象处于家庭监护缺失的状态，需要保证家庭正常的监护，以保障其生存。

（二）心理问题

症状自评量表（SCL-90）结果显示，笑笑心理健康状况不佳，表现为：在生活中可能遇到一些比较严重的困难，经常处于极端消极的心境当中，久而久之可能会出现强迫症状、人际关系敏感、抑郁、焦虑、敌对、偏执、睡眠及饮食不规律的情况，且将会严重影响工作效率、人际关系和生活质量。社会工作者在与服务对象相处的过程中，了解到笑笑的心理状态较差，需要得到周围人的关注以及疏导。

二、分析服务对象当前所处环境的资源、优势与障碍

（一）资源方面

（1）服务对象所在社区儿童主任对笑笑个人成长发展非常关注；

（2）家庭资源匮乏，缺少正常的家庭监护。

（二）优势与障碍

（1）社区对笑笑的关注，为其宏观系统提供了良好的支持；

（2）笑笑母亲对孩子的疼爱为其微观系统提供了家庭监护的可能，但因其母亲当前状况，持久性的监护难以实现；

（3）笑笑父亲经常外出，对孩子的生活漠不关心，使得笑笑成长过程中缺少父爱。

流程三　需求设计	重点工作任务 ● 以服务为导向，与服务对象讨论选择适当的服务目标与服务内容 任务情境分析

• 重点工作任务 •

一、区分目的和目标

“目的”是指服务总体上要达到的结果，是工作的大方向，通常是不可测量的。它是服务对象对想要达到的境界的宽泛的、总体性的陈述，是社会工作者和服务对象通过努力

期望最终达到的总目标。为了完成这个总目标，需要设定很多具体目标，这些具体目标是现实可行的，并且是可以测量的。例如，一对关系紧张的父子希望改善关系，他们求助的目的是“建立良好的父子关系”。什么才是“良好的关系”呢？这就需要对“良好的关系”进行具体的界定和描述，即通过设定一些具体的措施和指标来逐步实现父子之间“良好的关系”。如这些措施和指标可以包括：每天至少交谈一个小时，每周参加一次“家庭生活教育”小组活动，等等。

二、注意事项

（一）共同选择适当的目标

社会工作者需要与服务对象一同找出期望达到的初步目标并对各个目标进行讨论，经过比较挑选出服务对象最希望和最迫切实现的目标，并决定执行目标的先后次序，之后可以将目标量化成可操作的指标，有利于目标的执行。如：“为了达到解决问题的目的，现在需要制定明确的目标来督促你的行动。”

（二）与服务对象讨论目标的可行性和可能的利弊

在制定目标时，与服务对象讨论目标的可行性非常重要。目标过高，不容易达到，会给服务对象造成太大压力，进而减弱他的行动动机；目标过低也会使他缺乏成就感而缺少行动的动力。社会工作者可以通过与服务对象讨论来帮助他们思考目标的可行性和利弊。如：“如果按照现在你选择的目标去做，你觉得对你会有什么影响？有哪些因素能够帮助你实现这个目标？有没有什么障碍？”

任务情境分析

经社会工作者小组讨论，结合服务对象笑笑的实际进行需求设计：

（1）家庭监护需求；

（2）心理疏导需求。

社会工作者与笑笑进行了沟通交流，初步确定服务目标是帮助其解决当前无人监护的问题，在这期间对其心理健康状况进行介入，提供必要的心理疏导。

流程四 撰写预估表 （见附录“二、个案工作预估表”）

评价标准

序号	评价内容	分值	评分	备注
1	是否收集了服务对象个人的生理、心理及社会等方面的资料	15		
2	是否收集了服务对象社会环境的微观、中观、宏观系统等资料，特别是家庭及社区信息	15		
3	是否收集了服务对象对自己及处境的感受、观念和期待	10		
4	是否以需求为导向，与服务对象讨论了其需要、困境或问题	10		

续表

序号	评价内容	分值	评分	备注
5	是否以资源为导向，识别了服务对象及其所处环境中的资源、优势与障碍	20		
6	是否以服务为导向，与服务对象讨论选择了适当的服务目标与服务内容	15		
7	是否填写了“个案工作预估表”	15		
共计		分		
加分项				
1	在界定服务对象的需要和问题的同时评估服务对象个人及环境中的资源与优势	10		需提供佐证资料
2	动态和持续地评估服务对象的需要、问题及资源	10		需提供佐证资料
3	重视服务对象及其重要关系人的参与	10		需提供佐证资料

任务三　计划

“计划”是一个理性思考及做决定的过程，基于“预估”阶段对服务对象问题的理解，在解释清楚的基础上，寻求办法去改变问题情境是本阶段的重点，包括制定目标及确定为了达到目标而采取的具体行动，所以，计划是为下一步的介入行动服务的，也是介入行动的蓝图。

任务情境

在对笑笑的相关信息进行充分收集并整合后，社会工作者对与笑笑有关的各种因素的相互关系进行了梳理，构成了对笑笑系统情境的完整认识。那么，接下来社会工作者小刘该如何开展“计划”阶段的工作呢？

分解任务流程

制定目的与目标 → 制订实施计划 → 撰写计划表 → 签订协议

任务实施

流程一　制定目的与目标

重点工作任务

- 制定服务的目的与目标

任务情境分析

重点工作任务

一、制定目标的步骤

参考步骤	1. 确定服务对象的需要和问题
	2. 共同分析问题的影响因素
	3. 确认焦点问题
	4. 确定解决问题的先后顺序
	5. 明确最终目标

二、工作内容

（一）确定服务对象的需要和问题

在制定目标阶段，社会工作者要与服务对象再次确认双方对问题和需要的理解与认识，以便制定的目标是服务对象认可并已准备好与社会工作者一起积极努力去实现的。

（二）共同分析问题的影响因素

社会工作者可以与服务对象共同讨论问题的影响因素，有助于服务对象发现问题的重点；之后可以通过征询服务对象对问题的认识和理解再次确认问题。如："我们已经对影响问题的具体因素和问题本身进行了分析，这些问题包括……和……以及……你的这些问题是否就是我们下一步需要解决的？"

（三）确认焦点问题

焦点问题是服务对象最急于解决的问题，社会工作者要与服务对象进行商讨，有效解决这些焦点问题有助于缓解服务对象的焦虑情绪。如："我们对目前存在的问题已经有了很多讨论，下面我们一起来商量一下，看看你认为什么是你觉得最重要的目标，我们应该怎样具体行动来一步步达到这个目标，你看怎么样？"

（四）确定解决问题的先后顺序

如果服务对象不是针对单一问题求助，而是同时存在多个问题的困扰，那么除了明确焦点问题，社会工作者还需要将问题按重要性或者急迫性列出优先次序。

（五）明确最终目标

社会工作的实践经验表明，当服务对象了解设定目标的意义并明确自己在目标制定中的角色时，他们会对目标产生认同并产生积极正向的行动反应。

三、制订服务计划的原则

序号	基本原则	具体内容
1	有服务对象的参与	1. 要注意以服务对象为中心，让服务对象参与策略的制定； 2. 要注意发挥服务对象的长处和优势，让他们参与整个计划的制订
2	尊重服务对象的意愿	社会工作者要考虑服务对象系统的愿望，要与服务对象分享对目的与目标的期望
3	尽可能详细和具体	详细、具体的计划能够给社会工作者和服务对象提供行动的指示

续表

序号	基本原则	具体内容
4	与工作的总目的、宗旨相符合	计划的具体目标不能偏离介入的目的
5	能够总结与度量，为评估打好基础	一般来讲，制订计划时就要考虑如何评估介入行动

• 任务情境分析 •

经过与服务对象笑笑共同商讨，在充分尊重笑笑意愿的基础上，社会工作者确定了本次服务的目的及目标。

一、服务目的

改善笑笑的家庭支持系统。

二、服务目标

（1）进行心理疏导，缓解不良情绪；

（2）链接社会资源，解决无人监护问题。

流程二　制订实施计划

重点工作任务
- 选择介入的服务模式
- 制定具体的介入策略、行动步骤和进度安排

任务情境分析

• 重点工作任务 •

当工作目标确定后，社会工作者需要与服务对象讨论如何实现既定的工作目标，即制定一套行动策略来实现目标。制定行动策略的过程实际上就是选择介入系统和介入内容的过程，是发展有效行动方案、明确任务和责任的过程，也是决策行动的过程。

一、选择介入的服务模式

社会工作服务模式是贯穿于整个社会工作服务过程的一条主线，是对多年来社会工作实务中具有规律性服务方式的总结。民政部发布的《社会工作方法 个案工作》《社会工作方法 小组工作》《社区社会工作服务指南》等行业标准均对相关模式进行了规定，要求社会工作者掌握上述相关模式并选择合适的模式开展服务。需要注意的是，在实际工作中运用一种服务模式结案的情况并不常见，而是需要社会工作者综合运用多种服务模式提供介入服务。

二、选择介入系统

在社会工作的助人活动中，“系统”是指社会成员之间的相互交流域，如夫妻、家庭邻居、医患关系、小组、机构、照顾系统等；也包括由这些交流所引发的生理和心理过程，如思维、情感、激素分泌或疾病等。社会工作的介入系统即是前述的关注对象，同时也包括帮助和协助关注对象解决问题而需要介入的其他社会系统，包括宏观社会系统。一般来说社会工作的介入系统可以分为直接介入系统和间接介入系统两类，社会工作者要根据服务对象的需要决定介入的系统。

三、选择介入内容

（1）危机介入；
（2）资源整合；
（3）经济援助；
（4）安置服务；
（5）专业咨询。

• 任务情境分析 •

一、选择服务模式

针对服务对象笑笑的情况，选择家庭治疗模式、危机干预模式、心理社会治疗模式。

【值得注意的是，在实际社会工作服务中，往往一个案例并非只涉及一种服务模式，社会工作者需要根据服务对象的具体情况综合运用多种服务模式。】

二、制定具体的介入策略、行动步骤和进度安排

阶段	服务内容	预期目标	
前期	与服务对象进行会谈	进一步建立信任及专业关系	
中期	1. 帮助服务对象进行心理疏导	缓解不良情绪	⇔ 直接介入系统
	2. 为服务对象家庭提供家庭监护知识，改善母女关系	改善服务对象家庭支持系统	⇔ 间接介入系统
	3. 提供现金补助、链接就读学校资源	减轻家庭负担、解决无人监护问题	⇔ 经济援助、资源整合
后期	社会工作者慢慢退出，充分发挥家庭的作用，做好回访	顺利结案	

流程三 撰写计划表 （见附录“三、个案工作计划表”）

流程四 签订协议

• 重点工作任务 •

一、社会工作服务协议的特点

社会工作服务协议的本质是一种契约，目的在于保证介入目标的实现。因此，它最大的特点是具有可操作性。

二、社会工作服务协议的制定原则

（1）明确性。协议内容应该是明确的，没有秘而不宣或隐含的意思。
（2）得到社会工作者和服务对象的认可。
（3）有弹性。社会工作服务协议需要根据服务对象情况的变化不断进行调整。
（4）具有实用性。协议对于社会工作者和服务对象双方来说应该是可行的、现实的。

三、签订社会工作服务协议的技巧

（1）认定服务对象对问题的看法；

（2）与服务对象分享对问题的看法；

（3）描述要为服务对象解决的问题；

（4）确定目的和目标并说明行动的具体策略；

（5）总结和强调协议的主要内容。

评价标准

序号	评价内容	分值	评分	备注
1	是否制定了服务的目的与目标	20		
2	是否选择了介入的服务模式	15		
3	是否制定了具体的介入策略、行动步骤和进度安排	20		
4	是否填写了“个案工作计划表”	10		
5	是否确定了服务评估方法	20		
6	是否明确了社会工作者和服务对象各自的任务并签订了“个案工作服务协议”（见附录“四、个案工作服务协议”）	15		
共计		分		
加分项				
1	服务对象参与，尊重服务对象意愿	10		需提供佐证资料
2	服务对象需要、服务目标、介入模式及行动策略相互契合	10		需提供佐证资料
3	服务计划详细、具体，具有可操作性	10		需提供佐证资料

任务四　介入

“介入”是指社会工作的实施、干预、行动、执行和改变，是社会工作者助人过程中的一个重要阶段。在此阶段，社会工作者按照服务协议落实社会工作计划的目标，帮助服务对象做出改变，解决预估中确认的问题，从而实现助人计划。从社会工作者的角度来说，介入是社会工作者运用专业的知识、方法与技巧协助服务对象系统达到计划服务目标的过程，因此社会工作中的介入可以界定为社会工作者为恢复和加强服务对象整体社会功能而采取的有计划、有目的的行动。

任务情境

中鼎社会工作事务所与服务对象笑笑签订服务协议后，按照服务流程，社会工作者小刘准备正式进入“介入”阶段。那么，社会工作者小刘应该选择何种介入类型开展工作呢？

重点工作任务

介入类型分为以下几种。

一、直接介入

直接介入是指以个人、家庭和群体为关注对象，针对个人、家庭和群体采取的行动，重点在于改变家庭或群体内的人际交往，或改变个人、家庭和小群体与其环境中的个人和社会系统的关系与互动方式。

二、间接介入

间接介入是指以组织和社区乃至更大的社会系统为关注对象，由社会工作者代表服务对象采取行动，通过介入服务对象以外的其他系统以间接帮助服务对象的行动。间接系统的介入通常也称为改变环境的工作，或中观和宏观社会工作实务。

三、直接和间接综合介入

从“人与环境”互动的视角出发，社会工作者将介入焦点放在两个方面：一方面是增强个人的适应能力；另一方面是增加社会和物理环境对个人需要的回应。这种从人与环境两个环节的介入构成了将直接介入和间接介入结合在一起的综合介入策略。

• 任务情境分析 •

【结合任务情境，社会工作者将采用直接和间接综合介入的形式开展工作。直接介入是直接与服务对象笑笑开展谈心谈话；间接介入则是针对服务对象笑笑的家庭环境，通过争取多方资源开展服务。】

一、第一次服务

服务地点：笑笑居住地（社区安置地点）。

参与人员：社会工作者、服务对象笑笑。

服务形式：会谈。

服务内容（摘要）：

有一天，笑笑给社会工作者发信息，说自己近期的情绪很不稳定，并持续失眠，喜欢听伤感的歌曲，晚上很晚才睡，半夜总是惊醒，并一直失眠到三四点才睡着。社会工作者紧急联系心理中心，并劝告笑笑做一次抑郁量表的测试。接下来，双方进行了深入谈话。

(社会工作者与服务对象笑笑会谈摘要)

社会工作者：非常感谢你能配合我们做这次测试，结果还好，请你放心，你愿意和我说说具体原因吗？

笑笑：（沉默）

社会工作者：没关系的，我尊重你的想法，但也希望你能相信我。

【充分给予服务对象尊重，不强求。】

笑笑：（思考了一会儿）我的男朋友要离开北京了，让我很伤心……

社会工作者：原来是这样。谢谢你的信任，你愿意跟我分享一下你们的感情经历吗？

【社会工作者没有直接给意见，而是继续表达同理，服务对象感觉到被理解之后，能透露自身更多的信息。】

笑笑：我们认识已经 2 年了……

【以此为契机，深入了解服务对象的情感状况，情感状况比较敏感，所以不能轻易在信任关系尚未

> **直接接入策略**
>
> * 帮助服务对象运用现有的内在资源，即帮助服务对象对事物采取正确的分析态度与方法，以有效解决问题。

建立的情况下直接询问，要充分尊重服务对象的意见。】

之后社会工作者为笑笑讲述了身边人的经历，通过案例解析，引导服务对象保护自己，增强对自己的行为负责的意识。

二、第二次服务

服务地点：社区。

参与人员：社会工作者、服务对象笑笑。

服务形式：社区活动。

服务内容（摘要）：

社会工作者联系所在社区，带领笑笑开展社区志愿者服务，并且鼓励其发掘自身的特长，与社会工作者一起进行问题的讨论，进一步增强其同辈交流以及自信心的培养。同时，社会工作事务所链接检察院资源，为其提供现金补助，一定程度上减轻家庭的负担，同时协调检察院积极链接就读学校资源，解决无人监护问题，为其提供一个相对健康和谐的生活。

间接介入策略

＊帮助服务对象运用现有的外部资源，即将服务对象系统与资源系统连接起来，以增强服务对象的社会功能。

三、第三次服务

服务地点：中鼎社会工作事务所。

参与人员：社会工作者、服务对象笑笑母亲。

服务形式：会谈。

服务内容（摘要）：

社会工作者从服务对象笑笑母亲着手，为其提供家庭监护知识，进一步改善服务对象家庭支持系统。社会工作者还与笑笑母亲进行沟通，劝其回北京与笑笑居住一段时间，使笑笑感受到家庭的温暖。

直接介入策略

＊改变服务对象家庭环境以促成服务对象的改变。

评价标准

序号	评价内容	分值	评分	备注
1	是否促使服务对象的认知、情绪、行为等发生了正向改变	20		
2	是否促使服务对象学会了运用现有资源并积极发展可用资源	10		
3	是否激发了服务对象的主观能动性，进行能力建设	15		
4	是否填写了“个案工作过程记录表”（见附录“五、个案工作过程记录表”）	15		
5	是否协调和链接了服务对象所需要的各种资源	15		
6	是否改变了服务对象所处的环境	10		
7	是否在服务对象面临多重问题或障碍时，进行了个案管理	15		
共计		分		
加分项				
1	促进与服务对象的互动	10		需提供佐证资料
2	对开展的服务进行实时评估，并对服务计划进行适当调整	10		需提供佐证资料
3	依据并善用政策资源开展服务	10		需提供佐证资料

任务五 评估

“评估”是整个助人活动中的一个重要阶段，它是确定服务目标是否实现的手段，是对介入程序的考量。在此阶段，需要综合运用科学的研究方法和技术，系统地评价社会工作的介入结果，总结整个介入过程，考查社会工作的介入是否有效、是否达到了预期目标。可以说，“评估”是一个认知过程、一种逻辑判断。

任务情境

通过“介入”阶段的服务工作，服务对象笑笑在“预估”阶段存在的问题此时是否已经解决？“介入”阶段采取的模式效果如何？中鼎社会工作事务所社会工作者小刘将如何开展“评估”阶段的工作呢？

分解任务流程

过程评估 → 效果评估 → 撰写评估表

任务实施

流程一 过程评估

重点工作任务

- 评估社会工作过程中运用的理论、模式、方法，进度的把握和调整，工作人员的表现等

任务情境分析

• 重点工作任务 •

在接案阶段，社会工作者能够始终坚持社会工作的基本工作原则，对服务对象的困境和需要进行初步探索，并运用会谈技巧与服务对象建立专业关系；在预估阶段，能够通过将微信作为沟通媒介，对服务对象真实感受、期待进行了解，并对其现状进行初步诊断；在计划阶段，能够根据服务对象实际情况，遵循自决原则，与服务对象共同制订实施计划；在介入阶段，能够综合运用家庭治疗模式、危机干预模式、心理社会治疗模式开展服务，按照服务计划有条不紊地开展介入工作，同时能够充分调动区民政局、街道、社区、公安等部门资源，最终达成服务目标。

• 任务情境分析 •

在本次服务过程中，社会工作者严格按照社会工作流程，始终坚持社会工作的基本工作原则，与服务对象建立专业关系，遵守保密原则，保持稳定的微信联系，随时关注服务对象动向，并与服务对象母亲取得联系，获取家人支持。在整个社会工作服务过程中，社会工作者能够充分调动资源，促进区民政局、街道、社区、公安等部门和组织通力合作，也体现了整个社会对困境儿童的关注。

流程二　效果评估

重点工作任务
- 评估服务对象的改变、目标的实现、服务对象满意度等

任务情境分析

• 重点工作任务 •

效果评估是在社会工作过程的最终阶段进行的评估，是对介入行动最终完成的形态及对目标结果实现程度的检验。

• 任务情境分析 •

社会工作者综合运用危机干预模式、家庭治疗模式以及心理社会治疗模式，第一时间对服务对象居住地点进行了妥善安置，之后通过心理疏导、链接社会资源等措施，缓解了笑笑的不良情绪，解决了无人监护的问题，基本实现了个案服务的目标。

流程三　撰写评估表

• 重点工作任务 •

常用的评估方法有如下几种。

一、基线测量方法

基线测量方法即在介入开始时对服务对象的状况进行测量，建立一个基线作为对介入行动效果进行衡量的标准基线，以评估服务对象在介入前后的变化，并以此判断介入目标实现的程度。常用的基线测量方法包括：单一个案设计、对照组设计以及时序性系列测量。

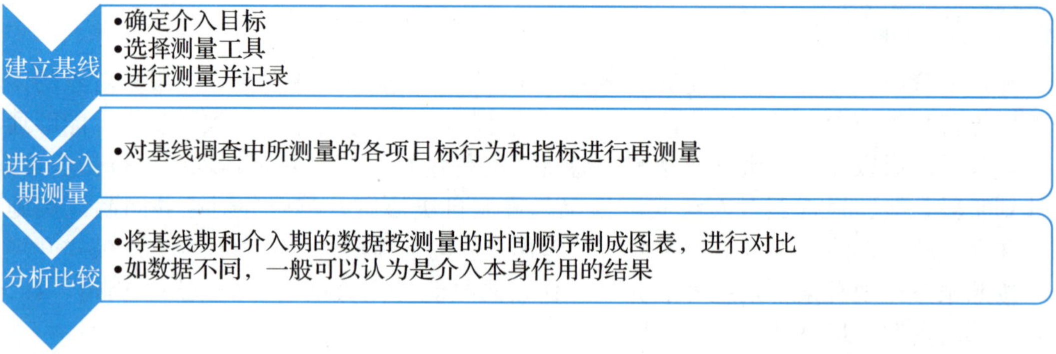

二、任务完成情况测量方法

在实际工作中，服务对象的目标是被分解成许多具体的行动和任务的，因此，通过探究服务对象和社会工作者完成了哪些既定的介入任务也能确定介入的影响。一般来说，可以运用 5 个等级尺度来测量任务的完成情况：“0”表示没有进展；“1”表示极少实现；“2”表示部分实现；“3”表示大体上实现；“4”表示全部实现。将每项任务的最后得分加起来，然后除以可能获得的最高分数，就能确定完成或者介入行动成功的百分比。

三、目标实现程度测量方法

（一）目标核对表

在有些情况下，社会工作的目标行为比较难以清楚地界定，此时社会工作者和服务对象可以共同协商选择一些目标来指示介入的方向，并将它们罗列出来。在介入过程中和介入结束时都用一些等级尺度来衡量介入后的行为，并将它们记录下来，再将介入后的行为与介入前的行为进行核对，从而发现有哪些新行为是介入前没有的、介入后才出现的，并讨论这些行为对服务对象的意义是什么。这样就可以发现介入前后服务对象的行为变化。

（二）个人目标尺度测量

社会工作的服务对象千差万别，因此，社会工作者和服务对象可以制定非常个人化的测量尺度来评估他们的改变情况。具体做法是按照服务对象的具体情况，分轻重缓急制定出几个目标，然后使用一个大家认可的等级尺度，例如 5 级制，来测量和计算服务对象个人目标的实现情况。

四、服务对象满意度测量方法

满意度评估是社会服务领域最常见的对象取向的评估类型之一，指的是根据服务对象对所获得的服务是否符合或满足自己的愿望及心意的反应，对该服务项目的成效加以评价的评估方法。服务对象对服务的满意度如何，是判断一个服务项目成功与否的重要依据，是衡量服务成效最为简洁的标准。

其具体做法是由服务对象用口头或书面形式，如填写问卷来表达对介入的看法。这种方法的优点是操作简单又不需要花费时间和资源；其局限在于，测量比较粗糙，有时服务对象会倾向于对介入给予积极的评价，因此评估有可能不准确。

• 任务情境分析 •

填写评估表，具体见附录“六、个案工作评估表”。

评价标准

序号	评价内容	分值	评分	备注
1	服务对象是否发生了改变	20		
2	服务目标是否实现	15		
3	服务对象是否满意本次服务	20		
4	服务过程中是否有效运用理论、模式、方法	10		
5	服务过程中进度的把握和调整情况	20		
6	是否填写了“个案工作评估表”	15		
共计		分		
加分项				
1	向服务对象说明评估的目的和方法	10		需提供佐证资料
2	兼顾过程评估与效果评估	10		需提供佐证资料
3	兼顾定性方法与定量方法	10		需提供佐证资料
4	评估宜有服务对象参与	10		需提供佐证资料

任务六　结案

当社会工作者的协助已经成功地达到了预定目标，或者当服务对象认为已经达到足够的改变而要求终止工作或社会工作者由于某种原因而不能继续服务时，社会工作的过程此时就进入了“结案”阶段。虽然结案意味着社会工作者的协助将告一段落，但并不是说结案工作可以简单了事，结案工作做得好坏直接影响服务对象今后能否持续进步与成长，所以结案是整个社会工作助人过程中的有机一环，是助人活动的一个重要组成部分。

任务情境

面对服务对象笑笑的改变以及笑笑母亲的积极反馈，在专业评估的基础上，社会工作者小刘决定进入结案阶段。在此阶段，社会工作者小刘需要注意哪些事项呢？

分解任务流程

撰写结案表 → 结案情绪评估 → 结案专业反思

任务实施

流程一　撰写结案表

（见附录“七、个案工作结案表”）

流程二　结案情绪评估

重点工作任务

- 确定合适的结案时机
- 回顾服务过程，增强服务对象独立解决问题的能力和信心
- 巩固服务对象及其所处环境已有的改善
- 结束工作关系，妥善处理离别情绪

任务情境分析

• 重点工作任务 •

一、服务对象的负面反应

（1）否认；

（2）倒退；

（3）依赖；

（4）抱怨；

（5）愤怒；

（6）讨价还价；

（7）忧郁。

二、如何避免服务对象的负面反应

（一）提前准备

与服务对象一起讨论他们对结案的准备情况。让服务对象知道结案时间，使其早些做好心理准备。社会工作者应该明白服务对象的负面反应只是暂时性的，社会工作者要做的是尽量减少结案的副作用。方法是鼓励服务对象公开讨论结案。社会工作者要以感同身受的态度向服务对象传达愿意与他们讨论他们的反应、理解他们的心情等信息，以减少其负面情绪。

（二）减少接触

在结案阶段社会工作者要逐渐减少与服务对象的接触，提醒服务对象要学会自立，给服务对象以心理支持，告诉他们在有需要时社会工作者将继续提供协助。

（三）回顾，增强服务对象的信心

回顾整个服务过程，让服务对象分享收获，以建设性的方式表达爱，相互鼓励，面向未来。

（四）寻找支持

如果社会工作者预估到了一些可能会破坏改变成果的因素，就可以寻求其他资源予以支持，如可以请社区居委会人员或者其他服务对象信任的对象介入，借助第三方优势消减服务对象的不良情绪。

三、跟进服务的实施方法

（一）电话跟进

在结案后的一段时间内，社会工作者可以通过电话与服务对象进行联络，了解其实际情况，让服务对象感受到社会工作者的关心和支持。

（二）个别会面

在结案后的一段时间内，社会工作者可以定期与服务对象商量在机构或服务对象家里会面，通过面对面的沟通交流了解他们的情况。

（三）集体会面

此种方式适用于小组跟进，通过集体会面，组员之间相互沟通交流，进一步增进关系并促进相互支持。

（四）了解服务对象的社会支持网络

社会工作者可以通过跟进服务对象的社会支持网络，如邻居、朋友、学校或单位，来了解服务对象的情况，以便及时提供相应的服务和必要的支持。

• 任务情境分析 •

社会工作者再次来到服务对象笑笑家。

（社会工作者与服务对象笑笑会谈摘要）

> 回顾工作过程。

社会工作者：笑笑你好，姐姐非常开心看到你的改变，在这段时间我们进行了多次沟通，并采取了多种措施，目前已经解决了你的监护问题、行为偏差问题以及心理问题，按照服务协议要求，我们的服务可以结束了。你能回忆一下自从我们认识以来你的变化吗？

知识链接

结案时的沟通技巧

1. 社工可以这样询问，进一步巩固服务对象已经获得的成就，如：

(1) 你能回忆一下自从我们认识以来你的变化吗？

(2) 你觉得哪些方面你有改进？哪些方面你的能力有所长进？

(3) 今后你仍需要做些什么来巩固你的进步？

2. 社工还可以结合具体情况，进一步讨论对服务对象的问题有影响的因素，目的是协助服务对象更深刻地认识到离开社会工作者后要面对的处境，对未来有更多的把握和信心。如：

(1) 今后，你认为会有什么因素影响你已经取得的进步和成绩？

(2) 你想好应对的策略和方法了吗？

笑笑：嗯，变化很大啊，我感受到了妈妈的关爱，我很期待下个假期可以去见妈妈啦……

【服务对象笑笑此时的反应是正面积极的——成功的喜悦、成长的感恩。】

社会工作者：你要知道这一切的改变都是你自己努力的结果，而且你要有信心，今后遇到问题，你一定会处理得很好！你的潜力无限、能力无限，只要有信心，一切问题都是可以解决的！

> 强化服务对象已有的改变。

笑笑：我有这样的能力吗？

【当服务对象怀疑自己能力的时候，社会工作者要努力使他们相信自己有这个能力，并表达积极支持的态度。】

社会工作者：没问题的，姐姐相信你！你有非常强的自理自立和独立思考的能力，你一定可以独立解决问题的！相信你自己！

笑笑：好的，那我还可以联系你吗？

社会工作者：当然可以！

> 结案时社会工作者要对服务对象的正面反应给予肯定，避免刻意渲染离别的伤感氛围，从而减轻服务对象的不良情绪。

【结案并不意味着社会工作服务的结束，结案后社会工作者需要在服务结束后的一段时间内定期进行回访和跟踪，进一步了解服务对象的情况和服务需要。在本任务情境中，社会工作者在暑假结束后对服务对象笑笑进行了一次电话访谈，笑笑表示在与母亲相处的这段时间感受到了母亲的关爱，非常感谢社会工作者的帮助，同时也表示将努力学习，用优秀的学习成绩回馈社会。】

流程三 结案专业反思

重点工作任务
- 结案专业反思

任务情境分析

• 重点工作任务 •

一、为什么要做结案专业反思

结案反思借鉴了“反思性实践”理论，该理论最初由美国当代教育家、哲学家唐纳德·舍恩（Donald Schon）提出。作为“反思性教学”思想的重要倡导人，舍恩认为个体应立足于特定的教育情境，解决特定情境中的问题，在行动中进行反思，获取实践性学识，包括“行动中反思”和“行动后反思”。作为一门实践性较强的专业，社会工作需要社会工作者在结案后，对自己的服务过程与结果进行回顾性的反思，在反思中不断提升社会工作服务的专业化程度。

二、结案专业反思的内容

结案专业反思内容	1. 服务过程
	2. 资源链接情况
	3. 目标实现程度
	4. 改进方向
	5. 督导建议

• 任务情境分析 •

一、社会工作者服务的反思

“人在情境中”，社会工作者需要充分考虑服务对象的生活学习环境，包括同辈群体、学校、家庭环境等。本任务情境中的服务对象仅是千千万万困境儿童的一个缩影，通过多年的工作经验，我们感受到“困境儿童社会工作”离不开政府部门的大力支持，在重视困境未成年人的家庭因素的同时，更要注重发挥民政、群团组织、教育部门、社会企业和爱心人士多方参与的联动性，完善服务对象的服务体系，促进服务对象及其家庭的健康发展。

二、服务过程的反思

服务对象长期独自生活导致其存在一些偏差行为，在介入过程中，社会工作者多次与服务对象沟通，通过自我表露的技巧，与服务对象建立良好专业关系，并且在交谈的过程中，社会工作者会不断地向其讲解一些案例，讲述一些自护知识，并引导其独立思考，服务对象也在这种润物细无声的影响下慢慢接受、逐渐改变。本次服务基本达成服务目标，服务成效显著，但仍需社会工作者持续介入，不断提升服务对象的精神状态。

评价标准

序号	评价内容	分值	评分	备注
1	结案时机是否合适	20		
2	是否回顾了服务过程，增强了服务对象独立解决问题的能力和信心	15		
3	是否巩固了服务对象及其所处环境已有的改善	20		
4	结束工作关系时是否妥善处理了离别情绪	15		
5	是否填写了“个案工作结案表”	15		
6	对需要转介的服务对象是否做好了转介安排	15		
共计		分		

续表

加分项				
1	提前告知服务对象结案的时间，让服务对象有心理准备	10		需提供佐证资料
2	必要时提供跟进服务	10		需提供佐证资料

任务总结

1. “接案”是社会工作者与服务对象接触的第一步，也是整个助人过程的开始。成功的接案是专业助人活动的前提，因此作为社会工作者，必须了解接案工作的目的和主要任务。

2. “预估”是收集资料和认定问题的过程，是把所有有关服务对象的资料组织起来并使其具有意义的专业实践活动。在预估问题的时候社会工作者要有一个系统的视野，综合全面地评价服务对象个人及其环境的状况。只有这样，社会工作者预估的问题才会是客观的，才能为后续的服务计划的制订提供科学的依据。

3. “计划”要以服务对象为本，尊重服务对象的意愿。服务对象在制订计划的过程中是否参与、参与的程度都直接影响着社会工作的效果。

4. “介入”是社会工作的实施、干预、行动、执行和改变，是社会工作者助人过程中的一个重要阶段。介入阶段是社会工作者按照服务协议落实社会工作计划的目标，帮助服务对象做出改变，解决预估中确认的问题．从而实现助人计划的重要环节。

5. “评估”是指社会工作者运用科学的研究方法和技术，系统地评价社会工作的介入结果，总结整个介入过程，考查社会工作的介入是否有效、是否达到了预期目的和目标的过程。

6. “结案”阶段的工作主要集中在对整个助人过程的回顾和总结方面，主要任务包括总结工作、巩固已有改变、解除工作关系、做好结案记录、跟进服务。

思考与讨论

1. 结合任务一，试分析社会工作者在开展会谈的过程中还运用了哪些会谈技巧，社会工作者回应服务对象的方法有哪些。
2. 结合任务二，完成预估表的撰写工作。
3. 结合任务三，试分析社会工作者制订服务计划时遵循了哪些原则。
4. 结合任务四，试分析社会工作者扮演的角色有哪些。
5. 结合任务五，试分析社会工作者还可以采用哪些评估方法。
6. 结合任务六，完成结案表的撰写工作。

实训题

熟练掌握社会工作实务的通用过程中每一步骤的工作内容、核心技巧和具体方法。

社会工作实务的通用过程

接案	预估	计划	介入	评估	结案
1.准备材料：“个案工作接案记录表”。 2.任务：了解服务对象的来源、接受服务的意愿；邀请服务对象参与并澄清其期望；介绍机构的职责和服务范围；介绍社会工作者的职责和服务方式；初步探索服务对象的困境和需要；初步收集与服务对象有关的信息；与服务对象建立专业关系；根据服务对象的需要及社会工作者自身的能力，做出接案与否的决定或转介的安排；填写“个案工作接案记录表”	1.准备材料：“个案工作预估表”。 2.任务：收集服务对象生理、心理、社会方面的资料；识别服务对象及其所处环境中的资源、优势与障碍；与服务对象讨论选择适当的服务目标与服务内容。此阶段需要进行心理测评，通过心理测评进一步了解服务对象的心理状况	1.准备材料：“个案工作计划表”“个案工作服务协议”。 2.任务：制定服务的目的与目标；选择介入的服务模式；制定具体的介入策略、行动步骤和进度安排；明确社会工作者和服务对象各自的任务并签订“个案工作服务协议”；确定服务评估方法	1.准备材料：“个案工作过程记录表”。 2.任务：促使服务对象的认知、情绪、行为等发生正向改变；促使服务对象学会运用现有资源并积极发展可用资源；激发服务对象的主观能动性，进行能力建设；促使服务对象与环境相适应；填写“个案工作过程记录表”	1.准备材料：“个案工作评估表”。 2.任务：对服务过程进行评估，包括评估社会工作过程中运用的理论、模式、方法，进度的把握和调整，工作人员的表现，对专业的反思等；对服务成效进行评估，包括评估服务对象的改变、目标的实现、服务对象满意度等	1.准备材料：“个案工作结案表”。 2.任务：确定合适的结案时机；回顾服务过程，增强服务对象独立解决问题的能力和信心；巩固服务对象及其所处环境已有的改善；结束工作关系，妥善处理离别情绪；填写“个案工作结案表”；对需要转介的服务对象做好转介安排；对服务对象进行结案后的回访工作，了解服务对象回归社会情况，确保服务对象在脱离社工的帮助下能正常面对阻碍；了解是否还存在其他需要共同解决的困难

项目二 社会工作方法之个案工作

个案工作（case work）是指以有需要的个人或家庭为服务对象，运用个别化的工作方式，以专业的知识、方法和技巧，通过专业的工作程序，帮助有困难的个人或者家庭发掘和运用自身及其周围的资源，增强其解决困难和适应社会的能力，促进其与环境和谐发展的一种专业社会工作方法。

本项目将根据中华人民共和国民政行业标准《社会工作方法 个案工作》（MZ/T 094－2017）文件规定，以心理社会治疗模式、危机干预模式、任务中心模式、家庭治疗模式为重点，结合指定任务情境，在项目一的基础上对社会工作的通用实务过程进行实际应用，进一步讲解个案社会工作的详细流程、理论知识及相关行业标准（需要说明的是，本项目每个任务情境仅就某个模式进行重点讲解，而在实际工作中社会工作者需要运用多种模式提供介入服务）。

知识目标

- 了解个案工作的基本特征
- 熟悉个案工作的理论模式

技能目标

- 熟练运用个案工作的常用技巧和工作方法
- 具备从接案到结案的个案管理服务能力和实务操作能力

素养目标

- 充分感受到个案工作方法的价值和意义
- 以问题为导向，具备根据服务对象需求开展个案工作的职业素养

思政目标

- 在开展个案服务的过程中加深对社会主义核心价值观的理解
- 对社会工作“助人自助”的宗旨和理念形成专业认同

任务一　心理社会治疗模式

心理社会治疗模式是最基本的个案工作服务模式之一，这种治疗模式始终围绕一个核心——心理因素和社会因素之间的关联，包括内部的心理、外部的环境以及二者之间的相互影响三个方面，既关注心理，也关注社会。这就要求社会工作者树立“人在情境中”的理念，既要深入个人的内心，了解其感受、想法和需求，也要仔细观察周围环境对他施加的影响，分析个人适应环境的具体过程。

任务情境

中鼎社会工作事务所的社会工作者小王接到轩轩妈妈求助，了解到其儿子 8 岁，读小学三年级，身体健康，与母亲、外祖母共同居住，轩轩的母亲与父亲已离婚。近一年来轩轩学习成绩逐渐下降，轩轩妈妈又不能进行有效辅导，现在和儿子的关系很不好。针对此种情况，社会工作者小王应该如何开展社会工作服务呢？

分解任务流程

接案 → 预估 → 计划 → 介入 → 评估 → 结案

任务实施

流程一　接案

一、确定服务对象来源和接受服务的意愿

【值得注意的是，求助者来服务机构寻求专业帮助，但他不一定就是正式的服务对象。在本任务情境中，轩轩妈妈主动求助社会工作者，请社会工作者介入儿子轩轩学业辅导问题，那么轩轩才是正式的服务对象。但是此时如何确定服务对象接受服务的意愿呢？根据《未成年人保护法》《民法典》有关监护权的法律规定，如“监护人的职责是代理被监护人实施民事法律行为，保护被监护人的人身权利、财产权利以及其他合法权益等”“监护人应当按照最有利于被监护人的原则履行监护职责”，可推断出服务对象是未成年人的，父母作为法定监护人，代替孩子寻求社会工作者介入干预帮扶是法定监护人履行法定代理行为，也就是说法定代理人的行为可以推定为未成年人服务对象的行为，因此此时服务对象轩轩属于第一类“主动求助的”服务对象；从其接受服务的意愿来看，属于非自愿型服务对象。】

一般来讲，求助者来到机构申请帮助时，社会工作者通常要求其填写申请报告单。申请报告单除了包括服务对象的基本信息，通常还涉及求助的主要问题以及希望达到的目标等内容。针对本任务情境中的未成年人（大多数情况都是家长前来求助），阅读申请报告单可以协助社会工作者在接待正式的服务对象之前对其获得初步了解，有利于正式会谈前的准备。

二、会谈商榷

中鼎社会工作事务所的社会工作者小王立即草拟了会谈提纲，并与轩轩妈妈取得联系，商定于第二天到服务对象轩轩家里进行第一次会谈。

会谈地点：轩轩家中。

参与人员：社会工作者、轩轩。

会谈内容：

(社会工作者与服务对象轩轩会谈摘要)

社会工作者：你好，轩轩，我是中鼎社会工作事务所小王，我服务的工作领域是儿童社会工作，你可以称呼我“社工哥哥”。

轩轩：你好。

社会工作者：你能告诉哥哥，你叫什么吗？

轩轩：张子轩。

社会工作者：你今年上几年级？

轩轩：三年级。

社会工作者：最近在学校表现怎么样？有什么难忘的事情愿意和我分享吗？

轩轩：没有。(害羞，沉默)

【此时服务对象的反应很正常，如害羞、不爱说话、不愿抬起头来进行眼神交流等，非自愿型服务对象天然具有抗拒心理，这在一定程度上表明了服务对象对社会工作者的不信任。此时社会工作者需要有耐心。】

社会工作者：没关系的，轩轩，请你放心，我很愿意帮助你，请你相信我！(眼神坚定)

会谈技巧之引领性技巧

*提问：运用封闭式或开放式问题，引导服务对象作答，以收集信息、探索问题。

轩轩：(抬起头)

社会工作者：最近在学校学习怎么样？

轩轩：(摇了摇头) 我成绩不好，我不想读书，我怎么努力都不行，我可真笨！

社会工作者：你还那么小，一定要上学啊！我会帮助你的，相信我，我也有过你的经历，非常能够理解你此时的心情。

轩轩：(非常惊讶地看着社会工作者)

社会工作者：哥哥小的时候也有学习成绩不好的阶段，但是那时候我并没有放弃，还是需要坚定信心，相信自己一定能好起来！(用坚定的眼神看着对方)

会谈技巧之支持性技巧

*同感：设身处地地体验服务对象的内心感受，理解准确并将其传达给服务对象，引导服务对象对自己的感受、想法做进一步思考。

轩轩：嗯！

社会工作者：慢慢来，请你相信我。那咱们今天就聊到这里，我下次再来看你，好吗？

轩轩：好。

会谈技巧之支持性技巧

*专注：借助友好的视线接触、开放的姿势以及专心的态度关注服务对象的表达。

【初次会谈进行得比较顺利，虽然服务对象一开始很害羞，不太配合，但是在社会工作者的耐心开导下，还是跟社会工作者进行了简单沟通，也同意接受社会工作者的帮助。在这次会谈

中，服务对象的言行举止透露出一个重要信息——缺乏自信，正是缺乏自信导致他学习信心不足。通过本次会谈，专业关系初步建立。】

会谈结束后，社会工作者与轩轩及其母亲进行了充分沟通，在撰写“接案记录表”的基础上，正式确立了专业关系。

【在本阶段，要避免将服务对象标签化，认定其学习不好，应充分探究内在原因，引导服务对象及其监护人树立正确理念和学习认知。】

流程二 预估

一、收集资料

社会工作者对服务对象及其家庭进行了实地走访，此时正值轩轩母亲辅导轩轩作业。

（社会工作者对服务对象母亲的观察）

轩轩母亲：这道题怎么又不会！刚才不是都和你说了吗？都是一个原理，换个数就不会了?!（大声呵斥）

轩轩母亲：赶紧做作业，不懂的话就上网查！

轩轩母亲：哎呀，你太笨了！气死我了！

轩轩母亲：做完了吗？（多次催促）

社会工作者观察到轩轩母亲在辅导作业时脾气比较急躁，辅导方式简单粗暴，不停地催促轩轩尽快完成作业，一旦轩轩稍做停顿就会认为孩子不会，督促他上网查找答案。

二、初步诊断

经社会工作者初步诊断，确定服务对象在学习方面存在学习兴趣低下、主观能动性差、家长辅导方式错误、自我价值感低等问题，具体问题及表现如下：

（1）个人方面：服务对象学习成绩差，遇到困难便产生退缩心理，缺乏主观能动性，自信心不足。

（2）家庭方面：服务对象母亲脾气急躁，且思想比较偏执，在辅导服务对象时辅导方式简单粗暴，忽略孩子独立思考能力的培养，导致轩轩出现平时作业完成情况良好但考试时成绩不理想的问题；同时辅导作业时的部分言语不当，导致轩轩产生了自卑心理。

三、需求设计

（1）学业辅导；

（2）心理疏导；

（3）家庭沟通。

流程三 计划

一、确定介入目标

（一）服务目标

1. 总体目标

对服务对象及其家庭进行指导，改善服务对象学习习惯，挖掘其潜能，提升学习兴趣，帮助其轻松应对学习及生活。

2. 具体目标

（1）学业辅导。针对服务对象学习成绩较差等问题，对其进行学业辅导。

（2）心理疏导。针对服务对象自我效能感低、自我价值感低等情况对其进行心理疏导，采用优势视角理论，挖掘其潜能，提升其自信心。

（3）辅导技巧指导。纠正服务对象母亲错误的辅导方式，进行辅导技巧指导。

二、设定实施策略

针对本次个案服务，社会工作者拟通过运用心理社会治疗模式，采用直接介入与间接介入相结合的方式，与服务对象及其家庭建立良好关系，融入服务对象家庭，唤起服务对象及其家人的改善意识，改善服务对象学习习惯，提升其学习兴趣，帮助其轻松应对学习及生活。这就要求社会工作者既要深入服务对象的内心，了解他的感受、想法和需求，还要仔细观察周围环境对他的影响，分析个人适应环境的具体过程。即服务对象轩轩学习成绩差，既与个人学习兴趣低下、不愿意付出努力有关，也与服务对象受到家人的“言语攻击”有关。

阶段	服务内容	预期目标
接触期	第一步：社会工作者对服务对象以及服务对象家庭、社区进行访谈	更充分地了解服务对象的生活状态以及学习状态
	第二步：社会工作者与服务对象家庭一起探讨目前存在的困难	制定服务对象帮扶方案；与服务对象建立专业关系
介入期：直接介入与间接介入相结合	第一步（直接介入）：社会工作者运用心理社会治疗模式的非反思性直接治疗技巧，引导服务对象表达自己的不安情绪，给予服务对象必要的肯定和认可；其间社会工作者要检查服务对象的家庭作业完成情况	进一步建立稳固的信任关系，使服务对象愿意吐露心声；进一步明确服务对象的弱势学科等信息
	第二步（直接介入）：社会工作者运用心理社会治疗模式的反思性直接治疗技巧，帮助服务对象对自己的实际状况做出正确的理解和分析，协助服务对象正确进行自我认知；其间社会工作者要在每周日对服务对象进行学业辅导	在辅导的同时观察服务对象完成作业的状态，服务对象母亲的情绪状态、辅导方式等；帮助服务对象正视自己存在的问题
	第三步（直接介入）：社会工作者采用优势视角理论，引导服务对象发掘自身优势	鼓励服务对象进行独立思考，并对其进行正向强化，提升服务对象的自信心
	第四步（间接介入）：社会工作者对服务对象母亲进行访谈，对其存在的错误认知进行纠正，并开展相关学业辅导技巧培训	引导服务对象家长掌握科学的作业辅导技巧，从而实现与孩子共同成长
结案评估期	与服务对象回顾整个服务过程，总结已取得的服务成果	缓解服务对象离别情绪，后续保持跟进
跟踪回访	保持微信联系，对服务对象不会解答的作业及时引导其思考、解答	顺利结案

流程四　介入

一、第一次服务

会谈地点：轩轩家中。

参与人员：社会工作者、轩轩。

会谈内容：

（社会工作者与服务对象轩轩会谈摘要）

社会工作者：轩轩，你好，社工哥哥又来找你了，最近怎么样？

轩轩：还和以前一样。

社会工作者：没关系，我们慢慢来。哥哥问你一些问题请你回答，跟我说说心里话行吗？

轩轩：好。

社会工作者：你觉得这些科目中，哪个是你最感兴趣的？

轩轩：没有，都不感兴趣。

社会工作者：那哪个科目对你来讲难度最大？

轩轩：数学。

社会工作者：这是为什么呢？

轩轩：我们班换了班主任，新的班主任不像以前一样将家庭作业布置在家长群中，而是要我们自己记录，我不喜欢这样。所以我总是被老师批评……

社会工作者：嗯。老师布置作业的方式确实和以前有很大改变，但我们也应该更多地从好处想，老师也是为了增强学生的相关能力。

【鼓励服务对象继续表达。】

轩轩：（点了点头）

社会工作者：那你喜欢体育课吗？

轩轩：喜欢，我跳远很好。（感觉很兴奋）

社会工作者：你好棒！哥哥跳远就很不好，看来一会儿我要好好请教一下你了。

轩轩：（害羞地摸了摸自己的头，微微笑了）我喜欢运动，但还是怕做不好，老师和同学会嘲笑我的。

社会工作者：不是的，老师和同学都是喜欢你的，只要我们努力了，老师和同学都会看到的。你们是一个班集体，是最温暖的大家庭。

【社会工作者采用心理社会治疗模式的非反思性直接治疗技巧，引导服务对象描述自己喜欢的东西以及最令他不安的事情，以此来挖掘服务对象身上的优点，引导他重新认识自我。通过这次会谈，社会工作者与服务对象的服务关系更加紧密，服务对象也愿意吐露心声，不再逃避，不再退缩，也表示愿意配合社会工作者的帮助，并且在一定程度上也挖掘了自己的优点，发现了自己擅长的东西，并且表示会继续努力。】

二、第二次服务

会谈地点：轩轩家中。

参与人员：社会工作者、轩轩。

会谈内容：

（社会工作者与服务对象轩轩会谈摘要）

社会工作者：你好，我们又见面了。

轩轩：你好，社工哥哥。

社会工作者：上次结束后，哥哥建议你试着与同学交流，怎么样？

轩轩：有，但是我感觉我融入不到他们的群体中，他们都一直在一起玩，每次下课、放学也不会叫我一起玩。

社会工作者：哥哥知道，想要融入他们不是一两天的事，需要时间。但是你不能产生厌倦感，我们要勇敢地融入集体。

轩轩：（哭了）我知道你愿意帮助我，我会配合你的，我想改变。

社会工作者：那你知道自己身上存在哪些问题吗？

轩轩：我学习不好，同学都不喜欢我；我还没有爸爸，他们都嘲笑我……我能怎么办呢？

社会工作者：你的家庭环境，我们没有办法改变，但是我们能一起努力，一起提高学习成绩，从而增强你的自信，交到更多的好朋友。

轩轩：太好了。

社会工作者：其实哥哥也观察你写作业很久了，我发现有的时候你的注意力不能集中，经常一边写作业一边玩，严重影响了学习效率，有些题并不是不会，而是马虎导致了错误，还有就是缺少勇敢的精神，遇到问题不愿意思考，久而久之你的独立思考能力就弱化了，结果你就不爱思考、不敢思考，即使思考后也对自己的答案不自信了，其实你并不是自己认为的“笨”，只是需要在学习方法上进行调整，在学习状态上更加集中注意力，多思考、再认真一点就没有问题了，你觉得对吗？

轩轩：（若有所思）确实是这样。

【社会工作者运用心理社会治疗模式的反思性直接治疗技巧，通过与服务对象沟通交流，引导服务对象分析和接纳自己存在的问题。社会工作者通过引导服务对象对自己的实际状况做出正确的理解和分析，协助服务对象重新认识、正确看待自己，以此改变其原来不理性的想法，提升自信，帮助其健康快乐地成长。】

三、第三次服务

服务地点：中鼎社会工作事务所咨询室。

参与人员：社会工作者、轩轩。

服务内容：

本次服务主要是围绕服务对象认为最难的科目——数学的学习来进行的，社会工作者发现服务对象在数学方面计算能力较差，不会活学活用。在计算简单数字时轩轩总是用最传统的办法——数手指来计算，这样当数字较大时计算就很容易出错。针对数学计算方面，社会工作者重点讲解了凑十法、破十法，让服务对象能够准确计算 100 以内的加减法，不再用最原始的计算方法。经过本次的讲解，轩轩在学习方法上有所收获，计算方面也有所提高。经过几次辅导，服务对象对数学学习表现出更加积极的态度，并告诉社会工作者自己会在平时多练习。

【社会工作者采用优势视角理论，引导服务对象发掘自身优势，鼓励服务对象进行独立思考，并对其进行了学习方法的专业训练，提升了服务对象的自信心。】

四、第四、第五次服务

巩固已有成果。

五、第六次服务

服务地点：中鼎社会工作事务所咨询室。

参与人员：社会工作者、轩轩母亲。

服务内容：

本次服务重点针对服务对象母亲开展，社会工作者首先肯定了母亲对服务对象学业的关心，但也指出了其在对服务对象辅导作业过程中出现的问题，即服务对象母亲仅停留在督促孩子尽快完成作业的层面上，在辅导过程中多次打断服务对象的思考，直接告知答案，对于独立思考能力的培养、课外知识的拓展缺乏重视。之后社会工作者对其进行了耐心讲解，纠正母亲存在的错误认知，使其认识到良好学习习惯的重要性。社会工作者建议母亲在陪伴孩子完成作业时，一定要学会引导孩子独立思考，而不是依赖百度、作业帮等手机软件，养成孩子多角度地思考问题的习惯，重视孩子素质的培养，培养孩子阅读的好习惯，以拓宽知识面。社会工作者要求服务对象母亲在课业辅导期间与社会工作者配合，耐心陪伴孩子，并与社会工作者一起对孩子进行启发。最后社会工作者与服务对象及其母亲共同制订学习计划，鼓励服务对象严格执行，社会工作者对执行情况随时进行抽查。

【本阶段社会工作者采用间接介入的技巧，充分利用“人在情境中”理论，通过接触服务对象母亲，帮助她了解服务对象的想法，加深对服务对象的理解。通过改善周围环境、辅导服务对象母亲，间接影响服务对象。】

六、第六次服务

巩固已有成果。

流程五　评估

一、过程评估

在服务过程中，社会工作者根据个案服务过程开展工作，严格遵守个案服务工作流程，与服务对象建立关系并且维持关系，运用专业理论及技巧进行个案评估及服务，并最终满足服务对象需求。

二、效果评估

通过帮扶，社会工作者发现服务对象的母亲正在逐渐调整辅导服务对象的方式，改变其直接告知答案的粗暴辅导方式，有意识地引导服务对象思考。据服务对象母亲的反馈，服务对象在校表现良好，老师夸奖其家庭作业完成得较好，较之前有所进步。服务对象对自己的转变也较为满意，自述有一名同学与自己关系不错，自己也会给他讲题。可见他人的认可往往是一个人提升自信心的有效方式，服务对象逐渐发生良性改变。

流程六　结案

结案会谈

会谈地点：中鼎社会工作事务所咨询室。

参与人员：社会工作者、轩轩母亲、轩轩。

会谈内容：

（社会工作者与服务对象轩轩及其母亲会谈摘要）

社会工作者：你好，轩轩，很高兴我们又见面了。

轩轩：我也很开心。

社会工作者：我听你母亲说，你最近一次考试还可以，都及格了。恭喜你！

轩轩：是的，我的学习成绩提高了，期末考试语文和数学都及格了，老师还表扬了我，说我进步了。谢谢你，都是因为你对我的帮助，我的成绩才能够提高，你教给我的方法很好用。

社会工作者：我也替你高兴，这是我们大家共同努力的结果，许多人都帮助了你，所以你也要感谢他们。

【本次会谈，服务对象表达了对社会工作者的感谢，从他的言语中可以看出，服务对象对自己的变化感到很满意，很喜欢自己现在的生活。回顾整个服务过程，本次服务在服务对象与其母亲、社会工作者的共同努力下，服务计划和服务方案基本完成，服务对象也成功地达到了预定目标，服务对象的自信心有所提高，学习成绩也有了一定提高，最终本次服务顺利结案。】

专业反思

一、本次服务过程的反思

信任关系的确立是开展好专业服务的基础。社会工作者在与儿童服务对象建立专业关系的过程中，需要向服务对象表达充分的尊重、信任与接纳，而不是以一个成人甚至老师的姿态去讲道理。只有这样，信任关系才能很好地确立。在服务过程中，社会工作者还应注重服务对象的个别性，针对具体情况开展服务对象可接受的、操作性强的个案服务。

二、社会工作者服务的反思

孩子的问题往往是父母问题的映射，所以当孩子出现问题时，父母需要进行深刻反思，如是否亲子沟通存在问题、是否以身作则、是否给予孩子高质量的陪伴等。本任务情境中的母亲在生活方面把孩子照顾得无微不至，但指导孩子学习的方式却不科学。社会工作者除了要帮助服务对象增强自信心，同时也需要帮助孩子家长察觉自身存在的问题，与孩子共同成长、共同进步。

知识链接

心理社会治疗模式

心理社会治疗模式具有双重焦点，既关注心理，也关注社会。

一、心理社会治疗模式的治疗技巧

（一）直接治疗技巧

直接治疗技巧是指直接对服务对象进行辅导、治疗的具体方法，它又可以分为以下两种。

1. 反思性直接治疗

反思性直接治疗是指社会工作者通过与服务对象沟通交流，引导服务对象正确分析和理解自己问题的各种具体技巧。这种辅导技巧比较注重反映服务对象内心的感受和想法，主要包括现实情况反思、心理动力反思和人格发展反思。

2. 非反思性直接治疗

非反思性直接治疗是指社会工作者直接向服务对象提供各种必要的服务，而服务对象只处于被动接受状态的各种辅导技巧。它主要包括支持、直接影响和探索—描述—宣泄。

（二）间接治疗技巧

间接治疗技巧是指通过改善周围环境或辅导第三方来间接影响服务对象的具体技巧。它的运用对象包括服务对象的家人、朋友、同事、亲属、邻里和社区管理人员等，它扩展了个案服务介入的焦点，是心理社会治疗模式技巧中不可缺少的有机组成部分。

二、心理社会治疗模式的特点

（一）注重从人际交往的场景中了解服务对象

心理社会治疗模式认为，在收集服务对象资料的过程中，只有把服务对象放回到具体的人际交往场景中，并把服务对象目前的内心冲突与以往的经历联系起来，才能准确揭示服务对象的困扰产生的真实原因。

（二）运用综合的诊断方式确定服务对象问题产生的原因

心理社会治疗模式的诊断是指对服务对象的有关资料进行整理和分析，寻找服务对象问题产生、变化的原因和过程。诊断包括三个方面：心理动态诊断、缘由诊断和分类诊断。

（三）采用多层面的服务介入方式帮助服务对象

心理社会治疗模式的治疗是指对服务对象的心理困扰和人际关系失调的各方面因素进行调整和修补。心理社会治疗模式采用多层面的服务介入方式帮助服务对象，主要用于以下五个方面的治疗工作：

（1）减轻服务对象的不安；

（2）减轻服务对象系统功能的失调；

（3）增强服务对象的适应能力；

（4）开发服务对象的潜在能力；

（5）改善服务对象的人际交往关系。

任务二　危机干预模式

危机干预模式是个案工作的基本模式之一，它以短期干预为导向，强调运用心理分析与自我心理学的概念协助危机状态中的个人和提供快速与短暂调适的专业服务。危机干预模式中的危机是指当下或者近期发生的特殊事件，具有即时性（immediacy）和紧急性（urgency）的特征，且可分解为“危险”和“机会”两层意思。协助当事人妥善应对危险是社会工作者的基本素养之一。运用专业智慧协助当事人转“危”为“机”也是社会工作者应该具备的能力。

任务情境

陆某，男，61 岁，退休前是工厂的车间主任，退休后作为老年志愿服务队队长，积极参加社区活动。陆某和老伴儿感情很好，老伴儿张某，59 岁，身体很好，家务活一直都由张某负责，陆某从未插手，生活中两人虽偶有拌嘴，但性情温和的张某一直都是默默忍让，将陆某的生活照顾得面面俱到，这一切陆某都是看在眼里记在心里，不善言谈的他打算等老伴儿 60 大寿的时候一起出去旅游，好好享受生活。但就在上个月，张某做完饭叫陆某吃饭，陆某觉得菜炒得太咸就埋怨了几句，没太当回事儿，就去客厅看电视去了。张某独自吃完饭收拾完后，就去卧室休息，等陆某看完电视后，进入卧室发现张某已经不省人事了，他急忙打电话给子女，等 120 将张某送到医院后，医生宣布张某因突发心脏病抢救无效死亡。

陆某认为老伴儿身体一向很好，不可能有心脏病；子女认为肯定是陆某气着了自己的母亲，才导致母亲突发心脏病，对陆某也是一顿埋怨。此时陆某也觉得没有脸面对子女，想着一定是因为自己气着了老伴儿，她才突发心脏病的，一想到老伴儿几十年如一日地照顾自己，心里更是悲痛万分。社会工作者发现近日陆某没有参与社区活动，于是与其取得联系。面对此种危机情况，社会工作者张明应当如何开展工作呢？

知识链接

危　机

危机一般指的是个人的生活危机，是一种严重的个体料想不到的情境。由于危机通常是个体依靠原有经验无法解决的突发且强烈的紧急事件，因此个体往往会感到身心难以应对，从而陷入一种心理失衡的状态。

分解任务流程

接案 → 预估 → 计划 → 介入 → 评估 → 结案

任务实施

流程一　接案

陆某是由社会工作者在平日工作中发现的服务对象，属于服务对象来源的第三种“由社会工作者主动接触而成为服务对象的”；同时，由于陆某是社区志愿服务者，对社会工作者及机构的职责、服务范围比较熟悉，此时双方信任关系早已建立，因此陆某对社会工作者的帮扶还是乐于接受的，属于“自愿型服务对象”。

在与陆某的初步沟通中，社会工作者了解到陆某对老伴儿的死过于自责，以致不思茶饭，不愿意与人交谈，与之前积极热情开朗的状态产生鲜明对比；同时与子女关系僵化，子女的责备让陆某心理压力非常大，此时非常容易产生轻生的念头。于是社会工作者判断陆某当前状况十分紧急，决定紧急介入。

流程二 预估

由于陆某平时与社区接触较多，社会工作者对其生理、心理及社会等方面的资料收集起来比较容易。社会工作者了解到，服务对象由于平时多由老伴儿照顾，在老伴儿去世后，很多事情都无法自理，独自一人居住导致其基本生活质量大幅下降，焦躁情绪和挫败感很严重；再加上无颜面对子女，孤独感倍增，使得他对生活失去了信心。

社会工作者与陆某进行了充分沟通，共同讨论使其陷入困境的主要问题，初步确定了其存在的问题及需要：

（1）心理问题：需要及时疏导，排解不良情绪；

（2）家庭关系问题：需要调解矛盾，化解与子女之间的误解与矛盾；

（3）自主能力问题：需要多与同龄人交流，回归正常生活。

流程三 计划

在本任务情境中，由于服务对象情况紧急，如不及时处理可能会有生命危险，故社会工作者拟运用危机干预模式。双方商定本次服务的首要目标是进行心理疏导，使其理解生老病死是自然规律，能够正视死亡的必然性，进而劝导陆某认识到老伴儿并不是由单一因素导致死亡，更不是被服务对象害死的。同时，社会工作者还要进行心理疏导，排解陆某的不良情绪，使其早日恢复积极向上的心态，充分利用服务对象自身拥有的资源，为其提供必要的支持，如社区志愿服务队的队员们、服务对象的邻居等。另外，社会工作者还要与陆某的子女取得联系，争取获得家人的支持，化解子女与陆某之间的矛盾，用家庭的温暖抚慰老人。最后通过信心重塑，增强陆某的自主能力，从而帮助老人回归正常生活。

流程四 介入

一、第一、第二次服务

服务对象对老伴儿猝死事件心有余悸，回忆中充满对此事的恐惧，社会工作者利用层层回忆法，逐渐排除服务对象对回忆的恐惧。首先社会工作者引导陆某简单地回忆一些老伴儿生前的好处，逐步进行，最后再回忆张某死亡当天的经过。在服务对象的阐述过程中，每当服务对象的思维情绪牵扯进痛苦回忆，社会工作者就进行系统脱敏放松练习，帮助服务对象控制悲观情绪。最后，当服务对象再谈到老伴儿死亡当天的情况时落泪少了，多了些叹气，自己也认为生老病死属于人生必经的阶段，除了不能接受老伴儿比自己先走这一事实，悲痛之余不再有轻生的念头。

（社会工作者与服务对象陆某的会谈摘要）

社会工作者：您之前和别人说过您的感受吗？

陆某：没有，子女都埋怨我，也不来看我了……

社会工作者：嗯，您能回忆一下当天老伴儿去世的情形吗？我知道这个过程会很痛苦，但这是个必经的过程，希望您能理解。

陆某：（沉默了一会儿）那天天气很热，老伴儿做完饭，我吃了一口，觉得太咸了，就埋怨了几句，然后我就去看电视了，她吃完饭就回屋躺着了，没想到……（连连叹气）

社会工作者：谢谢您的配合，我也查了很多资料，其实心脏病的发作与天气有很大关系，而且您老伴儿虽然身体看起来很健康，但毕竟年龄也大了，这都在所难免，谁也不希望这种事情发生，但逝者已逝，我们还要好好活着，否则也对不住老伴儿这么多年对您的好，您说是吗？

陆某：唉……也是。

社会工作者：如果您想念老伴儿，不介意的话可以和我说说你俩过去的事儿……

陆某：（声音低沉，陷入回忆）

社会工作者：（耐心倾听）

社会工作者：您现在和我说出来，感觉怎么样？

陆某：嗯，这么多年都没怎么说过，我也舒坦多了。

社会工作者：您能跟我说您的心里话，我觉得您挺信任我的，有时候也需要和子女表达一下感情，不要不好意思，都是有血缘关系的一家人，只有沟通才能够了解大家的真实想法啊！

陆某：（点头，若有所思）

【这要求社会工作者在服务前查阅大量资料，了解到心脏病的发作与天气、身体老化有很大关系，而且安慰老人从老伴发病到死亡期间采取的措施是非常及时的，服务对象听到专业回复，也能够逐渐接受这个事实，减少内心的愧疚感。】

二、第三次服务

巩固已有成果。

三、第四次服务

第一次服务结束后，社会工作者与陆某的子女取得联系，适时安抚其悲伤情绪后，引导子女正确看待母亲去世的原因，不能将怨气撒到父亲身上，更不能让父亲独自一人承担如此悲痛的事实，相反要特别照顾好父亲的生活起居，尽量保证始终有人陪伴身边，以防不测，同时多与其聊天，减轻心理压力。子女表示，自己其实并非真正想责备父亲，那只是一时无法接受母亲离开的事实才找的借口，没想到会给父亲内心带来如此大的伤害，以后将轮流照顾父亲，让父亲感受到家庭的温暖。

四、第五次服务

社会工作者动员陆某身边的老年志愿者朋友，通过聊天、参加志愿服务等方式帮助其尽快走出悲伤情绪，经过近两个月的努力，陆某的生活重心得到了转移，像原来一样以老年志愿服务队队长的身份带领队员积极参加社区活动。

流程五 评估

一、过程评估

社会工作者能够迅速判断服务对象状况的紧急程度，运用危机干预模式，及时处理。首先进行心理干预，消除老人轻生的念头；同时还充分利用服务对象自身拥有的资源，包括家庭和志愿服务队队员，为老人提供必要的精神支持，帮助其逐渐恢复生活信心，转移注意力，从而增强面对和克服危机的自主能力。

二、效果评估

服务对象当前生活琐事基本能够自理，回归到老年志愿者服务队后，带领队员积极参加社区活动，生活非常充实；鉴于服务对象身体硬朗，加之为子女着想，并没有要求子女每天轮流照顾，而是每周末子女到父亲家团聚，帮助服务对象重新建立起了和谐的家庭关系。

流程六 结案

经评估，服务对象不仅从悲痛中走了出来，还能够继续保持积极向上的生活态度，带领志愿团队积极参加社区活动，因此社会工作者与服务对象共同决定结案。

（社会工作者与服务对象陆某会谈摘要）

陆某：这是你们最后一次来了？

社会工作者：陆老，您好，是的，您现在状态挺好的，我们的沟通也就基本告一段落了。

陆某：这段时间太感谢你们了，看你们也来了这么多次，真是辛苦！

社会工作者：以后有什么不高兴的或者想说的，多和儿女沟通，通过这一段时间的沟通，我发现他们真的很孝顺！

陆某：嗯，知道了，谢谢你们！

社会工作者：有机会我们还在社区志愿服务活动中见，都是老熟人了，不用这么客气，有需要随时来找我们！

专业反思

丧偶对老年人心理的影响是非常严重的，许多老年人在丧偶后，经常以泪洗面、悲痛欲绝，还会出现茶饭不思，甚至抑郁、自杀等情况。本任务情境中社会工作者能够迅速提供介入服务，建立专业关系，这跟前期与服务对象建立的信任关系密不可分，而且服务对象本来就是社区志愿者，平时热心助人，心态相对积极向上，这些都是社会工作者顺利开展心理疏导、引导老人走出阴霾的关键因素。

社会工作者在介入服务中采取的步骤是科学、有序的，一般来讲就按照本任务情境展现的三方面开展，即缓解心理压力、寻找支持、重获生活信心。在缓解心理压力阶段，社会工作者可以多次运用系统脱敏方法，尤其是针对女性老年人，易于情感流露的特性可能会使她们采用大哭的方式释放内心压力，此时社会工作者要鼓励老年人释放情绪，切不可阻止其表达内心的真实感受，进而通过倾听、劝慰、家人抚慰等方式来实现对他们的心理疏导。

知识链接

危机干预模式

危机干预模式是针对服务对象的危机状态进行调适和治疗的工作方法，通常涉及两个方面：一是减轻危机事件的负面影响；二是利用危机事件帮助服务对象解决目前面临的现实问题，同时提升服务对象适应环境的能力。

一、危机的分类

按照对个人生活的影响，危机通常可以划分为两类：普通生活经历的危机和特殊生活经历的危机。

普通生活经历的危机是指每个人在成长过程中必然遭遇的困难，如上学、工作、恋爱、结婚、抚养子女、赡养父母及退休等，它们本身就是个人成长过程的组成部分。

特殊生活经历的危机与普通生活经历的危机不同，它只是特殊人群遭遇的困难，如家庭破裂、战争和自然灾害等，这种类型的危机通常会给服务对象造成严重的不良后果，甚至导致长期的生理、心理或者社会功能的损害。某个特殊的事件成为危机，需要同时满足三个方面的条件：一是阻碍服务对象重要目标的实现，使服务对象基本需要无法满足，如损害服务对象的健康、威胁服务对象的安全，或者迫使服务对象的情感联系出现断裂等。二是超出服务对象现有的能力，使服务对象无法凭借以往的方式解决问题。这反过来又增加了服务对象的不安和焦虑，让服务对象陷入一种恶性循环中。三是导致服务对象出现心理失衡，使服务对象处于心力交瘁的脆弱状态中，无法承受任何生活压力。

二、危机干预的基本原则

由于危机干预模式是围绕着服务对象的危机而进行调适和治疗工作的，它的目的是在有限的时间内快速、有效地帮助服务对象摆脱危机的影响，因而危机干预模式注重不同服务介入技巧的综合运用。在运用这些不同的服务介入技巧时，危机干预模式形成了有效调适和治疗工作的一些重要原则。

（一）及时处理

由于危机的意外性强、危害性大，而且时间有限，因此需要社会工作者及时接案、及时处理，抓住有利的、可改变的时机，尽可能减少对服务对象及其周围人的伤害。

（二）限定目标

危机干预的首要目标是以调适和治疗为中心，尽可能降低危机造成的危害，避免不良影响的扩大。只有把精力集中在目前有限的目标上，社会工作者才能与服务对象共同协商和处理面临的危机。

（三）输入希望

危机发生之后，服务对象通常处于迷茫、无助、失望的状态中，所以帮助服务对象摆脱危机的有效方法是给服务对象输入新的希望，让服务对象重新找回行动的动力。

（四）提供支持

在帮助服务对象面对和处理危机的过程中，社会工作者需要充分利用服务对象自身拥有的资源，如父母的关心、朋友的支持等，为服务对象提供必要的支持。当然，同时也需要培养服务对象的自主能力。

（五）恢复自尊

危机的发生通常会导致服务对象身心的混乱，使服务对象的自尊感下降。因此，社会工作者在着手解决服务对象的危机时，首先需要了解服务对象对自己的看法，帮助服务对象恢复自信。

（六）培养自主能力

危机是否能够解决，最终取决于服务对象是否能够增强自主能力。虽然服务对象在危机中自主能力有所下降，但社会工作者不能认为服务对象缺乏自主能力。实际上，整个危机介入过程就是社会工作者帮助服务对象增强自主面对和克服危机能力的过程。

简言之，危机介入模式采取的是一种心理、社会相结合的服务介入策略，将服务对象的内部心理调整与外部资源链接整合在一起，并且针对服务对象危机的消除提供直接有效的服务。这种介入策略常常涉及三个基本方面的服务：危机中无助感受的处理、外部社会资源的挖掘以及服务对象应对危机能力的提升。

三、危机干预模式的特点

危机干预模式的运用对社会工作者提出了很高的要求，这也形成了危机干预模式的自身特点：迅速了解服务对象的主要问题、快速做出危险性判断、有效稳定服务对象的情绪及积极协助服务对象解决当前问题。

（一）迅速了解服务对象的主要问题

由于服务对象在危机面前通常表现出迷茫和不安，而且时间又非常紧迫，因此社会工作者需要将自己的注意力集中在服务对象最近的生活状况上，采用开放式的提问方式引导服务对象整理自己的想法和感受，迅速了解和分析服务对象面临的主要问题。

（二）快速做出危险性判断

危机中的服务对象经常出现一些破坏行为。因此，社会工作者在了解服务对象主要问题的过程中，需要对服务对象采取破坏行为的可能性和危险程度进行评估，以便进行及时的介入和治疗，这是危机介入模式的一项重要任务。快速做出危险性判断不仅对服务对象来说非常重要，还可以有效减少或者阻止服务对象的破坏行为，同时对于社会工作者来说也非常重要，可以预防或者减轻服务对象的破坏行为对自己的伤害。

（三）有效稳定服务对象的情绪

服务对象的情绪在危机中通常是非常不稳定的，表现出紧张、不安、迷茫、无助和沮丧等，社会工作者需要借助简洁易懂的语言、专心的聆听、感情的支持等技巧稳定服务对象的情绪，与服务对象建立相互信任的合作关系。

（四）积极协助服务对象解决当前问题

一旦服务对象的情绪稳定之后，社会工作者就需要协助服务对象分析危机产生的原因，并根据危机发生的原因制订介入计划，解决当前面临的、必须解决的问题。在服务对象周围人的支持下，协助和检查介入计划的执行，帮助服务对象克服危机的影响。

任务三　任务中心模式

任务中心模式把服务介入的焦点集中在为服务对象提供简要有效的服务上，希望帮助服务对象在有限的时间内实现自己制定的明确目标。所谓的任务就是服务对象为解决自己的问题而需要做的工作，它是服务介入工作的核心，是实现服务介入工作目标——解决问题的手段。

任务情境

张某，女，60 岁，身体状况较差，患有高血压、糖尿病等慢性疾病，独自居住在北京市某社区，家庭经济条件困难，主要靠低保为生。据社区居委会王主任介绍，张某对健康的认识不够，日常生活中并不注重上述慢性病的控制。王主任认为需要社会工作者的介入为其提供专业的帮助，于是王主任将服务对象介绍给中鼎社会工作事务所。作为社会工作者的小李，该如何开展本次服务呢？

分解任务流程

接案 → 预估 → 计划 → 介入 → 评估 → 结案

任务实施

流程一 接案

一、确定服务对象来源和接受服务的意愿

根据任务情境介绍可知，服务对象张某是由社区居委会主任转介而来，需要社会工作者介入提供专业帮助的，属于服务对象来源的第二种“他人转介的”；且经社区居委会王主任介绍，服务对象同意社会工作者为自己提供专业服务，属于“自愿型服务对象”。

二、会谈商榷

在本任务情境中，社会工作者与社区居委会主任进行了充分沟通，了解了服务对象张某的一些基本情况，并拟定了会谈提纲，约定周六上午在中鼎社会工作事务所会议室进行第一次面谈。

在会谈中，社会工作者向服务对象张某介绍了自己、社会工作专业性质、保密原则及双方角色和责任后，张某同意社会工作者为自己提供专业助人服务，双方一致同意将每周六上午定为服务时间。

社会工作者在与张某的接触过程中发现，张某语言表达清晰，热情好客，愿意与人交往，但对健康的认识不够，认为自己年纪不大，已经患有的慢性病不吃药也无关紧要，因而日常生活中并不注重药物治疗。

流程二 预估

一、收集资料

社会工作者与服务对象张某商定周六在其家里开展服务，拟通过家访了解服务对象的家庭生活环境。

（社会工作者与服务对象张某会谈摘要）

社会工作者：你好，张姐，我们又见面了。最近怎么样？

张某：你好，小李。我啊，也没什么事儿，就是自己在家刺绣吧！

社会工作者：（看到墙上的刺绣）这是您绣的吧？真棒啊！

张某：唉，一个人也没事干啊，我爱人去世早，我自己老是一个人，在家刺绣也是打发时间，还挺好的。

社会工作者：您这年纪也不大，正是享受生活的时候，应该出去走走，多交交朋友……

张某：你说的也对，说实话，自己待久了也有点闷，可是大家都有特长，我这……不会唱、不会跳的……

社会工作者：哎呀，没关系的，慢慢来……我听王主任说您有高血压、糖尿病，怎么也没看到桌子上摆着药啊？

张某：那些病没事，都不是什么大病，我还年轻，不吃也没事！

【在本次家访中，社会工作者发现服务对象对慢性病认知不够，同时内心孤独，情感需求未得到满足。】

二、分析问题

（1）认知方面：对高血压、糖尿病等慢性病并不了解。

（2）心理方面：长期独居，内心孤独。

三、认定需求

（1）健康需求；

（2）社交需求。

流程三 计划

一、确定介入目标

（一）总目标

帮助服务对象树立正确的健康意识，恢复、重建服务对象的社会关系网络。

（二）具体目标

（1）为服务对象定期测量血压，帮助服务对象了解自己的身体状况。

（2）采用社会学习理论，帮助服务对象通过观察学习认识到不良生活习惯对身体健康的危害，并学习健康的生活方式。

（3）帮助服务对象通过模仿将学习到的健康的生活方式落实到实践当中去。

（4）帮助服务对象增强与亲朋好友的联系，恢复其社会支持网络。

（5）帮助服务对象学习人际沟通的技巧，鼓励服务对象每天（特殊天气除外）出门运动，在运动中结交朋友，重建社会支持网络。

（6）发掘服务对象的兴趣爱好，排解独居生活的苦闷。

二、设定服务策略

服务对象处于正常的生活状态，具有自主能力，而且愿意尝试改变，符合任务中心模式的基本要求，故社会工作者拟运用任务中心模式开展专业服务。

阶段	服务内容	预期目标
前期	运用 ABC 认知理论，帮助服务对象建立正确的健康认知	增强慢性病认知
中期	运用社会学习理论，帮助服务对象树立健康的生活观念	培养健康意识
	发掘服务对象的兴趣爱好	增强自信心
后期	鼓励服务对象外出运动	重建其社会支持网络体系

流程四 介入

一、第一次服务

社会工作者通过运用 ABC 认知理论，带领服务对象张某参加社区健康讲座，帮助服务对象建立正确的健康认知。在测量血压时，社会工作者发现服务对象血压较高，经医生告知后果后其表现出了忧虑和担心，社会工作者及时发现了服务对象的情绪变化，并及时安抚服务对象的情绪，建议服务对象注意日常服药。

知识链接

ABC 认知理论

A 代表诱发性事件；B 代表对诱发性事件的认知和信念；C 代表个体的情绪和行为反应或结果。非理性的认知会产生非理性的情绪和行为。同一情境之下（A），不同的人的理念以及评价与解释不同（B1 和 B2），所以会得到不同的结果（C1 和 C2）。也就是说，人们在遭遇事件时不同的思考和情绪会带来不同的结果。若人们的思考和信念是理性的，则情绪是正常的；相反则是非理性的、扭曲的，那么人们就会发展出不正常的情绪、情感行为。简单来说就是，如果一个人的认知是正确的，他的情绪和行为就是正常的；如果他的认知是错误的，则他的情绪和行为都可能是错误的。

二、第二、第三次服务

社会工作者通过社会学习理论，循序渐进地向服务对象讲解养生保健知识，包括降压降糖食物选择、锻炼方法、运动时间等，采用大量生动、形象的例子，运用影响性技巧劝告服务对象树立健康意识，改正不良的生活习惯。在每一次耐心讲解过后，社会工作者都会引导服务对象总结所学习到的知识，并留给服务对象时间加以消化；在下次讲解前社会工作者通过回顾上次的内容，不断强化服务对象学习到的养生知识。

知识链接

社会学习理论

社会学习理论着眼于观察学习和自我调节在引发人的行为中的作用，重视人的行为和环境的相互作用，强调观察学习在人的行为获得中的作用，重视榜样的作用。

（社会工作者与服务对象张某会谈摘要）

张某：我啊，平时就爱吃点水果，比如香蕉、西瓜……

社会工作者：张阿姨，吃水果确实对身体好，实际上所有的水果都含有果糖，但是有一些水果含糖量特别高，像您刚才提到的水果就是这样的，糖尿病人或血糖较高的人群并不建议食用。

张某：原来是这样啊，我以前可都不知道。那我应该吃些什么水果呢？

社会工作者：像黄瓜、西红柿，这些既是蔬菜也是水果，对血糖影响很小，您可以试试。

张某：嗯。

社会工作者：另外，平时还是应该多运动，对身体各方面都有好处。

张某：你上次说的"饭后百步走"我还记得呢，吃完饭休息一个小时左右再运动，是吧？

社会工作者：是的。

三、第四次服务

社会工作者发掘了服务对象的兴趣爱好——看电视剧，并向她介绍了一些优秀的电视节目，充实服务对象的日常生活。另外，针对服务对象爱看电视，社会工作者查阅了大量有关老年人肢体保健等方面的文献，参考服务对象身体状况，设计了几节相对简单的关节操，方便服务对象在观看电视的时候也能够加强身体锻炼。通过多次的示范练习，服务对象表示已经能够接受大部分的关节操动作，也愿意在日常生活中进行练习。

（社会工作者与服务对象张某会谈摘要）

社会工作者：这几节关节操我看您练习得挺熟练的了，您觉得怎么样？

张某：你这关节操还挺管用的，以前我看电视就是躺在沙发上一动不动，现在坐在沙发上，抬一抬腿，用手搓一搓，或者站起来动动上肢，也不耽误看电视，真挺好的。

社会工作者：锻炼要多坚持，长期练习效果更好。当然，如果天气好建议您多去楼下或者附近公园走走，对您的身体更好！

张某：嗯，我努力！

四、第五、第六次服务

社会工作者采用自我披露的技巧，向服务对象解释什么是朋友，介绍一些生活中大家与朋友相处的方法，并以此为契机鼓励服务对象主动与以前的亲朋好友联系。社会工作者还链接社区资源，通过举办刺绣学习小组，鼓励服务对象为大家介绍如何刺绣。此外，社会工作者还鼓励服务对象积极参加园艺活动，结交好友，舒缓压力的同时重建其社会支持网络体系。

知识链接

园艺治疗方法

园艺治疗方法是指老年社会工作者组织和协助老年人参与园艺活动，接触自然，舒缓压力，复健心灵的社会工作方法。

流程五 评估

一、过程评估

社会工作者通过链接资源的方式，解决服务对象部分生活问题；在服务过程中，社会工作者根据个案服务过程开展工作，严格遵守个案服务工作流程，与服务对象建立关系，并链接各种资源最终解决问题。

二、效果评估

在社会工作者介入前，服务对象并不知晓自己的降压药已经不适合现在服用，血压较高，存在着一些不良的生活习惯，并且认为现在谈养生为之过早。在社会工作者介入后，服务对象的血压、血糖能够有效地控制在合理水平，改正了不良的生活习惯，学到了养生保健知识，并将其运用在日常生活当中。

经过个案帮扶后，服务对象能够在独居生活中找到乐趣，通过经常参加运动，结识了居住在附近的人；通过观看优秀电视节目，丰富了自己的生活，同时也学到了一些养生保健知识。

流程六 结案

（社会工作者与服务对象张某会谈摘要）

社会工作者：张阿姨，咱们把关节操再从头复习一遍，您还记得动作吗？

张某：记得，你看，先练腿后练手，是不是这样？

社会工作者：对，就是这样，您以后还要多坚持，对身体好而且平时自己也有事情做。

张某：对，你说得有道理。

社会工作者：张阿姨，今天咱们个案服务就结束了，这期间非常感谢您能配合我们，我也听了您那么多有意思的故事，整个过程很难忘。

张某：应该说谢谢的人是我，真是难为你每次都来看我，教会了我很多养生的知识，要是没有你的帮助，我现在的身体啊早就不知道怎么样了！现在我也愿意运动，平时参加社区活动真挺好的，也不觉得每天都过得慢了。

【跟踪回访：根据服务对象实际情况，社会工作者对其进行不定时的跟踪回访，强化服务成效，特别关注服务对象的血压、血糖情况。】

专业反思

一、本次服务过程的反思

本案例中社会工作者充分运用个案会谈的技巧，与服务对象一起重新看待问题，激发其内在动力，一起解决问题。服务对象能够将血压、血糖维持在稳定的水平，并且在帮扶过程中结识了新的朋友。本次服务基本达成服务目标，服务成效显著，已顺利结案。

二、社会工作者服务的反思

社会工作者针对低保家庭的帮扶，前期以建立关系为主，同时也要秉承尊重、接纳、服务对象自决等服务理念，通过个案会谈技巧充分挖掘服务对象的主观能动性，使其意识到自身存在的问题，从而主动去改正，促进其自身发展。值得注意的是，为低保家庭开展服务更应该注重对其赋能，使其更有信心、更有能力面对生活中的种种困难。

知识链接

任务中心模式

任务中心模式属于个案社会工作方法中的一种，其最突出的特征是高效性，且是问题指向型模式，它面对纠纷问题时，直指目标问题，抓住纠纷主要矛盾和次要矛盾，在有限的时间内根据问题制定任务，在时间限制内完成任务从而解决问题。

任务中心模式要求服务对象具有自主自决能力，社会工作者在服务过程中只是扮演一个协助者的角色。

任务中心模式认为，高效的服务介入必须符合五个方面的基本要求：(1) 介入时间有限；(2) 介入目标清晰；(3) 介入服务简要；(4) 介入过程精密；(5) 服务效果明显。

一、任务中心模式的治疗技巧

任务中心模式把沟通视为工作者与服务对象之间进行交流的工具，工作者只有借助具体的沟通行动才能把自己的想法传递给服务对象，推动其发生改变。有效的沟通必须具备两个要素和达到五种功能。

(一) 两个要素

(1) 有系统；

(2) 有反应。

(二) 五种功能

1. 探究

明确服务对象的问题和需要承担的义务，确定任务之后还需要进一步明确如何执行任务。

2. 组织

规划与服务对象沟通的方式和目标，包括介入目标的解释、介入时间的安排、行动的规划和服务对象的参与方式等。

3. 意识水平的提升

通过提供相关的资料，帮助服务对象提高对自身以及周围环境的认识和了解。

4. 鼓励

强化或者激励服务对象有助于完成任务的行为和态度。

5. 方向引导

向服务对象提供完成任务所需要的建议和忠告，让服务对象及时了解完成任务的有效途径。

二、任务中心模式的特点

(一) 清晰界定问题

对任务中心模式来说，问题必须具备以下四个条件：

(1) 服务对象知道这个问题存在；

（2）服务对象承认这是一个问题；

（3）服务对象愿意处理这个问题；

（4）服务对象有能力处理这个问题，并有可能在服务以外的时间尝试独立处理这个问题。

（二）明确界定服务对象

（1）服务对象必须是愿意承担自己的任务，并且做出承诺，愿意尝试完成任务解决问题的求助对象；

（2）服务对象处于正常的生活状态，具有自主能力。

（三）合理界定任务

只有融合了以下三个因素的任务才是最好的：

（1）服务对象的问题；

（2）服务对象解决这个问题的能力；

（3）服务对象的意愿。

任务四　家庭治疗模式

家庭是一个系统，其中每个成员相互影响、彼此依赖。人能否形成良好的自我和自尊都取决于家庭系统的运行以及和家庭系统的沟通，并且这是一个不断循环的过程，目的是促进家庭各成员的成长。目前在家庭治疗模式中，结构式家庭治疗模式和萨提亚家庭治疗模式是最受欢迎的两种模式，它们都具有家庭治疗模式的本质特征，即将家庭视为社会工作的服务对象。

任务情境

石头，7岁，某小学的学生，性格内向、孤僻，不善与人交谈，班级中一起玩耍的朋友较少，有点自私。由于父母工作繁忙，石头长期与爷爷奶奶生活，对奶奶非常依赖。爷爷性情温和，奶奶在家中地位较高，掌握家中的话语权。石头与父母关系不亲密，相互之间交流少，亲子关系出现严重问题。花城小学的儿童督导员发现问题后，与中鼎社会工作事务所取得联系，请问社会工作者小张应该如何开展本次服务呢？

分解任务流程

接案 → 预估 → 计划 → 介入 → 评估 → 结案

任务实施

流程一　接案

会谈地点：石头家中。

参与人员：社会工作者、石头、爸爸、妈妈、奶奶。

会谈内容：

（社会工作者与服务对象家庭会谈摘要）

社会工作者：阿姨、石头的爸爸妈妈，你们好！我是中鼎社会工作事务所的社会工作者张霞，你们叫我小张就行。

石头奶奶：学校老师很早就介绍过了，我们先谢谢你。

社会工作者：不客气的，石头奶奶，爷爷怎么没在呢？

石头奶奶：他啊，不重要，都听我的，他想遛弯就出去了。

社会工作者：是这样的，阿姨，还是每个家庭成员都参加吧，毕竟教育孩子是每个人的责任！

石头奶奶：那好吧……

石头妈妈：你好，小张。之前的活动我和孩子的爸爸没怎么参加过，我们还不太明白具体要做什么，需要我们做什么呢？

社会工作者：社会工作是遵循“助人自助”的专业价值观，综合运用专业知识、技能和方法，帮助有需要的个人、家庭等服务对象通过整合社会资源，协调社会关系，预防和解决社会问题，促进社会稳定和谐的专业和职业。简单来讲就是帮助有问题、有困难的人，解决他们的问题，让他们能够自己解决以后的问题，这也是我们不同于其他助人行为的最重要的特点，不仅“助人”，还要“助其自助”。对于咱们这个家庭来说，需要咱们共同努力的就是改善亲子关系，通过家庭治疗方法，改善家庭结构，加强家庭成员的沟通，使得整个家庭氛围更加和谐，在这个过程中也促使石头能够发生积极转变，培养积极乐观的心态，帮助孩子积极健康地成长。

石头爸爸：嗯，我们大概都明白了，不过我总出差不在家，可能参加不了你们的活动。

社会工作者：此次介入活动的展开，肯定离不开你们的支持与配合，有了你们的支持我会更有动力去展开工作，而且对于整个家庭来说，集大家的智慧是最重要的，只有一起向着一个目标迈进，整个家庭才会更好。从以往的经验来看，亲子关系出现问题，往往是由长时间不沟通交流导致的，所以以后的活动希望大家尽量都参加，不仅是为了孩子，更是为了咱们这个家。

石头奶奶：行，我们会参加的。

石头爸爸：我尽力吧。

石头妈妈：我们就按照计划来就行，只要有改变就有收获。

社会工作者：谢谢大家。（转头问石头）石头，一般放学后回家干什么呀？

石头：（低下头，没有说话）

石头奶奶：石头，阿姨问你话呢，你得回人家呀，要不多没有礼貌。

社会工作者：没事，阿姨，毕竟是小孩子，内向，不是见几次面就能敞开心扉的，咱们慢慢来。

社会工作者：今天是大家的一个见面会，明天我还会来的，希望全体家庭成员都在。石头，明天见喽！

全家人：好的，明天见。

【对于本次接案，鉴于之前学校班主任的大力支持，社会工作者已经大致掌握了石头的基本情况，也了解到整个家庭的情况与结构，通过多次真诚的交谈，社会工作者赢得了石头家庭的信任，也争得了石头爸爸、妈妈、奶奶的同意，与石头一家建立了专业关系。当然，在初次会谈中没有爷爷的参与，有些许遗憾。社会工作者此时对石头的家庭状况不做随意评价，需要坚持非评判原则。】

流程二 预估

一、基本情况

（一）家庭情况

石头所在家庭是典型的隔代教育家庭，是核心家庭结构。石头由退休的爷爷奶奶抚养，爸爸妈妈工作繁忙，只有周末回来看孩子。

（二）学习情况

石头的学习主动性较差，爷爷奶奶知识水平有限，对此也不大关心，同时石头父母在孩子学习上的关心也不够。

（三）性格方面

石头性格有点孤僻，不主动与人沟通交流，喜欢沉浸在自己的世界里，性格内向，有点轻微自闭。同时在生活上表现得有点自私、自我。

（四）沟通情况

因石头父母工作繁忙，平时与老人沟通较少。

下图清晰地展示了家庭成员之间的互动关系，爷爷奶奶与石头之间是亲密的强关系，爸爸妈妈与石头之间是疏远松散的弱关系，另外老人与石头父母之间的关系也比较疏远。

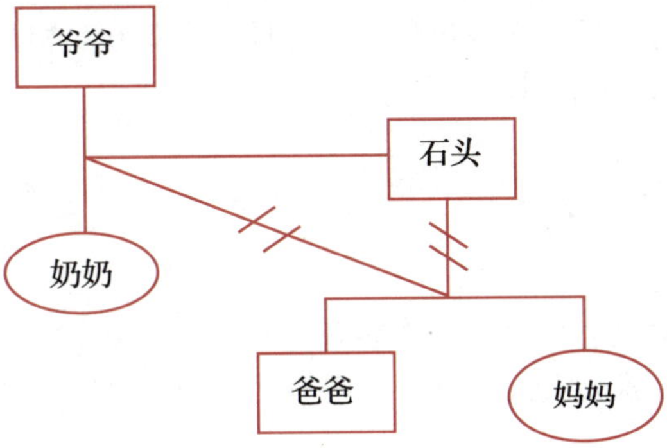

二、基本需求

（1）改善家庭关系需求；

（2）亲子互动需求；

（3）科学育儿需求。

三、评估参与人及方式

（1）评估参与人：全体家庭成员；

（2）评估方式：通过评估量表进行评估。

流程三　计划

一、确定介入目标

促进隔代教养家庭中亲子关系的修复，建立良好的亲子关系与互动模式，使家庭关系与成员自身得到全面发展，从而使隔代教养的质量得到提升。

二、选择服务模式

社会工作者与服务家庭共同商定将采用家庭治疗模式，对服务对象家庭成员开展心理调适，帮助家庭成员教育指导，协调家人关系，为家庭成员建立合理温馨的家庭支持系统。

三、设定服务策略

阶段	服务内容	预期目标
前期	采用结构性访谈方法，引导家庭成员形成对亲子沟通的初步认识	引导家庭成员了解亲子沟通的重要性
中期	有效运用结构化家庭治疗模式，发掘并评估当前家庭结构	促进家庭结构和功能的改善
	观看专家育儿讲座视频，找到家庭教育中的不足并及时分析原因	
强化	与家庭共同制订长期计划，不断加强亲子交流	促使家庭成员适应家庭结构
后期	无结构访谈，分享感受	营造良好的家庭氛围

四、签订服务协议

为了切实保障社会工作者以及服务对象的利益，社会工作者与服务对象家庭达成了协议，明确了双方要达成的目标、服务过程等，并且希望双方互相配合，共同改善家庭亲子关系，让孩子更加健康快乐地成长。

流程四　介入

一、第一次服务

会谈地点：石头家中。

参与人员：社会工作者、石头、爸爸、妈妈、爷爷、奶奶。

会谈内容：

（社会工作者与服务对象家庭会谈摘要）

社会工作者：叔叔阿姨，你们好，石头爸爸妈妈，你们好，石头，下午好。阿姨，又和您见面了！我们昨天约好了。

石头奶奶：快进来。

【社会工作者与家庭成员一起摆放好桌椅，在客厅形成 U 形，石头坐在社会工作者身边，两边分别是爷爷奶奶和爸爸妈妈。】

社会工作者：大家好，石头小同学，你好，刚才社工阿姨看到你和家长一起摆放桌椅，觉得你非常棒，我想你平时一定也和爸爸妈妈、爷爷奶奶一起整理家务吧？

石头：（沉默）

社会工作者：（拿出之前准备好的奇奇妙妙玩偶送给石头，因为之前在与石头奶奶的交流中得知石头最喜欢的动画片就是奇奇妙妙系列动画片）

石头：（开心地笑了）

石头妈妈：石头，阿姨送给你礼物，怎么不说谢谢，这么没有礼貌！

石头爸爸：（表情凝重地看着自己的孩子，没有说话）

社会工作者：没事，阿姨很喜欢石头的，希望我们能成为好朋友，好吗？

石头：（点了点头）

社会工作者：（面向家长）没关系的，对于孩子我们慢慢来，不要着急，要有耐心，我们给他一点时间，大家一起努力吧。

社会工作者：石头小同学，如果你坐累了可以自己先去玩一会儿，阿姨和爷爷奶奶、爸爸妈妈在一起就行，注意安全！一会儿我再和你单独沟通，好吗？

石头：（看了看奶奶，经奶奶示意可以离开后，石头才离开，到隔壁屋画画去了）

社会工作者：下面的时间交给我们，接下来请石头爸爸妈妈、爷爷奶奶共同参与一下，我们进行家长与儿童的亲密度测试，我会按照事先拟定好的访谈提纲来进行提问，请各位直接进行回答。

父母与儿童亲密度测试

1. 请说出孩子的生日。
2. 您会经常和孩子有亲密的接触吗？
3. 请说出孩子喜欢的玩伴姓名。
4. 请说出孩子最喜欢的动画人物。
5. 请说出孩子最喜欢吃的菜。
6. 请说出孩子的兴趣爱好。
7. 请说出孩子幼儿园班主任的姓名。
8. 请说出孩子的几个优点和缺点，并举例说明。
9. 孩子会主动告诉您内心的真实想法吗？
10. 您在外出差，孩子会给您打电话吗？

【社会工作者采用结构性访谈的方法，根据之前设计好的访谈提纲对服务对象家庭成员和石头进行单独提问，让他们写出答案。然后，社会工作者参照石头的回答对家庭成员的回答进行对比和总结，发现石头的父母对孩子的学习比较关注，石头的爷爷奶奶对孩子的日常生活非常关注，但双方都有一个共同点，就是很少关注孩子的内心世界，不了解孩子内心真正喜欢什么，喜欢做哪些事情。问题分析的目的是引导家庭成员形成对亲子沟通的初步认识，关注亲子之间的沟通，了解亲子沟通的重要性。】

二、第二、第三次服务

会谈地点：石头家中。

参与人员：社会工作者、石头、爷爷、奶奶、爸爸、妈妈。

会谈内容：

（社会工作者与服务对象家庭会谈摘要）

社会工作者：各位早上好呀！

石头奶奶：你好，知道你要来，石头可高兴了！

社会工作者：是吗！谢谢石头，你可真懂事，真是个好孩子。看阿姨给你带什么好吃的了，给你带了一个大个儿的彩虹棒棒糖，你看多漂亮呀，和你一样！

石头：（这次出乎社会工作者的意料，石头竟然主动来拿棒棒糖，而且不像之前那么腼腆）谢谢阿姨。

社会工作者：石头真棒！（同时向石头竖起大拇指；后转向家长）对了，上次我们做了一个家长和儿童的亲密度测试，也就是结构性访谈，我对一些问题进行了提问，大家应该还有印象吧？

全体家庭成员：（纷纷点头）

社会工作者：谢谢大家，接下来我就访谈结果和大家汇报一下，以便我们能充分了解各自对孩子的关注情况。对孩子生日、幼儿园班主任的姓名这几道题，大家的回复和孩子的答案基本是一致的；对孩子喜欢的玩伴、最爱吃的菜、最喜欢的动画人物等，这些问题的答案只有爷爷奶奶的答案和石头的一致；对孩子的优缺点这道题，爸爸妈妈大部分回答的都是缺点，优点很少，相反爷爷奶奶回答的大部分都是优点；对于孩子是否会主动告诉您内心的真实想法这道题，很遗憾咱们的答案都是否定的；爸爸妈妈在外出差，孩子也没有给你们打电话。通过这些问题我们可以看得出来，对孩子的生活，爷爷奶奶了解得非常全面，这一定程度上也印证了孩子和爷爷奶奶长时间生活在一起的事实；但对于孩子的内心世界，全家人都没有很好地关注；对于孩子的优缺点问题，全家人的评价都各有侧重，爸爸妈妈对孩子的积极鼓励与肯定很少，相反爷爷奶奶对孩子过于溺爱。这也就再次说明在孩子的教育方面，每个人都有很多不足，尤其是爸爸妈妈，孩子的日常生活由老人负责，你们在孩子的教养当中还是缺位的，缺少沟通交流，孩子对家长也就产生了不信任感，这也就导致你们很难了解孩子的内心世界。

从社会工作的角度，我们对你们当前的家庭教育模式进行了分析，发现在你们的家庭中存在两种教育模式：一种是隔代教育模式，就是祖辈对孩子的教育模式，这种模式下孩子父母缺位，祖辈对孩子的过分关注、万般宠爱很可能导致孩子丧失独立发展的能力与空间，其实这种情况在当下很常见，往往都是因为祖辈对教育自己子女时存有遗憾的一种弥补，有的老人就会说：当时条件不好，家里也吃不上什么，现在条件好了，孩子的所有要求都尽量满足。

石头爷爷奶奶：对啊，就是这样。

社会工作者：还有一种模式就是父母对孩子教育的不作为。这在当下也很常见，有人将他们称为“周末父母”，平时爸爸妈妈工作忙，对孩子只是关注学习，学习成绩一旦不好就会严加指责，只看到孩子的缺点，看不到孩子的优点，平时也不注重和孩子的沟通交流，说话态度比较强势，经常会说你要怎么怎么做，你应该怎么怎么做，而不是问孩子想要什么。孩子面对父母会感到有压力，更别提和你们说心里话了。换位思考一下，你们说是不是这个道理？

石头爸爸：还真是这样，我们已经很久没和石头聊天了。

石头妈妈：是啊，还记得石头小的时候我还轻声细语地说说话，现在就剩下大声斥责了……

社会工作者：所以，不论是哪一种教育模式，都存在很多问题，而我们能做的就是要改变现状，意识到家庭环境对孩子成长的重要性，与孩子建立信任关系，孩子信任你了，自然也就和你说心里话了；而且这种和睦的家庭关系也会影响到孩子的心态，在这种家庭环境下成长的孩子内心是坚定的、自信的，他会有足够的信心与学校的同学交往，也会更加开心快乐！

【之后社会工作者对每个家庭成员的问题进行了梳理：石头与爷爷奶奶之间是亲密的强关系，但爷爷奶奶对孙子太过溺爱，对孩子提出的要求也尽全力去满足。石头与爸爸妈妈之间是疏远松散的弱关系，父母与孩子的关系较为紧张。究其原因就是父母与孩子缺少沟通，而且在与孩子沟通的过程中态度不好，经常不耐烦，对孩子平时的成长也缺少必要的关心与爱护。】

社会工作者：希望你们在以后的日常生活中，要做到多沟通、多交流，营造欢快的家庭氛围！

三、第四次服务

会谈地点：石头家中。

参与人员：社会工作者、爸爸、妈妈。

会谈内容：

(社会工作者与服务对象家庭会谈摘要)

社会工作者：为了更好更直观地使大家明白目前我们在教育孩子方面应该怎么做、不应该怎么做，接下来我会给大家播放我之前在网上找的一个科学育儿小视频，是陆士柏教授家庭教育讲座的视频，希望对大家有所启发，看看我们在孩子的教育当中出现的问题有哪些，以及我们该如何更好地教育孩子。

（观看视频）

社会工作者：请大家分享一下感受吧！

石头爸爸：通过看短片以及听你的解释，我以前真的没有意识到这样的问题会影响孩子的发展，以后我会积极配合的！

石头妈妈：我也是！

社会工作者：谢谢大家的分析！大家知道了自己的问题，也明白了各自的心理与行为是如何影响到家庭成员的，所以问题已找出，那么我们接下来要做的就是消除这个问题。当然我们需要明确一个理念，问题的解决不是靠单个人就能够做到的，而是要靠我们整个家庭的力量，只有大家团结一致，才能更好地教育孩子，更好地建设我们这个充满爱的小家。

我想和大家分享一下我自己的育儿心得。我也有一个和石头差不多大的孩子，即使我平时生活工作再忙，我也会每天抽出一点时间陪孩子。因为我知道对小孩子来讲，他们对父母有不一样的感情，父母是任何人都不能替代的，他们需要爸爸妈妈的关爱，需要爸爸妈妈的陪伴，更需要爸爸妈妈的表扬和肯定。每天我都会给孩子讲故事、询问他当天在幼儿园的情况，每周末都要陪他一起上辅导课。虽然我的工作也很忙，但生活的仪式感必须要有，如每天睡觉前我都会和他说“妈妈爱你”，每年过生日都要共同商量怎么庆祝。就拿接送上下学这件事情来说，经常由爸爸妈妈接送的孩子会更加开心，更有安全感。我相信我的孩子能够感受到浓浓的来自家庭的关爱。还有一点需要我们家长明白，我们不要认为孩子不懂，认为我们的角色不重要，其实孩子都懂，他们会和班级里的其他孩子进行比较，如果父母不爱管他，他会觉得爸爸妈妈不喜欢他、不爱他，会嫉妒、缺乏安全感的，对他今后的学习生活有很大影响。

另外，我还要和大家分享一下沟通的技巧，在和孩子对话时，一般不要使用“你再不……我就……”“你最好……”的语气，这种态度容易使人心里很不舒服，孩子更容易产生叛逆心理，相反我们应该尊重他们，以朋友的身份和他们沟通，放低自己的姿态，即使很小的事情也要多征求他们的意见，平时多问问“你觉得怎么样?”“你有什么想法吗?”，他们就会觉得自己很重要。

石头妈妈：学习了！

社会工作者：还有一点，答应孩子的事情一定要积极履行诺言，这也是很好地诚信教育。从父母做起，父母是孩子最好的榜样，作为孩子的第一任老师，父母的行为对孩子的一生起着决定性的作用。

四、第五次服务

会谈地点：石头家中。

参与人员：社会工作者、爷爷、奶奶。

会谈内容：

(社会工作者与服务对象家庭会谈摘要)

社会工作者：对于爷爷奶奶，我想说的是，教育孩子是父母的责任，我们应该认清教育孩子的主体责任属于父母，老一辈则是辅助的责任，所以在孩子的教育上不要过多地参与，尤其是在孩子性格的养成上。我能感受到你们对石头很宠爱，但也正是你们的过分宠爱，使得孩子不愿意与外界的人和事接触。一旦你们认为有危险，就会采取回避态度，不让孩子去做了，其实孩子在平时磕着碰着一点真的没事。孩子应该更多地和同龄人玩耍，要多鼓励小孩子与其他小朋友沟通，而不是整天生活在安逸圈之中，虽然获得了安全，但失去了接触外界的机会……相反，年轻的爸爸妈妈们喜欢新鲜事物，他们能够带着孩子多接触新鲜事物，接触的东西多了，孩子的视角与视野也就开阔了，这对孩子自身学习发展很有意义。所以我们只需要做好辅助，让爸爸妈妈扛起孩子教育的大旗。

石头奶奶：看来我们之前确实插手过多了……

石头爷爷：我们也不能太娇惯孩子。

社会工作者：谢谢阿姨叔叔的支持！

五、第六次服务

会谈地点：石头家中。

参与人员：社会工作者、爸爸、妈妈、爷爷、奶奶。

会谈内容：

(社会工作者与服务对象家庭会谈摘要)

社会工作者：大家好，在上一次服务中我们对科学育儿的知识有了一定了解，那么接下来需要我们共同积极展开行动，解决问题。

我们先来回顾一下建立良好亲子关系的几个方面：首先，我们家长要给予孩子充分的自由；其次，要肯定孩子在学习和生活中的进步和努力，不要随便将自己的孩子与别人家的孩子进行比较；再次，对孩子的情感给予关注，对孩子进行情感教育，不只注重孩子的学习成绩；最后，宽容对待自己的孩子，加强与孩子的沟通与交流。

石头爸爸：听你这样一梳理，我们也清晰明白很多，我会改善自身的不足的。

社会工作者：出现问题我们一起面对、互相支持是必不可少的。接下来我们共同商量一下行动计划吧！

…………

社会工作者：经过刚才大家的共同努力，我们初步达成了一套亲子计划，我再整理一下，咱们在实践过程中随时沟通！

石头爸爸妈妈要加强与老人的沟通，给石头起到榜样的示范作用；同时每天要和孩子沟通至少半个小时以上，让孩子讲讲学校发生的事情，尽量一天比一天沟通时间长；如果有可能，晚上还要讲故事，周末要带他出去玩，答应孩子的事要做到。大家一起创造好的家庭气氛，营造爱的小窝的感觉。按照上述设计的情境，让孩子慢慢适应，我们先尝试一个星期。爷爷奶奶可以监督一下，尽量让孩子的父母充分发挥作用。

石头爸爸：好的。

石头奶奶：放心，我们一定尽力做到最好。

六、第七次服务

会谈地点：石头家中。

参与人员：社会工作者、爸爸、妈妈。

会谈内容：

（社会工作者与服务对象家庭会谈摘要）

社会工作者：我想问问对上次共同制订的计划，你们觉得自己完成得怎么样呀？

石头妈妈：我觉得我还行，可能孩子也感到挺奇怪的，最近爸爸妈妈怎么了，总是和我聊天，之前不这样呀。他会用很惊讶的眼神看着我俩，我俩开始的时候真的不习惯，强揪着话题和孩子聊，确实很难受，不过经过几天的锻炼，我俩现在没有尴尬的感觉了，觉得和孩子睡觉之前聊聊天、讲讲故事还挺好的，尤其是他爸试着给孩子讲故事，我觉得这对他来说算是很大的进步吧！

石头爸爸：是呀，最起码和孩子建立了关系，我觉得我和孩子的关系会慢慢好转的，我有信心。

社会工作者：相信我们一定会成功的！

流程五 评估

一、过程评估

社会工作者能够通过服务对象的表象问题准确判断深层次原因，即石头的不良反应是因为家庭沟通出现了问题；运用结构式家庭治疗模式，分别进行了服务对象自尊和自我价值的诊断、沟通方式的诊断以及家庭规则的诊断；能够对家庭成员晓之以理、动之以情，开展服务工作时运用倾听、同理等个案工作技巧，值得借鉴。

二、效果评估

社会工作者能够有效运用家庭治疗模式，对家庭沟通方式进行有效引导，成果显著，基本实现了个案服务初期的目标；家庭成员间的矛盾随着各自认知的重建、行为的修正、教养方式的改变以及良性沟通的建立基本消除，为服务对象及其家人建立了合理温馨的家庭支持系统。

流程六 结案

（社会工作者与服务对象家庭会谈摘要）

社会工作者：各位早上好呀！

石头奶奶：早呀，小张！

石头妈妈：石头，你张阿姨来了，快出来呀！

社会工作者：石头，早上好呀！

石头：阿姨好！

社会工作者：今天真乖，和阿姨问好，阿姨可开心了呢！

石头奶奶：小张，五一这几天啊，他妈和他爸带着他去好几个地方玩了，他回来可开心了，像变了一个人似的。

社会工作者：是吗？那真的太好了，希望你们定期就带他出去转转，看看外面的世界，开阔他的眼界。

石头爸爸：我们以后会经常带他出去旅旅游，以前真是忽略了这些，我这个当爸爸的不合格！

石头妈妈：我们努力争做优秀父母，下次带着爸妈，咱们一家五口人一起出去旅游！

石头奶奶：谢谢闺女！

专业反思

隔代教养引发的亲子问题是近年来常见的一种社会现象。在隔代教养的家庭中，父母工作忙，无暇顾及自己的孩子，所以祖辈扛起了教育的大旗，但在隔代教育过程中，祖辈进行了错误的定位，以辅助的角色替代了主力的角色，代替父母履行教养义务，虽然付出了诸多艰辛，但收效不佳，甚至导致孩子人格的不健全。究其原因，与这种特殊的教育模式有着直接关系，教育孩子是父母的天职，可父母在孩子最需要其陪伴的时期却由老年人代替，使得孩子的心理产生问题。比如本任务情境中的家庭，孩子有逆反心理、自我封闭、平时不喜欢接触新鲜事物等问题，都与家庭的教育方式有很大关系。

所以，社会工作者应重点加强对家庭结构的重建工作，一方面要做好祖辈的心理疏导，改变错误的教育观念，引导他们认识到孩子的教育要由父母来担任主力军，自己不能越俎代庖；另一方面也要加强孩子父母的教育意识，提高父母教育的责任感，让他们在生活中多与自己的孩子沟通交流，并且要以正确科学的方式与孩子沟通交流，以此构建和谐科学的家庭结构。

知识链接

结构式家庭治疗模式

结构式家庭治疗模式认为，个人的问题只是表象，家庭的问题才是导致个人问题的真正原因，因此，结构式家庭治疗模式主张通过多元化、多层次的家庭介入，解决家庭的问题，最终解决个人的问题。

一、结构式家庭治疗模式的治疗技巧

（1）重演：让家庭成员再现相互交往中的冲突过程，以此呈现家庭的基本结构和交往方式。

（2）集中焦点：让家庭成员的注意力集中在家庭交往方式与问题的关联上。

（3）感觉震撼：利用重复、声调高低的变化和简洁的语词等方法让家庭成员明了社会工作者谈话的内容。

（4）划清界限：帮助家庭成员分清交往的边界线。

（5）打破平衡：打破原来病态家庭结构的平衡。

（6）互动方式：关注家庭成员之间的互动方式。

（7）协助建立合理的观察视角。

（8）显现似是而非的想法，使原来模糊不清的错误想法显现出来。

（9）强调优点：引导家庭成员关注整个家庭或者个人的优点，避免过分强调家庭的不足。

二、结构式家庭治疗模式的特点

（1）以家庭为工作的焦点；

（2）关注家庭功能失调的评估；

（3）强调家庭功能的恢复。

三、结构式家庭治疗模式的目的与目标

（一）目的

结构式家庭治疗模式的目的是使家庭功能得到正常发挥。

（二）具体目标

1. 改变家庭成员的看法

家庭成员遇到问题时，通常会将问题的原因归结为某个家庭成员或者外部环境，忽视家庭成员交往方式与问题之间的联系。

2. 改善家庭结构

家庭问题通常表现为家庭边界的不清晰，家庭成员之间或者过分疏远，或者过分亲密。改善家庭关系，包括：父子关系、母子关系、夫妻关系。

3. 改变家庭错误观念

每个家庭都有自己的期望、要求和价值观。社会工作者通过挑战家庭的一些错误的观念，让家庭成员从不同的角度观察和理解日常生活。

任务总结

1. 个案工作是指以有需要的个人或家庭为服务对象，运用个别化的工作方式，以专业的知识、方法和技巧，通过专业的工作程序，帮助有困难的个人或者家庭发掘和运用自身及其周围的资源，增强其解决困难和适应社会的能力，促进其与环境和谐发展的一种专业社会工作方法。

2. 个案工作的原则包括：维护服务对象利益优先原则、个别化原则、接纳原则、非评判原则、服务对象自决原则、保密原则等。

3. 心理社会治疗模式是最基本的个案工作服务模式之一，这种治疗模式要求社会工作者树立“人在情境中”的理念，既要深入个人的内心，了解其感受、想法和需求，也要仔细观察周围环境对他施加的影响，分析个人适应环境的具体过程。

4. 危机干预模式是个案工作的基本模式之一，它以短期干预为导向，强调运用心理分析与自我心理学的概念协助危机状态中的个人和提供快速与短暂调适的专业服务。

5. 任务中心模式把服务介入的焦点集中在为服务对象提供简要有效的服务上，希望帮助服务对象在有限的时间内实现自己所选定的明确目标。

6. 在家庭治疗模式中，结构式家庭治疗模式和萨提亚家庭治疗模式是最受欢迎的两种模式，它们都具有家庭治疗模式的本质特征，即将家庭视为社会工作的服务对象。

思考与讨论

1. 结合任务一，试分析社会工作者间接介入的策略。
2. 结合任务二，试分析服务对象陆某的微观、中观、宏观系统。
3. 结合任务三，试分析社会工作者哪些地方体现了社会工作的伦理与原则。
4. 结合任务四，试分析社会工作者运用了哪些治疗技巧。

实训题

请将各任务情境中的“个案工作接案记录表”“个案工作预估表”“个案工作计划表”“个案工作过程记录表”“个案工作评估表”“个案工作结案表”补充完整。

个案工作主要模式

	心理社会治疗模式	危机干预模式	任务中心模式	家庭治疗模式
内容	心理社会治疗模式的内容：理论假设、治疗技巧；特征：开放性。 理论假设的核心包括： 1. 对人的成长发展的假设； 2. 对服务对象问题的假设； 3. 对人际沟通的假设； 4. 对人的价值的假设	危机一般指的是个人的生活危机，是一种严重的个体料想不到的情境，可分为两类：普通生活经历的危机和特殊生活经历的危机。危机介入的基本原则：及时处理、限定目标、输入希望、提供支持、恢复自尊、培养自主能力	任务中心模式认为，服务介入须符合五个方面的基本要求：介入时间有限、介入目标清晰、介入服务简要、服务效果明显、介入过程精密。在任务中心模式看来，任务就是服务对象为解决自己的问题而需要做的工作。它是服务介入工作的核心，是实现服务介入工作目标——解决问题的手段。解决问题是目标，任务是解决问题的手段	以家庭作为基本的治疗单位，假设家庭的动力和组织方式与个人的问题密切相关，通过家庭动力和组织方式的改变来解决个人和家庭的问题。其基本概念涉及家庭系统、家庭结构、病态家庭结构（纠缠与疏离、联合对抗、三角缠和倒三角）、家庭生命周期（形成期、发展期、收缩期、解组期）
技巧	治疗技巧分为直接治疗技巧（非反思性直接治疗、反思性直接治疗）和间接治疗技巧	注重不同服务介入技巧的综合运用	有效的沟通行动需具备两个要素（有系统、有反应），以及五种功能（探究、组织、意识水平的提升、鼓励、方向引导）	重演、集中焦点、感觉震撼、划清界限、打破平衡、互动方式、协助建立合理的观察视角、显现似是而非的想法、强调优点
特点	心理社会治疗模式的特点： 1. 注重从人际交往的场景中了解服务对象； 2. 运用综合的诊断方式确定服务对象问题产生的原因； 3. 采用多层面的服务介入方式帮助服务对象	1. 迅速了解服务对象的主要问题； 2. 迅速做出危险性判断； 3. 有效稳定服务对象的情绪； 4. 积极协助服务对象解决当前问题	清晰界定问题、明确界定服务对象、合理界定任务	1. 以家庭为工作的焦点； 2. 关注家庭功能失调的评估； 3. 强调家庭功能的恢复。结构式家庭治疗模式需要完成三个方面的任务：改变家庭成员的看法、改善家庭结构、改变家庭错误观念

个案工作各阶段的工作重点

工作阶段	工作重点
接案、转介	了解求助愿望；促使求助对象成为服务对象；明确服务对象要求；初步评估服务对象问题和需要（转介）
收集资料	1. 收集与服务对象问题有关的资料：个人资料（生理、心理、社会功能）、环境资料（家庭、同辈、社区、工作环境等）、个人与环境互动情况； 2. 对服务对象问题评估
制订计划	服务对象基本情况；服务对象希望解决的问题；工作目标；服务的基本阶段与主要方法；开展期限；联系方式
签订协议	服务目标；服务内容和方法；双方的权利和义务；服务的地点、时间、期限、次数；双方签字
开展服务	工作者角色：使能者—联系人—教育者—倡导者—治疗者
结案	1. 结案条件：社工与服务对象认为达到目标，服务对象已具备独立解决问题的能力，专业关系不和谐、出现新问题、某些不可预测因素（对这三种情况，在结案时应转介）； 2. 主要工作：预先告知服务对象，巩固已获得改变和进步，帮助服务对象独立面对问题，鼓励服务对象表达情绪及探讨跟进服务； 3. 结案形式：直接告诉、延长服务间隔时间、变化联系方式
评估	评估方法：服务对象评估（服务满意度）、同行评估、服务机构评估
追踪	任务：安排结案后的练习，巩固进步，增强独立面对问题的能力；调动服务对象的周围资源，增强社会支持；持续评估服务工作的效果

项目三 社会工作方法之小组工作

小组工作（group work）是指以具有共同需求或相近问题的群体为服务对象，通过小组活动过程及组员之间的互动和经验分享，帮助小组组员恢复和增强个人的、团体的社会功能的一种专业社会工作方法。小组工作是一个由不同阶段组成的动态过程，一般来讲小组工作的过程分为五个阶段：准备阶段、开始阶段、中期转折阶段、后期成熟阶段和结束阶段。在开展小组工作实务时，社会工作者要清楚把握各阶段组员的特征、小组工作者的任务以及社会工作者的角色和地位。

本项目将以中华人民共和国民政行业标准《社会工作方法 小组工作》（MZ/T 095－2017）为依据，以社会目标模式、互惠模式、治疗模式、发展模式为重点，结合指定任务情境，讲解小组工作的详细流程、理论知识及相关行业标准。

知识目标

- 了解小组工作的基本特征
- 熟悉小组工作的理论基础

技能目标

- 熟练掌握小组工作的常用技巧
- 熟练应用小组工作的流程

素养目标

- 充分感受小组工作方法的价值和意义
- 以问题为导向，具备根据服务对象需求开展小组工作的职业素养

思政目标

- 在开展服务过程中深入践行社会主义核心价值观，进一步坚定助人服务信念
- 感受和体验社会工作专业伦理和职业操守，加深对专业价值观的认同

任务一　社会目标模式

社会目标模式是最早的小组工作模式之一，这种治疗模式主要运用于社区发展的项目或领域，注重的是社会责任和社会变迁，强调培养公民的社会责任，促进公民的社会参与和社会行动。可见社会目标模式非常注重公民参与解决问题，通过促进民主参与，社会工作的价值追求能得到充分的实现。

任务情境

三城社区是北京某区最大的经济适用房小区，小区内人口密集，其中有部分住户是廉租房住户，主要以高龄老人、无业居民、精神障碍患者、身体残疾患者、低保住户、低收入人群为主，他们平时很少跟社区居委会打交道，基本也不参与社区活动，与周围邻居关系一般。让这类人群融入居住地社区文化营造、参与社区公益活动，提升廉租房居民社区幸福感是社区治理工作的重要任务之一。

为满足社区廉租房居民的精神生活需求，化解邻里之间的陌生感，建立良好互助的社区氛围，进一步增强社区廉租房中老年人的归属感、安全感，重塑较为稳定与多维度的社交网络，中鼎社会工作事务所将以开展社区廉租房邻里互助活动为契机，构建以社区为平台、服务为引领、专业为支撑、志愿组织为补充的四位一体服务模式。

分解任务流程

小组筹备期 → 小组形成期 → 小组转折期 → 小组成熟期 → 小组结束期

任务实施

流程一　小组筹备期

小组筹备期是小组工作历程中最为关键的阶段，在小组工作开始前，需要通过小组规划理清思路，制订好行动计划，否则可能就会因准备阶段缺乏仔细规划而面临失败的境地。可以说，小组筹备期指出了小组的工作方向，对整个小组社会工作具有重要的指导意义。

一、收集服务对象的相关材料

中鼎社会工作事务所位于三城社区内，社会工作者在日常工作中发现，社区内的廉租房群体内部形成了一个熟人圈子，与周围邻居关系不密切。社会工作者通过访谈、问卷调查，全面了解了该社区范围内廉租房群体的基本情况。

二、准确评估服务对象的需求

在进一步建立信任关系后，社会工作者了解到社区廉租房群体中的老年人具有强烈的融入社区需求，希望在日常生活中能够有机会参与社区活动，扩展朋友圈，进而丰富业余生活。

三、确定小组工作的总目标和具体目标

小组活动的总目标是促进老年人群体融入社区，与周围邻居建立起良好的朋辈关系，

发展社会亲密及信任关系（具体目标见小组工作计划书）。

四、确定小组的性质

开放性小组。

知识链接

小组分类

小组的类型划分具有多样性：

(1) 依据目标划分，可分为教育小组、成长小组、支持小组、治疗小组、朋辈小组、互助小组等；

(2) 依据小组组成划分，可分为自然小组和组成小组等；

(3) 依据组员参与动机划分，可分为自愿小组、非自愿小组；

(4) 依据组员之间的界限划分，可分为封闭性小组、开放性小组。

【在开放性小组中，新组员可以随时加入，旧组员可以随时退出。优点是新组员会为小组带来许多新的挑战和领悟，也能给小组提供许多新的资源，使小组充满活力。但缺点就是组员的不确定性使得小组需要不断适应新组员的加入，有可能会拖慢小组的进程，影响小组的凝聚力。值得注意的是，对于适用社会目标模式或者以其他讨论和任务为主要倾向的小组（如本任务情境），开放性小组可以更好地扩大社区参与主体，促使社区的大部分廉租房老年人能够参与社区活动，提高活动的覆盖率，这也就需要社会工作者在小组设计活动阶段策划多场次活动，在活动中注重活动居民骨干的发掘，在保证固定参与人员的基础上不断吸纳新组员。】

五、编制小组工作计划书（含小组工作时间、程序等基本信息）

主题	时间	服务对象	小组性质	小组目标	小组工作程序
三城社区廉租房邻里互助公益行	2020.4.3	社区老年人，55～80岁	开放性小组	让廉租房的住户从家中走出来，积极融入居住地社区，做到“走出来”和“融进去”	1. 为老年人讲解环保酵素的优势与作用； 2. 现场演示酵素如何制作； 3. 指导参与活动的老年人进行酵素洗衣液的制作
	2020.4.16	社区老年人，55～80岁	开放性小组	丰富特殊群体老年人的日常生活，提升他们的社区交往能力，建设社区朋辈群体支持系统	1. 介绍并带领老年人认识芽苗菜种植用具及种子； 2. 详细介绍芽苗菜种植步骤； 3. 带领参与成员进行实际操作，成员亲自动手进行芽苗菜的种植，并且相互交流经验，分享心得
	2020.4.30	社区老年人，55～80岁	开放性小组	让特殊群体老年人摆脱困守家中的无聊现状，使其积极投身到社区文化建设中来，培育其社区治理参与意识	1. 分享制作酵素洗面奶的原料及制作步骤； 2. 详细解释原料的制作比例； 3. 成员亲自动手进行原料配比，制作酵素洗面奶

续表

主题	时间	服务对象	小组性质	小组目标	小组工作程序
三城社区廉租房邻里互助公益行	2020.5.10	社区老年人，55～80岁	开放性小组	让廉租房的住户积极融入居住地社区，与周围邻居建立起良好的朋辈关系，发展社会亲密及信任关系	1. 详细解释环保洗发液的原料的制作比例； 2. 让成员学会通过水、酵素、草莓、黄瓜、花朵等原料的合理配比制作洗发液； 3. 分享感受和经验
	2020.5.21	社区老年人，55～80岁	开放性小组	引导廉租房老年人学习养生知识，养成好的生活习惯，以饱满的精神状态投入社区文化建设	1. 分享制作六合果蔬汁的原料及制作步骤； 2. 讲解果蔬汁对人的身体的好处； 3. 现场制作六合果蔬汁供居民品尝
	2020.6.5	社区老年人，55～80岁	开放性小组	让社区居民感受到传统文化的美丽，体会并传承传统文化精神内涵，丰富社区居民精神文化生活，通过丰富多彩的活动为居民之间搭建共同交流的平台，创建和谐社区氛围	1. 讲解风筝在中国古代的作用以及过去的制作工艺，解说几千年来风筝的演变和应用范围的变化； 2. 指导成员发挥想象力，动手涂绘寄托了自己美好愿望的风筝； 3. 分享活动感受
	2020.6.19	社区老年人，55～80岁	开放性小组	提高居民的社区参与度，促进社区文化构建和共享，更好地完善双方沟通渠道，使文化生活更好地满足居民的需求	1. 茶话会上社会工作者以居民需求、公益活动参与意向等主题为主要的探讨内容； 2. 邀请社区工作人员参与其中，倾听居民的声音； 3. 老年人分享自身经验
	2020.7.1	社区老年人，55～80岁	开放性小组	让廉租房老年人亲自动手制作团扇，且与小组成员相互协作共同完成，让老年人既能体验到亲自动手后成功的喜悦，又能增进彼此的友谊	1. 讲解团扇的历史和文化； 2. 为成员调配颜料，帮助成员调出喜欢的颜色进行扇面涂绘； 3. 成员针对此次活动做出分享，展示自己的学习成果，体验自我成就感
	2020.7.16	社区老年人，55～80岁	开放性小组	以园艺治疗理论为基础，以种植多肉植物为主题进行服务，帮助老年人放松心情，建立良好的人际关系，更好地感悟生活	1. 为成员讲解基本的种植步骤和技巧； 2. 让成员选择自己喜欢的多肉植物； 3. 按照步骤进行种植； 4. 分享心得体会
	2020.7.30	社区老年人，55～80岁	开放性小组	丰富社区老年人的文化生活，让老年人多多动手动脑，组织名为“水上生花”的水拓画活动	1. 社会工作者首先指导成员调配水溶液； 2. 选出喜欢的颜料，随着颜料在水面铺开，一幅幅精美绝伦的画卷也就此展开； 3. 画完以后用白纸轻轻盖在盘中，只需要静置几秒，液体中的颜料就会紧紧吸附在白纸上，形成一幅画作

续表

主题	时间	服务对象	小组性质	小组目标	小组工作程序
三城社区廉租房邻里互助公益行	2020.8.7	社区老年人，55～80岁	开放性小组	弘扬中华民族传统文化，增强社区居民的文化自信，开展手绘兔儿爷活动	1. 社会工作者首先为成员讲述老北京兔儿爷的来历； 2. 成员在社会工作者讲解结束后，纷纷拿起画笔，调动想象力给兔儿爷涂绘服饰和坐骑，将旗子插在背后，最后将两只耳朵插上，一个个活灵活现的兔儿爷就这样诞生了
	2020.8.22	社区老年人，55～80岁	开放性小组	以手工为媒介，培养老年人手工制作的乐趣，从而促进邻里互动互助和社区融入	1. 通过心理游戏“雨点变奏曲”，活跃气氛的同时激发成员的参与热情； 2. 在社会工作者的耐心指导和带领下，成员慢慢掌握了串珠的基本方法和技巧，开始尝试亲自进行手工制作； 3. 成员亲自动手，互相学习，最终做出让自己满意的作品； 4. 成员分享本次活动的心得体会
	2020.9.17	社区老年人，55～80岁	开放性小组	丰富特殊群体老年人的闲暇时光，利用有趣的感官活动提升他们的人际交往能力，建设社区朋辈群体支持系统	1. 社会工作者首先为成员讲解油纸伞的寓意； 2. 成员互相帮助，迅速掌握技巧，绘制出一幅幅美丽的画卷； 3. 成员分享本次活动的心得体会
	2020.9.27	社区老年人，55～80岁	开放性小组	满足社区居民的多样化需求，提高居民精神生活质量，打造温馨、和谐、互帮互助的邻里关系	1. 社会工作者首先为成员讲解灯笼的种类和历史，着重介绍灯笼的寓意，让成员在精神得到慰藉的同时也体会到灯笼承载的美好愿望； 2. 分发活动材料，展示成品图片，详细讲解制作步骤； 3. 带领成员按照步骤制作灯笼； 4. 成员分享收获与成长
	2020.10.10	社区老年人，55～80岁	开放性小组	培养社区居民的环保理念及丰富社区老年人的业余文化生活	1. 社会工作者首先讲解环保手工皂的制作方法和工具使用步骤； 2. 讲述环保的益处； 3. 加热溶解过的皂基，按照比例加入精油、香水、起泡剂等添加剂； 4. 成员选择自己喜欢的颜色进行调配，加入已经加好皂基的模具中，等待冷却； 5. 成员分享心得体会
	2020.10.24	社区老年人，55～80岁	开放性小组	促使廉租房老年人与社区公益志愿者一同参与到活动中来，通过分享、协作，让廉租房老年人能够融入居住地社区文化建设中，减少社区矛盾的发生	1. 分发活动所需的物品及工具； 2. 通过图文并茂的方式指导成员进行制作； 3. 分成小组，共同协作； 4. 分享成长和收获

续表

主题	时间	服务对象	小组性质	小组目标	小组工作程序
三城社区廉租房邻里互助公益行	2020.11.8	社区老年人，55～80岁	开放性小组	通过传统的手工艺活动让老年人感受社区文化氛围，融入居住地社区文化建设，满足其精神需求	1. 详细介绍扎染工艺的基本知识、特点及制作技巧，并且亲自示范几种捆扎方式； 2. 保证成员掌握几种基本的技巧并可以自主创作，随后成员在老师的指导下开始挑选自己喜欢的颜色动手扎染； 3. 成员亲自动手体验； 4. 展示与分享
	2020.11.22	社区老年人，55～80岁	开放性小组	帮助老年人学习与他人沟通的技巧，解决交友中的困扰，发展和谐愉悦的邻里关系	1. 活动由人际关系小游戏开始，让成员通过互相观察面部表情来判断对方的情绪状态； 2. 引导成员进一步思考情绪表达在人际关系中的重要性； 3. 将成员分组，组员相互配合进行拓印画的创作，在自主创作过程中互相沟通、协作，创作出小组成员最满意的画作
	2020.12.3	社区老年人，55～80岁	开放性小组	提高老年人互帮互助的邻里意识，使廉租房群体能够融入社区，加强和完善社区治理，有效提高社区为民服务的覆盖率	1. 社会工作者讲解保护环境的重要性以及必要性； 2. 阐述每一位居民应在社区中发挥的“主人翁”作用，让居民学会爱己爱人爱护社区，从身边的小事做起，爱护周围的生活环境，维护社区卫生秩序； 3. 将成员分成协作小组，组员互相协助完成本次团体活动
	2020.12.17	社区老年人，55～80岁	开放性小组	进一步巩固活动成效，增强老年人互帮互助的邻里意识，促进廉租房群体深度融入社区	1. 社区工作者讲解手工花的制作步骤； 2. 鼓励成员在活动中以真诚的态度进行邻里交流，针对日常生活中所遇到的问题进行沟通并相互给出积极的建议和解决办法，传递社区邻里真情； 3. 将成员分成小组，组员互相协作进行手工花的制作

六、招募与筛选组员

本次小组性质为开放性小组，意味着在活动期间随时会有新组员加入，这也导致组员数量并不确定，为了使小组活动在前期能够有一定数量的老年人参与，社会工作者需要动员那些在前期调查中表现积极的老年志愿者，邀请更多老年人参与进来。

七、准备小组工作过程中所需的人、财、物等资源

资源是指社会工作实施过程中所需要的人力、设备、场地、资金等，对任何一种社会工作服务而言，资源都是不可或缺的。

资源类型	具体内容	准备情况
人力资源	社会工作者	1. 动员社区居民积极参与； 2. 做好社会工作者与社区居委会工作人员之间的沟通、协调工作
	社区老年人	
	社区居委会工作人员	
财力资源	社区居委会提供资金	申请资金，填写申请表
物力资源	小组活动中的相关用品	前期购买

流程二 小组形成期

小组初期活动目标主要是协助成员相互认识，建立良好的关系，并让成员了解小组规范。社会工作者通过破冰游戏缓解小组成员的紧张感、拘束感，引导小组成员积极主动地敞开自我，促使其从家中走出来，积极地融入居住地社区，做到“走出来”和“融进去”。同时通过团队合作活跃氛围，使老人在遇到问题的时候可以互相沟通，增强邻里联结。考虑到小组规范的重要性，社会工作者通过制定活动时间表的方式让组员讨论并最终确认时间，要求组员做到遵守约定、互相尊重等小组规则。

【在制定小组规范时，社会工作者需要在巩固小组成员现有改变的情况下，进一步增强其互帮互助的邻里意识。】

流程三 小组转折期

经过小组初期的活动，小组成员已经摆脱了较为拘谨的状态，能够较为开放和放松地参与到活动中来，同时社会工作者也发现每位组员都能够自由地发表自己的看法，此时也容易出现小组分歧及差异。

【在社会目标模式中，当组员出现分歧，甚至可能会影响组员之间的关系时，社会工作者需要转换思路，善于利用冲突来增强小组的凝聚力，促成团体改变，达成集体行动，促进社会变迁的实现。这就要求社会工作者在小组活动过程中，不要对组员的观点做好与坏的评判，而是要引导组员包容不同的观点，同时要找出组员观点出现分歧与差异的根源以及分歧与差异中的共同之处，引导小组成员朝着共同的目标努力。当然，为了有效避免冲突的发生，社会工作者在前期准备工作中要对可能出现分歧和差异的地方尽可能全面地进行预估和制定应对策略，同时自己也需要提前做好知识储备，观看一些处理组员争议和矛盾的视频案例，学习一些处理冲突的技巧，如抛回议题、组员讨论等技巧。】

流程四 小组成熟期

在此阶段，社会工作者要帮助老年人了解自己关心的问题以及内在的需要，并运用积极心理学的方式进行解读，将老年人旧的观念转化为新的积极的信念，引导老年人以积极正向的情绪面对生活、与身边的邻居朋友互帮互助。

【在这一阶段，小组凝聚力较强，当某个团体成员缺席的时候，其他成员会主动打电话询问，并在下次活动中结伴前来。邻里之间的沟通增加，并建立起友谊，组员在分享感受时不仅仅局限于活动中所获，更愿意延伸到生活中去，这表明小组已经形成了一个积极正向的氛围，组员之间的信任感增强，能够做到相互支持与鼓励。】

流程五 小组结束期

小组工作结束时，社会工作者引导大家回顾自己加入小组前后的变化，回忆活动内容给自己及家人带来了怎样的收获，以使其更深刻地体会自我成长，体会到邻里关系和谐的重要性。俗话说“远亲不如近邻”，学习如何与身边的邻居建立良好的人际关系是一个极为重要的命题，社会工作者运用积极心理学的理论，通过正向激励与促进自我成长的团体活动，培养老年人促进个体和团体、社区良好发展的积极情绪，不仅让老年人明白了积极情绪的重要性，更重要的是增进了小区居民邻里之间的情感交流和联系，大家其乐融融，共同度过了一段难忘的美好时光。

【小组尾声也同样是一个重要阶段，社会工作者需要处理好组员的分离情绪，对组员在小组中的表现做出肯定，回顾组员一路走来的成长与收获，并给予真切的祝福。】

在本次系列小组活动中，社会工作者充分发挥了组织者与协调者的角色。在小组筹备期，社会工作者与小组成员通过小组契约建立了可靠的专业关系，为小组活动的切实推进打下了良好的基础，保证小组活动的设计是为了改善服务对象的情况；在小组形成期，社会工作者积极链接多方资源，准确把握成员需求，并将需求与小组活动内容的设计结合起来；小组中后期，社会工作者开展有针对性的小组服务，灵活运用支持鼓励、共情、积极关注等技巧，与组员一同融入小组活动中来，保证组员能够了解并掌握小组目标，并得到提升。小组最初设置的目标已经完成，小组成员经过连续的小组训练，已经掌握了一定的技能，与邻居建立起良好的关系并形成了较为稳定的社区人际关系网络，更好地融入了社区。

值得一提的是，具有共同的价值观、目标，追求共同的理想，也就是说，处于社区同等社会阶层或相同处境（如失业、下岗、离婚等）中的居民更容易参与同一社会目标模式的小组工作。

专业反思

廉租房群体属于社区中较为特殊的群体，该类群体受到的社区的关注相对于其他积极参与社区治理的老年人来说较少，甚至在日常工作时会出现不配合、抵触、阻抗等行为。这类群体中有相当一部分是残障人士，其安全感较低、过度敏感，不愿意别人将自己当成需要照顾的特殊群体对待，同时又渴望得到别人的尊重和理解，希望能够得到应有的待遇和帮扶。因此，在进行廉租房群体的服务时，过硬的理论基础、专业的素养与多方的共同协作是不可或缺的。

在进行项目活动时，社会工作者需要与群体中具有“领头羊”地位的社区居民建立良好的信任关系，如楼门长，他们一般是通过居民自荐、居民代表推荐和居民推荐相结合的方式当选的，此类人群具有良好的自觉性与带动性，能够较好地带领其他居民参与到小组中来，协助社区居委会开展自我教育、自我管理、自我建设、自我服务。

另外，本任务情境适用社会目标模式得当，通过开放性小组不断扩大廉租房社区居民参与范围，吸纳更多的社区居民参与其中，成效显著。当然值得注意的是，社会目标模式的小组工作由于对意识形态过分依赖，理论基础的系统性有待加强；而且此种模式的小组工作过分注重小组的整体需求，忽视小组中个人的独特需求，将个人置于小组之下，对个人的动力是一种忽视。

知识链接

社会目标模式

社会目标模式是小组工作模式之一，其起源于历史上的社区睦邻中心和青年服务中心等团体工作模式。社会目标模式的中心概念是社会意识、社会责任、社会参与、社会行动、民主过程与学习。社会目标模式认为，人类往往是通过团体力量达成社会行动的，社会行动又通过团体方案的发展促进团体力量的增强，而个人的潜能来自集体的行动。社会目标模式的主要目的是尝试在小组工作中处理与社会规范和社会价值有关的问题，启发社会良知、社会责任，促进社会转变。在社会目标模式小组工作中，工作者是一个能够影响他人并使他人积极行动起来的人。

由于团体的发展阶段不同，在不同的实务阶段工作者采取的技巧也不同，社会目标模式实务过程包括团体开始阶段、团体形成阶段、团体冲突阶段、团体维持阶段和团体结案阶段，每一阶段都有相对应的技巧。如在团体开始阶段需要运用评估与观察、模塑示范、催化联结等技巧；在团体形成阶段需要运用支持与鼓励参与、协助综合过程等技巧；在团体冲突阶段需要运用稳定系统、利用冲突等技巧。团体技巧的运用需要根据当时情境而定。

在开展社会目标模式小组工作时，社会工作者需要遵循两个主要原则：一是要注重培养和提升组员的社会责任意识；二是通过小组领袖的培养，提升组员社会参与的能力。

任务二　互惠模式

互惠模式（mediating model）是小组工作的主要理论模式之一，是基于人与环境和人与人之间的关系而形成的一种小组模式，旨在通过组员之间、组员与小组及社会环境之间、小组与社会环境之间的互动关系，促使组员在小组这个共同体的相互依存中得到成长，增强社会功能，提升发展能力。互惠模式下的小组工作，焦点在于互动关系及其效果。

任务情境

仰以观于天文，俯以察于地理，是故知幽明之故。然而天文地理知识对于一些当代小学生而言有些陌生、遥远，又有些枯燥。为了调动孩子的学习兴趣和促进系统学习，万园社区居委会与中鼎社会工作事务所共同策划了以“神秘的宇宙”为主题的小组活动。社会工作者小马应当如何开展小组工作呢？

分解任务流程

小组筹备期 → 小组形成期 → 小组转折期 → 小组成熟期 → 小组结束期

任务实施

流程一 小组筹备期

一、收集服务对象的相关资料

万园社区是个老旧回迁小区，社区内青少年较多，社区居委会工作人员通过日常入户走访、问卷调查等方式对社区青少年兴趣爱好进行了调研，调查结果显示社区有许多表示对天文学感兴趣的学生。

二、准确评估服务对象的需求

正值暑假来临，在前期收集社区青少年兴趣爱好的基础上，社区工作人员发现他们具有较强的天文知识学习需求，于是决定与中鼎社会工作事务所联合开展天文兴趣小组活动，使社区青少年能够在小组互动过程中深入学习了解天文学知识，进一步拓宽社区青少年视野，丰富其课余生活。

三、确定小组工作的总目标

调动社区青少年天文知识学习兴趣，促进组员成长。

四、确定小组的性质

学习发展小组（万园天文小组）。

五、确定小组类型、规模以及活动时间和场所

（1）小组类型：成长小组。

（2）小组规模：15 人左右。

（3）活动时间：2020 年 3 月 20 日—4 月 24 日，共 6 次。

4. 活动场所：社区居委会儿童活动中心。

六、小组工作的程序及内容安排

活动场次	活动主题	具体内容
第一场	“神奇的星系”	社会工作者为小组成员分配角色，让组员根据年龄进行星球认领，并在之后的课程中根据自己是什么“星球”，进行星球知识趣事的分享
第二场	“地球，一颗普通的星球”	小组成员共同学习地球相关知识，了解地球在宇宙中的位置，以及地球作为一颗星球的相关信息

续表

活动场次	活动主题	具体内容
第三场	“地球，一颗特殊的星球”	小组成员共同学习地球相关知识，了解地球作为现阶段已知的唯一一颗存在生命的行星的原因
第四场	“地球的圈层结构”	小组成员共同学习地球相关知识，了解地球的圈层结构，主要是外部圈层
第五场	“地壳运动”	帮助小组成员学习地球内部圈层的知识，同时了解与内部圈层相关的地壳运动种类及其带来的灾害
第六场	“星际拍卖场”	帮助小组成员间相互沟通交流，充分地交流了解天文地理知识

七、招募与筛选组员

本次小组活动的组员招募采用自主报名方式，前期由社区居委会工作人员张贴海报、在社区公告栏或微信群等线上线下渠道发布通知公开招募，邀请万园社区内的小学生报名参加。

八、准备小组工作过程中所需的人、财、物等资源

资源类型	具体内容	基本情况与职责
人力资源	社区居委会工作人员	动员社区儿童积极参与
	社会工作者	开展专业小组工作
	报名参加活动的儿童	数量较多
财力资源	社区居委会提供资金	申请资金，填写申请表
物力资源	小组活动中的相关用品	社区内现有许多天文器械，可充分利用

在服务过程中，社会工作者要把握观察学习的各个阶段。在每个阶段准确定位社会工作者角色，帮助服务对象习得天文学知识和示范良好互动行为。根据社会学习理论，在开展小组活动时，社会工作者要更多地关注小组成员间的行为，同时发挥榜样的力量，充分参与到小组成员中去，帮助小组成员健康地学习，以及保证小组成员健康成长。

知识链接

社会学习理论

班杜拉的社会学习理论强调的是观察学习或模仿学习。在观察学习的过程中，人们获得了示范活动的象征性表象，并在其引导下做出相应的行为。观察学习的全过程由四个阶段（或四个子过程）构成：注意、保持、动作再现、动机和强化。

流程二　小组形成期

【因小组成员均为居住在该社区的儿童，彼此之间比较熟悉，故在此阶段社会工作者没有花费大量时间协助组员彼此认识。】

2020 年 3 月 20 日，小组在万园社区居委会活动室开展此次系列活动的第一场：“神奇的星系”。

社会工作者：各位同学大家好，非常感谢大家积极参与本次以“神奇的星系”为主题的小组活动，本次活动的目标是希望大家能够在小组互动过程中深入学习了解天文学知识，进一步丰富大家的课余生活。大家还有什么问题吗？

【此阶段的活动目标是让组员了解活动目的和方式，同时让社会工作者了解组员对小组的期望。】

之后社会工作者与小组成员共同商定小组规范，签订小组协议；此外，社会工作者还向组员承诺了保密原则。

社会工作者：接下来我们开始热身活动，请大家起立，和我一起做“开火车”游戏。因为大家彼此都比较熟悉，由我先说“马哥哥的火车就要开”，其他人问“谁来开”，再由我点名，下一个人重复我的话，再点下一个火车长，开始啦！

【社会工作者带领服务对象进行热身活动，小组氛围快速活跃起来。】

由于小组刚刚成立，小组成员对活动内容并不熟悉，于是社会工作者采用开启技巧（如社会工作者首先发言：“我先认领‘地球’，地球是我们人类居住的星球，看看下一个同学领取哪个星球呢?”），帮助组员进入相互交流的情景之中。在本次活动中，社会工作者与小组成员共同协商，最终确定根据年龄进行星球认领，在之后的课程中他们将会根据自己是什么“星球”，进行星球知识趣事的分享。

在这一活动的过程中，小组成员们积极参与，都为了得到自己想要的“星球”而跃跃欲试。在整个小组活动中大家认真对待每一个环节，相互交流，小组活动氛围融洽和谐，小组成员与社会工作者建立了非常和谐的关系。

2020 年 3 月 27 日，小组在万园社区居委会活动室开展此次系列活动的第二场：“地球，一颗普通的星球”。首先，社会工作者带领小组成员重复上节制定的小组契约，建立有序的小组秩序。其次，社会工作者引导小组成员分享自己所代表的星球的趣事，鼓励成员勇敢表达。再次，社会工作者与小组成员一起学习八大行星的运动特征和结构特征，学习天文知识。最后，小组成员一起选取了代表自己星球的棒棒糖。小组成员们在学习过程中积极主动，不断提出问题，社会工作者与小组成员一起解决问题，快乐学习，积极交流。

流程三 小组转折期

2020 年 4 月 3 日，小组在万园社区居委会活动室开展此次系列活动的第三场：“地球，一颗特殊的星球”。由于下雨，小组成员来得较少，原定的室外游戏环节不能进行，此时有些组员出现抱怨情绪，社会工作者及时调整工作计划，对讲述的内容进行了调整，对室外游戏环节进行处理后改为室内可进行的抢答游戏。在游戏过程中，社会工作者发现个别组员非常积极，总是抢着说话，永远要成为“第一个回答问题的人”，成为大家注意的焦点。

社会工作者：大家都是知道的，地球上是存在着智慧生命的，那就是我们人类，当然也有其他生物，截至目前，除地球之外，科学家们还没有发现任何一个适合生命生存的星球，如今我们的地球已经有……

明明：我知道！46 亿年！

【还没等社会工作者提问，明明就已经说出答案，此种情况出现多次。】

强强：老师还没提问呢，你就说！

明明：因为我知道！哼！

强强：老师，我也是知道的！

【值得注意的是，在小组形成期总是抢着说话的组员对小组活动氛围的调动有很大作用，但是大家逐渐会发现这样的组员会占用大家很多时间，也会影响小组活动进展，其他小组成员就会产生不满和厌烦。此时社会工作者要意识到此种行为是有破坏性的，会影响小组成员的凝聚力，因此社会工作者要对抢着说话的组员进行直接干预，或者建立小组规范对此种行为进行制约。】

在社会工作者的积极调解下，个别小组成员关系逐渐恢复，大家继续进行小组活动。在本次互动中小组成员表现得很积极，共同学习地球相关知识，了解了地球作为现阶段已知的唯一一颗存在生命的行星的原因，并一起进行了精彩的交流。

流程四 小组成熟期

2020 年 4 月 12 日，小组在万园社区开展此次系列活动的第四场：“地球的圈层结构”。本次活动的主要目标是：通过学习地球相关知识，了解地球的圈层结构，尤其是外部圈层。在活动过程中，小组成员表现得很积极，社会工作者与小组成员相互探讨，共同学习地球圈层结构的知识。通过与小组成员的交谈，社会工作者了解到小组成员的学习压力都较大，因此，社会工作者决定下一次活动将增强小组活动内容的趣味性。

2020 年 4 月 18 日，小组在万园社区开展此次系列活动的第五场：“地壳运动”。本次活动旨在复习前几次学习到的天文地理知识，将枯燥的知识学习转化为较为生动有趣的视频学习。通过观看视频，小组成员学习了地壳运动的种类以及地壳运动带来的灾害。最后，社会工作者引导大家进行下次活动准备，即组员进行辩论，解说自己所得拍品的好处，并提醒组员活动即将结束。

流程五 小组结束期

一、活动内容

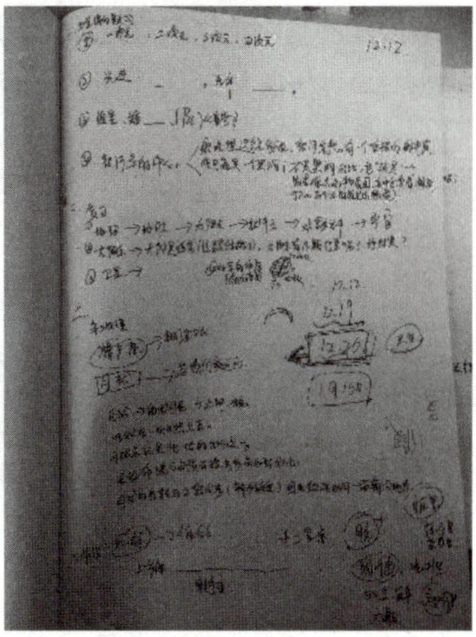

2020 年 4 月 24 日，小组在万园社区开展此次系列活动的最后一场。此次小组活动根据小组成员的需求，将小组活动内容调整为生动活泼的学习方式：“星际拍卖场”。本次小组活动紧承前几次小组活动，要求组员根据学到的地理名词进行拍卖，小组活动秩序良好。在最后一次小组活动中，社会工作者组织全体组员分享小组学习心得，最终小组活动圆满结束。

【在小组结束期，小组和组员的目标基本达成，社会工作者需要有效处理组员的分离情绪，维持和巩固其在小组中所学到的知识和技能。在本任务情境中，小组成员分离情绪并不明显，这与社会工作者提前告知小组结束日期，组员提前做好心理准备有很大关系。】

二、小组评估

小组意见反馈表

亲爱的同学：

感谢你能参加本次天文小组主题活动。下面的问题是关于本次小组情况的描述，请根据你的实际感受进行评分，最低1分，最高5分。你的信息将会被保密，请放心填写。

姓名：　　　　　　性别：　　　　　　年龄：

1. 我知道小组中所有组员的名字。（　　）
2. 我喜欢这次小组工作。（　　）
3. 组内的成员都很优秀。（　　）
4. 小组内部的活动分享让我觉得很舒服。（　　）
5. 与组内的成员合作很愉快。（　　）
6. 我们可以处理好组内的小矛盾。（　　）
7. 你觉得这次活动的收获是什么？

____

8. 你对这次活动的建议是什么？

____

专业反思

经过六次小组活动，组员们基本掌握了社会工作者所讲的天文地理知识，对于天文地理的兴趣大大增强，自身能力也得到提高。在整个活动中，社会工作者充分发挥了引导作用，在社区工作人员的配合下基本达成了活动的目标。

在本任务情境中，社会工作者适用互惠模式小组工作得当，能够十分关注个人的独特价值和需求，注重小组成员个人潜能的开发，同时又积极利用小组成员间的互动互助实现个体的改变，能够很好地突出“助人自助”的理念。

不过活动仍存在一些不足之处。在此次系列活动中，由于每次活动之间都存在时间间隔，小组活动成果没有得到很好的巩固，组员对上一次的活动总是表现出陌生感，活动效果的持续性相对较差。因此，在之后的小组活动中，尽量持续地进行小组活动，同时注意增强小组成员自觉学习的能力，从而巩固小组活动成果，发挥小组作用，促进小组成员自身发展。

知识链接

互惠模式

互惠模式的主要提出者是威廉·施瓦茨（William Schwartz），他认为在助人的过程中尤其要注重个人子系统与整体系统（小组环境和社会环境）的关系。互惠模式由于强调依靠群体的力量以及互助支持系统的建立，在我国有着广阔的应用前景。

社会工作者在开展互惠模式下的小组工作时，应坚持实施和贯彻以下工作原则：

（1）开放性的互动；

（2）平等性的互动；

（3）“面对面”的互动。

任务三 治疗模式

小组工作中的治疗模式实际上是一种社会治疗或社会康复模式，旨在治疗和解决个人的社会问题，改变个人的社会行为。罗伯特·凡特（Robert Vinter）是此领域的集大成者，他认为“个人的社会关系与适应问题能够通过小组的方式得到治疗。小组治疗应该被视为一种专门的满足需求者的服务”。在治疗期间社会工作者需要综合运用精神医学、心理学和社会学理论知识，小组组员通过这种治疗可以获得发展性和预防性的帮助。

背景介绍

当前，随着市场经济的发展和就业环境的日益严峻，越来越多的企业职工感受到了职业压力。由于工作紧张，很多人身体出现各种不适：失眠，记忆力衰退，会忧虑、心悸、多疑、焦躁，心理压力也越来越大，久而久之将导致企业职工的心理出现亚健康状态。由于心理健康变化不易觉察，这种心理隐患可能会导致职工产生职业倦怠。可见，职工心理健康应得到特别的关注，需要由专业社会工作者和心理咨询师引导职工释放心理压抑的情绪，学会在有所不满或遇到问题时及时与领导沟通，学会及时调控自己的心理健康状况，避免出现更加严重的心理问题，严重影响到个人健康和生活质量。

任务情境

心理健康问题之所以成为“最大问题”，不仅在于这个问题本身的严重性，而且在于这个问题的社会危害性。世界卫生组织曾断言，“没有任何一项灾难比心理障碍给人类带来的痛苦更深重”。为做好新形势下职工心理健康工作，某镇总工会特邀请云家心理社会工作事务所对辖区内的机关单位、企业中高层管理人员开展心理疏导服务。作为参与本次服务工作的社会工作者，该如何开展服务呢？

分解任务流程

分析预估 → 服务计划 → 实施过程 → 总结评估

任务实施

流程一 分析预估

首先，云家心理社会工作事务所针对服务群体的现状进行了综合调查，结果显示大多数的职工存在对心理问题认识不正确、对自身是否处于心理亚健康状态认识不清楚、应对工作压力的方法不科学等问题。针对服务对象的不同需求，社会工作者拟通过组建同质性的治疗、支持等小组，运用治疗模式开展小组活动，以纠正职工的错误认知及偏差行为，增强其心理健康意识，进一步提升职工生活和工作幸福感，营造身心健康、和谐有序的企业氛围。

流程二 服务计划

一、关系迷航——人际关系工作坊

活动名称：关系迷航——人际关系工作坊。

活动时间：2020 年 6 月 7 日。

活动地点：某镇总工会活动室。

小组性质：开放性小组。

服务对象：某镇总工会下中高层管理人员 15 人。

活动目标：通过工作坊使成员认识到人际沟通的重要性，学习语言沟通和非语言沟通技巧，意识到双向沟通中准确传递信息的重要性以及因传递信息不准确可能遇到的困难，理解人际关系中的误解与冲突。

活动程序：

时间	目的	活动内容	所需物料
10 分钟	帮助成员了解自己的心理健康状况	心理健康测评报告讲解	无
120 分钟	使成员认识到人际沟通的重要性，学习到语言沟通和非语言沟通的技巧，意识到双向沟通中准确传递信息的重要性以及困难，理解人际关系中的误解与冲突	通过“你说我画”“说服与拒绝”等游戏讲解与讨论人际沟通、人际关系知识	PPT

二、做情绪的主人——情绪管理工作坊

活动名称：做情绪的主人——情绪管理工作坊。

活动时间：2020 年 6 月 21 日。

活动地点：某镇总工会活动室。

小组性质：开放性小组。

服务对象：某镇总工会下中高层管理人员 15 人。

活动目标：帮助服务对象正确了解产生职场压力的主观原因，有效提高职工情绪管理能力。

活动程序：

时间	目的	活动内容	所需物料
10 分钟	帮助成员了解自己的心理健康状况	心理健康测评报告讲解	无
120 分钟	帮助职工正确了解产生职场压力的主观原因，有效提高职工情绪管理能力	1. 社会工作者从心理动力学的视角解析产生职场压力的原因，引导服务对象领悟压力是一把双刃剑，了解压力与工作绩效之间的关系，如果压力过大，将会导致头疼、肌肉紧张、消化系统疾病等生理性问题，甚至导致某些精神问题； 2. 以心理学为理论基础，引导职工学会应对职场压力、塑造积极阳光心态的基本方法	PPT

三、化解压力的艺术——减压团体工作坊

活动名称：化解压力的艺术——减压团体工作坊。

活动时间：2020 年 7 月 5 日。

活动地点：某镇总工会活动室。

小组性质：开放性小组。

服务对象：某镇总工会辖区内的机关单位、企业中高层领导 100 人。

活动目标：帮助服务对象建立职场压力科学认知体系，进一步学习减压技巧，有效提升工作效率。

活动程序：

时间	目的	活动内容	所需物料
10 分钟	帮助服务对象了解自己的心理健康状况	心理健康测评报告讲解	无
120 分钟	帮助服务对象建立职场压力科学认知体系，进一步学习减压技巧，有效提升工作效率	1. 通过压力小游戏活跃气氛，澄清服务对象对于压力的认识、看法； 2. 进行压力源与压力反应讲解，带领服务对象进行放松训练	PPT

四、再次出发——职业倦怠工作坊

活动名称：再次出发——职业倦怠工作坊。

活动时间：2020 年 7 月 18 日。

活动地点：某镇总工会活动室。

小组性质：开放性小组。

服务对象：某镇总工会下中高层管理人员 15 人。

活动目的：帮助服务对象加强对职业倦怠的科学认知，清晰了解自己的职业倦怠现状，并通过听取专业解析学习调整方法，努力形成积极进取、健康向上的职业心态。

活动程序：

时间	目的	活动内容	所需物料
10 分钟	拉近彼此距离，消除陌生感	社会工作者自我介绍和活动内容介绍	无
120 分钟	帮助服务对象加强对职业倦怠的科学认知，清晰了解自己的职业倦怠现状，并通过听取专业解析学习调整方法，努力形成积极进取、健康向上的职业心态	1. 社会工作者从职业倦怠的产生、表现、危害、原因、解决方法等方面进行讲解； 2. 通过生动的互动游戏，运用量表测试、案例解析等专业方法，对服务对象开展职业倦怠表现评测	测试表、PPT

五、智慧父母——亲子工作坊

活动名称：智慧父母——亲子工作坊。

活动时间：2020 年 8 月 1 日。

活动地点：某镇总工会活动室。

小组性质：开放性小组。

服务对象：某镇总工会下机关单位、企业中的员工 15 人。

活动目标：帮助服务对象反思自己的教育方式，了解构建和谐亲子关系的基本内容及技巧。

活动程序：

时间	目的	活动内容	所需物料
10 分钟	消除陌生感，拉近距离	社会工作者自我介绍及活动内容讲解	无
120 分钟	帮助服务对象反思自己的教育方式，了解构建和谐亲子关系的基本内容及技巧	从怎样给予孩子安全感、肯定、赞美、认同，怎样应对孩子的攻击、逆反、厌学等行为，怎样在家庭中做好父母角色功能的定位，怎样应对孩子不良的生活习惯，怎样改善和孩子的沟通方式，怎样教导孩子处理自己的情绪，孩子偏差行为的原因和改变技巧等方面进行讲解	PPT

六、悦纳自我——自我成长工作坊

活动名称：悦纳自我——自我成长工作坊。

活动时间：2020 年 8 月 15 日。

活动地点：某镇总工会活动室。

小组性质：开放性小组。

服务对象：某镇辖区内的机关单位、企业中的员工 15 人。

活动目标：帮助服务对象加强自我认知，不断拓展潜能，从而提升自我认知与价值；学会有效沟通的方式和技巧，培养更加积极开放的心态。

活动程序：

时间	目的	活动内容	所需物料
10 分钟	消除陌生感，拉近距离	社会工作者自我介绍及活动内容讲解	无
120 分钟	帮助服务对象加强自我认知，不断拓展潜能，从而提升自我认知与价值；学会有效沟通的方式和技巧，培养更加积极开放的心态	1. 自我成长——更好地了解自我，悦纳自己，汲取智慧和力量，不断拓展潜能，从而提升自我认知与价值； 2. 专业发展——在技术演练中提升觉察、运用咨询技术的能力，学习更多的实用助人方法，丰富处理个案的技巧和经验； 3. 改善关系——运用萨提亚模式来增强自我的觉察力以及对自己及他人的理解，改善关系； 4. 事业拓展——培养积极开放的心态和更好的觉察能力，体验改变的发生，发展出自我和他人的内在力量，带来更多成功的机会	PPT

流程三 实施过程

一、测评先行，总体评估

在正式进行小组活动之前，社会工作者组织开展心理健康测评服务，主要目的是通过客观数据了解服务对象的总体情况，并发现存在的共性问题，以便团体工作坊活动更加有针对性、有目的性。同时社会工作者在实施测评时向大家说明测评结果的保密性，避免服务对象出现抵触心理；并对测评量表进行细致说明，引导大家准确、真实地作答。

二、整合信息，聚焦症结

在开展小组活动前，社会工作者对测评信息进行分析，了解现阶段服务对象所面临的心理问题。测评结果显示当前服务对象多存在焦虑、忧郁、人际关系敏感等问题。为此，社会工作者在策划活动时，有针对性地根据以上问题制订了相应的服务计划。

三、小组初期

小组初期是小组工作的重要起始点，因此，社会工作者在建立小组之前对可能遇见的问题及状况进行预测并制定出相应的应对策略，以便在小组成立初期打下良好基础。

在第一次小组活动中，为缓解组员相互之间的疏离感及陌生感，社会工作者通过“关系迷航——人际关系工作坊”活动来引导组员敞开心扉，促进组员融合，社会工作者通过自我介绍、你说我画、安利与拒绝等游戏活跃氛围，帮助组员构建信任、彼此了解、建立沟通基础，初步体会信息传递过程中人与人之间的互动，进而建立起联结；让服务对象体会沟通过程中信息的变形，体会沟通中巨大的信息负荷带来的表达困难，学会一些说服与拒绝的小技巧……进而引申出人际关系的四个层次（PQ：体能商；EQ：情商；IQ：智商；SQ：社交商），让服务对象认识到自己所处的位置，学习突破现有层次的方法与技巧。

陌生及不甚熟悉的疏离感刚好为组员提供了将理论付诸实践的机会，社会工作者适时引导组员将学到的知识进行应用。第一节小组活动结束后，社会工作者引领小组成员进行分享，参与本次活动的妇联主席表示今后会积极参加每一期工作坊，将在工作坊学到的内容运用到今后的实际工作中。

四、小组中期

经过小组初期活动，小组成员间已经有了初步了解和认识，社会工作者发现组员对自己已经有了较为清晰的认识，也愿意主动地展现自我，将自我的问题暴露出来以期得到改变。为巩固成员现有成果，社会工作者通过连续开展情绪管理工作坊、减压团体工作坊、职业倦怠工作坊、亲子工作坊等多个小组活动，进一步解决组员在情绪、压力、职业倦怠、亲子关系等方面的问题，引导组员进一步了解情绪态度是如何影响着我们的生活、人际关系、职场关系的，意识到情绪会影响自身的身心健康、生活质量；同时通过宣讲、心理游戏、主题分享等环节，引导组员学习如何应对职场压力，塑造积极阳光的心态；另外，小组活动还涉及与孩子沟通的技巧等内容，引导大家不将压力及职业倦怠等负面情绪带进家中，学会尊重、理解孩子，做真正的智慧父母。

在这一阶段小组活动结束后，很多参与人员都不愿离去，热情地与社会工作者进行着沟通与交流，叙述自身的情况，希望得到专业帮助。通过这些工作坊，可以看到小组成员对认知自我、改变自我的渴望，小组成员快速成长。

五、小组后期

在最后一次活动中，为了进一步促进员工加强自我认知，社会工作者首先为大家进行自我介绍的示范活动，随后通过猜数字游戏引导组员主动发现自身优点并主动分享；同时进行贴合主题的心理游戏，例如：让大家学会如何利用已有资源达到自我实现的“资源盾牌”活动，回忆过去的成功事件并吸取成功经验的“生命曲线图”活动，使参与者看到他们自己不曾了解的潜意识的“看图回答问题”投射活动，使参与者学会接纳生活中自己和别人的不完美，从而成为不会错过生命中最美的风景的人的“看漫画品人生”活动。心理游戏让大家逐渐放下防御，积极融入工作坊中，勇于表达自我、寻找自我，从而实现自我成长。

社会工作者通过自我成长工作坊，帮助小组成员通过不同层次的探索更加深入地了解自我，通过对自己人生经历的梳理探索内心世界并激发自我潜能。

六、再度测评，总结提升

六期系列小组活动结束后，社会工作者对小组成员进行了心理测评后测，测评结果显示，服务对象的焦虑、抑郁、人际关系敏感等问题有了明显的改善。由此可推断，长期的小组系列活动对成员心理问题的改善有着重要作用。

流程四　总结评估

在本次系列小组活动中，首先，社会工作者运用专业心理测评来确定服务对象的心理健康情况，通过客观真实的数据了解该群体的心理健康水平，形成团体数据报告，之后经过汇总分析服务对象的共性问题，并针对共性问题制订服务计划。

其次，根据心理测评结果将服务对象编入同质性的治疗、支持等小组，运用治疗模式开展沉浸式体验工作坊活动，进行有针对性的小组服务，纠正服务对象存在的偏差行为，增强其自我调节能力。活动具体开展时社会工作者采用“宣讲＋心理游戏＋分享”的模式，通过实际案例讲解提高组员对心理健康概念的认识，提高组员在项目中的参与度。

最后，社会工作者再次对组员进行心理健康评测，了解组员心理健康改善情况并再次形成团体报告。

小组最初设置的目标已经达成，社会工作者通过组员对本次小组工作的总体满意度测评发现，95％的组员表示小组活动达到最初的预期；98％的服务对象对于服务活动感到满意，仅有2％的服务对象表示一般，可见此系列小组服务活动在整体上能够契合服务对象的需求，达到服务对象满意的标准。某镇工会徐主席在活动后反馈：“在活动进行的这三个多月里，我获益匪浅，记忆犹新的有职业倦怠、亲子关系等工作坊活动，真不舍得结束。特别感谢北京市总工会的资金支持，也感谢云家社会工作事务所这么专业的团队，精心策划了一场场高质量的工作坊活动，让大家从各个方面对自己有了全新的认识，突破过去的思维局限，以后要努力把领悟到的知识运用到工作和生活中，学以致用。希望以后还能有这样的学习机会。”

专业反思

社会企业职工的心理不适应问题越来越突出，对心理健康的需求也日益增加，“压力很大，经常感到疲惫不堪”成为从业人员经常性的抱怨。改变社会企业职工现状需要专业社会工作者和心理咨询师的引领。社会工作者可以采用融合社会工作理念的小组游戏、宣讲、团体训练、心理剧等方法，帮助和促使企业职工增强主观能动性，通过思维与实践的结合，自觉地、有目的地、有计划地反作用于客观世界，改变现状。

此外，由于企业职工的压力不仅来源于工作，也受到家庭、人际关系、社会环境的影响，因此在实际进行小组活动时，可以邀请其家庭成员、朋友参加，以帮助其更好地发展。

社会治疗模式小组工作强调小组社会工作者的能力和技巧，只要能够正确评估小组成员的状况，在小组活动中的不同阶段灵活运用各种治疗手段，小组目标就一定能顺利达成。但值得注意的是，社会治疗模式小组注重“医患关系”，而非小组成员之间或小组成员与社会工作者之间的平等互助关系，所以在一定程度上限制了小组成员自身潜能的发挥，抑制了小组成员的主观能动性。

知识链接

治疗模式

小组工作的治疗模式是指以治疗个人为小组工作的任务，同时也提供个人的预防和康复服务的一种干预方式。该模式吸引的服务对象主要是有特定问题的人群，由于小组工作目标的存在，小组成员并不能仅仅作为一个消息的被动接收者存在于小组中，而应作为具有一定能动性的个体，积极配合小组工作者的工作，一般来讲，具有严重的精神疾病或问题人格的个体不宜入组。

下面介绍几种小组工作实践中常用的治疗方法。

一、精神分析小组

精神分析小组的目标在于重建个人的性格和人格系统，这一目标是通过使潜意识的冲突进入意识层次，并对其进行检验而达到的。精神分析小组本身以一种象征的方式再现个人的原生家庭，帮助成员解决原生家庭给他们造成的问题，通过成员与小组带领者的关系，了解成员与家庭中重要人物的关系动力。其治疗过程重点在于再创造、分析、讨论、解释过去经验和解释潜意识层次上发生的防卫和抗拒，解决成员在儿童期形成的功能失调的模式，并在新领悟的基础上做出新的决策。

二、阿德勒式小组

阿德勒的心理学理论认为人主要是由社会因素（如个人的目标），而非生物性的因素（如性驱力）所驱动的。人们努力追求优越，追求一种认同和归属感，而这一追求与我们克服和弥补幼年时期由于弱小和不得不依赖成人而产生的自卑有关。个体是独特的，但又是社会系统的一部分，人际因素与个体内在的因素对人有同样重要的影响意义。此派理论还提出了人的社会兴趣的观点，相信人们的快乐和成功大多与其社会性连接有关。人在社会中生存，需要感到对别人有用，并在社会中建立有意义的关系，否则就会产生疏离、孤独感。阿德勒用目的论的解释替代了决定论的解释，人的行为受对未来的预期、目标的推动，决定我们的不仅仅是过去的经验，而且包括现在的情形和我们对未来的期望。强调自我和意识是人格的核心，人们在实现那些对自身有意义的目标的过程中建立起一种独立的生活方式。心理和行为的问题都是由不良的生活方式、不正确的追求目标以及不健全的社会兴趣造成的。阿德勒派主张服务对象并没有生病，只是灰心丧气，不能很好地解决生活中的问题，因此，他们强调其治疗是一种教育和激励模式。

三、心理剧

该治疗方法是指由小组领导者引导小组成员以戏剧化角色进行表演，在其中经历过去、当前或预期的情形，就好像生活是戏剧情景一样。其目的是通过角色扮演的方法帮助人们以一种自发的、戏剧化的方式表达感受，并在这个过程中获得更深的自我理解和情绪宣泄，接受有关这些角色的回馈，使人们对早期的情景产生新的、不同的理解，学习对同一问题的不同处理方式，培养新的行为技巧，解决那些个人内心悬而未决的问题。心理剧的构成包括导演、主角、配角、观众等，前后经历暖身、表演、讨论和分享等几个阶段，是一种基本和典型的小组治疗模式。

四、行为治疗小组

行为治疗的基本假设是：所有的问题行为，非理性的认知方法、情绪都是后天学习的结果，它们可以通过新的学习历程而得以矫正，从而发展出一套控制自己的人生、有效处理当前和未来问题的方法。行为治疗是以科学的方法原理和治疗程序为基础的，从实验室研究得出的学习原理被系统地运用于帮助人们改变不良行为。它的突出特点是：在治疗过程中需要详细的目标、具体的说明，及时进行测量和记录，评价和治疗是同时进行的。由于小组的结果可以被客观地测量，小组治疗过程中使用的技术也可以不断改善。常见的行为治疗小组包括：社会技能训练小组、肯定训练小组、压力管理小组、自我指导行为改变小组和拉扎勒斯的多重模式治疗小组。

五、完型治疗小组

此理论的前提是，个体必须找到自己的生活道路，并接受个人的责任。完型疗法有很多重要的目的，其中之一就是激励服务对象从“环境支持”转为“自我支持”；还有一个基本目的是获得自我的觉察，觉察本身就具有治疗作用，而且正是由于觉察，服务对象才能认识并且重新整合自己，尤其是曾经被他们否定的那些部分，从而成为统一而完整的人。完型治疗的主要概念包括“此时此地”“觉察与责任”“为解决问题和回避”“神经症层次和防卫机制”。完型治疗小组运作的基本原则是：利用现实的小组经验、小组的觉察过程和小组参与者之间的积极互动，鼓励成员随时随地地觉察他们在小组中的角色和他们作为社会成员的角色。

六、交流分析小组

交流分析是一种互动式的治疗方法。它的基本假设是：我们基于过去的经验来做出现实的决定。但其实过去的经验知识在过去某一时刻适合我们的生存需要，对现在可能已不再有效。因此，这一理论强调个人要增强觉察能力，能够做出新的抉择，并因此改变他们的生活进程。为了实现这一目标，小组成员要学习如何从功能上识别自我状态，即父母状态、成人状态、儿童状态；还要学习和了解现在的行为如何受到他们在儿童时期所接受的规定的影响，以及了解和确认他们的“生活脚本”。交流分析小组凭借小组成员间的互动，可以帮助成员改变那些妨碍他们正常生活功能的因素，认识到自己现在可以重新决定，并开始一种新的生活导向。

任务四 发展模式

发展模式是较晚发展起来的一种小组工作模式，旨在解决和预防服务对象社会功能的衰减问题、恢复和发展服务对象的社会功能。该模式的应用范围比较广泛，如各种困难人群、面临危机的人群以及寻求更大自我发展的人群等。

背景介绍

儿童时期不仅是身体发育最迅速的时期，而且是心理发育和人格形成的关键时期，不同的教养方式和教育模式都会对儿童心理发展产生重要影响。孤残儿童作为特殊群体，他们大多数生活在福利院的大家庭里，虽然日常生活及学习有工作人员无微不至的照顾和关怀，但由于孤残儿童自身残疾、特殊生活环境等的共同影响，他们可能会形成不同程度的特殊心理、异常行为。多年来，孤残儿童的心理卫生问题都是社会关注的焦点问题之一。

任务情境

太阳儿童福利院集中养育儿童共 30 余名，其中 3～6 岁的智力正常儿童 6 名。社会工作者在儿童福利院服务期间发现，这 6 名儿童虽然一起生活，但彼此之间冲突频繁，经常以较偏激的方式表达自己的不满或诉求。为了改善服务对象人际关系，增强儿童的互帮互助与分享意识，进一步关心关爱孤残儿童的心理健康，社会工作者拟通过发展模式开展小组社会工作。那么作为参与本次社会工作的社会工作者，接下来应该如何开展本次服务呢？

分解任务流程

分析预估 → 服务计划 → 实施过程 → 总结评估

任务实施

流程一 分析预估

社会工作者对 6 名儿童频繁发生冲突的行为原因进行了深入剖析（儿童行为问题在一定程度上反映了孩子们人际交往能力的欠缺）：一方面与福利院外界环境有关，服务对象生活环境相对封闭，除在幼儿园接受早教外，外出活动少，日常相处对象局限于院内工作人员及儿童，生活模式固定，缺少人际交往能力培养的主客观环境。另一方面是“先天不足”，家庭是儿童社会化过程的核心要素，人的诸多人格特质是在儿童时期与父母的互动中形成的。上述 6 名服务对象中有 5 名为弃婴，自出生之日起便在福利院生活，无家庭生活经历，另 1 名服务对象具有家庭生活经历，但家庭结构不完整，缺少父母亲情。社会工作者推断这 6 名儿童都存在家庭生活及父母角色的缺失问题，导致其具有较强的情感需求，渴望获得关注与爱。

为此，社会工作者拟运用发展模式开展小组社会工作服务，注重服务对象人际交往能力的培养，增强其互帮互助与分享意识，帮助他们学习和谐沟通以及合理表达的方式与技巧，学会控制自身情绪，以持续获得积极正向的情绪体验。

知识链接

发展小组模式

发展小组模式以发展心理学、社会结构论和小组动力学为理论基础，强调发挥组员的能动性，灵活运用情绪管理方法，旨在解决和预防服务对象社会功能的衰退问题，恢复和发展服务对象的社会功能。

流程二 服务计划

一、理论基础

社会工作者运用认知行为理论，引导服务对象在参加活动的过程中学习与人相处的正确方式，增强合作分享等意识，进一步帮助服务对象在福利院恢复并提高人际交往能力，同时通过情绪宣泄、小组互动等方式，实现生理机能、心理认知、社会生活三方面的康复。

知识链接

认知行为理论

认知行为理论主张通过改变思维或信念和行为的方法来改变不良认知，认为在认知、情绪和行为三者中，认知发挥着中介与协调的作用，强调认知活动在心理或行为问题中发生的作用。

二、小组服务对象

福利院3～6岁智力行为正常的6名儿童。

三、小组性质

成长小组。

四、小组活动时间

2020年4月1—30日，共4节。

五、小组目标

（一）总目标

提高儿童人际交往能力，实现团体内部和谐。

（二）具体目标

（1）增强儿童的团结意识；

（2）培养儿童的分享、谦让意识，增强合作能力；

（3）培养儿童互帮互助的精神。

六、小组活动程序

节（次）	时间	目标	内容
第一节 “朋友”	4月1日	1. 相互熟悉； 2. 增进组员关系，组员之间初步形成团结意识	1. 相互介绍自己； 2. “萝卜蹲”破冰游戏； 3. “找朋友”游戏
第二节 “学会分享”	4月7日	1. 回顾上次活动； 2. 建立小组契约； 3. 培养分享意识，使团队关系更加融洽	1. 回顾上次活动内容； 2. 观看动画短片并思考回答问题； 3. 猜水果游戏； 4. “1+1>2”分享水果游戏； 5. 反思总结
第三节 “学会谦让”	4月15日	1. 回顾上次活动； 2. 学会谦让，减少冲突； 3. 学会情绪宣泄，增强团体凝聚力	1. 回顾上次活动内容； 2. 观看《六尺巷》动画并思考回答问题； 3. “小羊过河”游戏； 4. 反思总结
第四节 “手拉手”	4月30日	1. 回顾前三次活动； 2. 学会互帮互助，实现团体和谐，增强团队合作精神； 3. 处理离别情绪，结束小组活动	1. 回顾前三次活动内容； 2. 观看《手短的鳄鱼》动画片，进行问题抢答； 3. 谈谈小组收获； 4. 播放《手拉手》歌曲； 5. 总结小组活动历程，结束活动

流程三 实施过程

一、前期准备

一方面，社会工作者根据发现的问题及儿童实际情况，确定服务对象并拟定活动目标、内容、地点，制订完整服务计划并与福利院沟通协商；另一方面，与院内各部门协调，确定活动场地、活动时间等内容，确保服务对象能够准时参加活动。

二、开始阶段：破冰，建立关系

本阶段，社会工作者与服务对象进行第一次正式见面，服务对象在此阶段对小组、社会工作者均不了解，因此社会工作者需要扮演领导者、组织者角色主导小组活动。社会工作者在本阶段主要采用游戏的方式开展活动，活动内容在增强趣味性的同时又符合3～6岁儿童活泼好动的特点。通过“萝卜蹲”“找朋友”的游戏，社会工作者成功消除了与服务对象间的陌生感，建立了良好的信任关系，服务对象会主动与社会工作者进行语言交流、肢体接触，如拥抱、牵手。同时服务对象也暴露出各种问题，如小组纪律差、组员之间冲突频繁等问题。针对这些问题，社会工作者采用协商、强制要求等措施，使小组活动的开展始终在社会工作者的可控范围内。

三、中期转折阶段：减少冲突，增进小组和谐

本阶段，社会工作者与服务对象建立了明确的小组契约，伴随服务对象对小组契约的

逐渐适应，社会工作者也需要完成从领导者向引导者、协助者的角色转变。本阶段的活动依然利用儿童喜欢游戏的特点，但安排了安静型的活动（观看动画片），通过动静结合的方式避免出现组员只享受游戏、没领悟思想的情况。在活动中，社会工作者积极引导服务对象通过协商解决问题，或提供给服务对象各种解决办法，或采用焦点回归法，鼓励服务对象自己探索处理办法，减少了服务对象之间的冲突；对于不愿配合活动的服务对象，社会工作者没有立刻提出要求或为其做思想工作，而是借助“榜样”的力量，让其观察其他参与游戏中的人得到了什么，然后邀请其加入游戏中，从而充分调动了服务对象的主动性，加深了其对活动意义的理解。服务对象在本阶段活动中的小组纪律与之前比较有了明显的改善，小组冲突减少，对小组结构及规则逐渐熟悉，但服务对象注意力维持时间不长、意见不合的情况仍然较多。

四、后期成熟阶段：小组效果深化

本阶段，小组凝聚力增强，小组的结构趋于稳定，并形成了一套稳定的相对良好的互动模式。社会工作者此时需要扮演引导者和支持者角色，在活动中以引导为主，如服务对象遇到问题时，采用“上一次你们是如何解决的?”“有没有可以不打架的方法?”等提问式引导。另外，在本阶段活动中，服务对象之间没有发生明显的冲突，协商解决问题的频次增加，如：在“小羊过河”游戏中，服务对象因游戏的先后次序发生争议，社会工作者引导其回忆前期活动中采用过的解决办法，将注意力从冲突转移到解决问题上，并最终使服务对象想到以“剪刀、石头、布”的方式解决问题，避免了冲突。本阶段是活动开展以来最顺利、服务对象相处最和谐的阶段，服务对象之间的默契程度得到了有效提升。

五、结束阶段：处理离别情绪，后期跟进服务

在结束阶段，小组关系结构弱化，服务对象不愿离开小组，社会工作者需要扮演领导者与支持者角色，规范小组纪律并处理好离别情绪。本阶段活动以回顾反思为主，使服务对象巩固深化所学内容。通过回顾，服务对象能够回忆起前期活动中学到的内容，在小组中依旧相处和谐，没有出现退化现象。

流程四　总结评估

本次活动共 6 名服务对象参加，每次活动均满勤，出勤率较好，游戏中无脱离小组行为；通过观察法、访谈法进行评估，结果显示服务对象纪律问题、冲突问题得到改善；服务对象在活动中、日常生活中有主动分享、谦让的行为，小组目标基本实现。

本次小组活动通过培养儿童分享意识、谦让意识以及互帮互助的精神，增强儿童交往能力。在活动中，服务对象从无纪律、冲突频发逐渐转变为和平相处、协商解决问题，学会了与人分享和谦让，在与人相处方面有了较大的进步。但同时，社会工作者也发现，服务对象普遍存在注意力不集中的问题，需要后期采取专业措施干预。

专业反思

社会工作者在本次活动中扮演了服务提供者、引导者、领导者、支持者、关系协调者的角色，以认真负责的态度开展工作。另外，因本次服务对象是未成年人，来自福利院，

防御心理较强，对活动接受程度、感知程度较弱，所以，在活动中社会工作者需要着重注意是否做到“尊重”，同时要注意服务对象对游戏意义的领会，避免“只玩无感”。

本次活动中服务对象的福利院生活环境并未改变，资源的竞争、集中供养的形式对活动效果可能产生消极影响，从而对活动效果的持续性产生影响。另外，服务对象在本次活动中暴露的注意力不集中问题，需要后期采取专业措施进行干预。

值得肯定的是，社会工作者在适用发展模式小组工作方法时，能够充分地、适当地接纳小组成员的内心感受，培养小组成员对小组生活的积极态度；能够不断地为小组成员提供心理支持、接纳和关切来激发小组成员的潜能；能够培养小组成员的现实把握能力，引导小组成员认清他人对自己的看法。这说明本次发展模式小组工作的目标均已实现。但我们也应客观地知晓，发展模式小组工作强调一种成长的信念，但成长本身的难测性导致这个模式缺乏公认的科学性。

知识链接

发展模式

发展模式下的小组工作，特点是鼓励组员积极参与小组活动，积极表达自己并找出小组共同的兴趣和目标，形成积极的小组互助关系，促进组员和小组的共同成长。为此社会工作者在运用发展模式时，应坚持和贯彻以下两大原则。

一、积极参与原则

即要协调和鼓励组员在小组活动中主动表达自己的困惑或者发展的建议，积极分享自我发展的经验，营造自由、开放、没有压力的氛围。

二、“使能者”原则

即要支持和帮助小组组员通过各种活动相互关心、相互帮助和相互分享，发展认知、激发潜能，鼓励组员积极寻求解决问题的办法，整合社会资源，提升其自我发展能力。

知识要点

一、小组工作理论基础

（一）场域理论

场域理论认为，每个人的行动都会被行动发生的场域所影响，场域既包括物理环境，也包括他人的行为以及与此相连的许多因素，且这个场域是此时此地发生的。小组内可能出现各种影响因素和变量，小组成员之间是互动的，每名成员都会受到其他成员的影响，同时小组成员特质与社会情境的互动决定了小组成员的行为。

（二）小组动力学理论

（1）小组工作的过程是一个充满动力的过程。

（2）影响小组动力的因素有：静态因素，包括小组的特性、小组带领者的因素、小组成员的因素、机构的影响等；动态因素，包括小组领导方式与形态、小组气氛和凝聚力、成员的参与和沟通模式、冲突及其解决模式、小组的成文和不成文的规范、小组的决策过程和问题解决过程等。

（3）不仅要关心小组成员个人的改变，而且要关心小组的改变，要通过小组的改变去影响个人的改变。

（三）符号互动理论

（1）人类是互动的产物。小组工作就是一个符号互动的场域，在这个场域中组员通过与他人之间的互动而实现社会化和人性化。

（2）人类的行为与互动是由“符号”及其意义引起的，人类不是对外部刺激产生简单的反应，而是对刺激做出能动的反应，为其赋予新的社会意义，并在此过程中积极地塑造自我。因此该理论提示，在小组工作过程中要注意对组员进行正确引导，促使成员彼此之间进行健康的互动，塑造积极的自我。

（四）镜中自我理论

（1）小组是一个微型的社会缩影，是一个通过互动而存在和发展的有机体。小组中每个成员的变化都会影响到小组，小组的整体进程也会影响到小组的每个人。

（2）小组工作所提供的密切的互动和真实的回馈，可以帮助组员在小组中感知他人对自己的反映和评价，建立正确的自我意识、自我形象和自我评价。小组犹如一面镜子，组员可以从这面镜子中发现真实的自我，加深自我了解。

（3）在小组工作中，尤其是治疗性小组中，通过探讨个人的首属小组对个人的具体影响，尤其是首属小组中的人际关系对个人目前的人际关系模式的影响和个人的非适应性行为的来龙去脉，可以帮助组员获得更深入的自我觉察。

（五）活动理论

活动理论针对社会撤离理论中的老年人因活动能力下降和生活中角色的丧失而愿意自动地脱离社会的观点，提出以下两点：

（1）活动水平高的老年人比活动水平低的老年人更容易对生活感到满意，更能够适应社会。

（2）老年人应该尽可能长久地保持中年人的生活方式以否定老年的存在，用新的角色来取代因丧偶或退休而失去的角色，从而把自身与社会的距离缩小到最低限度。在老年社会工作中，社会工作者不仅要在态度和价值取向上鼓励老年人积极参与他们力所能及的一切社会活动，更需要为老年人的社会参与提供更多的机会和条件。

（六）社会化理论

社会化是个体学习某一群体或社会的规范和行为准则，从而使自己能够适应群体或社会，并在其中充分发挥作用的过程。社会化贯穿于人的一生，人在社会化的过程中需要了解和习得自己所需要扮演的角色，懂得道德规范、性别角色、政治观点等。该理论反驳了“人进入了老年期应该以享受为生活目标而不再需要社会化了，传统社会的老年人具有天然的教化权位”的传统理论。社会化理论认为老年人仍然需要继续社会化，主要是因为老年人的角色在转换。

（七）社会系统理论

该理论认为人与环境是由相互依赖的元素构成的系统整体；系统运行与维持的基本条件是各元素协调、均衡；如果各元素不能相互协调，系统衔接就会受到破坏，个体的生存与发展就会出现问题。社会系统理论重视分析社会系统内部各元素和系统之间的相互作用，研究这些相互作用如何影响人们的行为，社会工作者的任务在于帮助恢复系统内各元素的均衡关系。

二、评价标准（参考）

（一）小组筹备期评价标准

序号	评价指标	评价内容	分值	评分	备注
1	资料收集情况	收集服务对象的相关资料	20		
2	需求识别情况	准确评估服务对象的需求	20		
3	小组设计情况	确定小组工作的总目标和具体目标	10		
		确定小组的性质和内容	10		
		确定小组类型、规模、活动时间和场所	10		
		招募与筛选组员	10		
		准备小组工作过程中所需的人、财、物等资源	10		
4	撰写情况	撰写“小组工作计划书”（见附表“八、小组工作计划书”）	10		
共计			分		
加分项					
1	小组目标明确、可操作、可测量和评估		10		需提供佐证资料
2	选择符合小组性质的活动场所		10		
3	设计符合组员特征的小组活动		10		
4	小组工作各单元（节）间目标具有内在逻辑性		10		
5	小组工作各单元（节）内目标、内容、活动具有内在逻辑性		10		

（二）小组形成期评价标准

序号	评价指标	评价内容	分值	评分	备注
1	组员情况	协助组员彼此认识	20		
		澄清小组目标和组员目标	20		
		协助组员初步建立小组凝聚力和归属感	10		
2	小组情况	建立安全、信任的关系	20		
		形成小组规范，签订小组契约	20		
4	撰写情况	撰写“小组工作过程记录表”（见附录“十、小组工作过程记录表”）	10		
共计			分		
加分项					
1	明确在小组中所处的中心位置		10		需提供佐证资料
2	注重真诚、尊重和接纳		10		
3	强调联结者和示范者的角色		10		

（三）小组转折期评价标准

序号	评价指标	评价内容	分值	评分	备注
1	过程处理情况	关注特殊组员	20		
		处理防卫、抗拒行为	20		
		协调和处理冲突	20		
2	处理效果	进一步促进小组动力的形成	20		
3	撰写情况	撰写“小组工作过程记录表”	20		
共计			分		
加分项					
1	鼓励组员真实地表达自己		10		需提供佐证资料
2	注重公平、真诚、开放、非评判		10		
3	强调协调者的角色		10		

（四）小组成熟期评价标准

序号	评价指标	评价内容	分值	评分	备注
1	组员表现	协助组员维持小组的良好互动	20		
		协助组员根据小组经验进行认知重建	20		
		协助组员把领悟转化为行动，鼓励组员尝试新的行为	20		
		鼓励组员互助互惠，协助组员解决问题	20		
2	目标达成情况	引导组员促进目标的达成	10		
3	撰写情况	撰写“小组工作过程记录表”	10		
共计			分		
加分项					
1	明确在小组中主要处于边缘位置		10		需提供佐证资料
2	注重支持、鼓励、关怀		10		
3	强调促进者、支持者、资源链接者的角色		10		

（五）小组结束期评价标准

序号	评价指标	评价内容	分值	评分	备注
1	情绪处理	处理组员的离别情绪	20		
2	总结评估	协助组员巩固小组经验并运用于实际生活中	10		
		小组评估	10		

续表

序号	评价指标	评价内容	分值	评分	备注
3	后续工作	处理遗留工作	20		
		安排跟进工作	20		
4	撰写情况	撰写“小组工作过程记录表”	10		
		撰写“小组工作评估总结报告”（见附表“十一、小组工作评估总结报告”）	10		
共计			分		
加分项					
1	明确回归小组中心的位置		10		需提供佐证资料
2	注重肯定、鼓励、祝愿		10		
3	强调评估者的角色		10		

任务总结

1. 小组工作是指以具有共同需求或相近问题的群体为服务对象，通过小组活动过程及组员之间的互动和经验分享，帮助小组组员恢复和增强个人的、团体的社会功能的一种专业社会工作方法。

2. 小组社会工作的基本原则有民主原则、互助原则、增能原则、个别化原则、差别化原则。

3. 小组社会工作共有四种小组工作模式，即社会目标模式、互惠模式、治疗模式、发展模式。不同模式的小组对于小组的成员特征、工作方式、理论基础、工作者角色和要求等方面存在不同的描述和界定。模式决定了小组的目标和方向。

思考与讨论

1. 结合任务一，试分析社会工作者采用该模式的特点体现在哪些方面。
2. 结合任务二，试分析场域理论体现在哪些方面。
3. 结合任务三，试分析针对服务对象还可以采用哪些治疗方法。
4. 结合任务四，试分析社会工作者在此期间扮演的角色有哪些。

实训题

请根据本项目各任务情境分组进行小组工作模拟演练。

小组工作主要模式

模式	理论基础	目标	社工角色	实施原则
社会目标模式	赋权增能理论、社会变迁理论	培养公民社会意识，增强其社会责任感	使能者 倡导者 资源提供者 资源链接者	1. 小组目标与社区目标一致； 2. 增强组员社会责任感； 3. 遵循民主原则； 4. 促进社会变迁和目标实现

续表

模式	理论基础	目标	社工角色	实施原则
互惠模式	场域理论	促进组员的成长，增强其社会功能和发展能力	中介者 使能者 协调者	1. 互动要开放； 2. 互动要平等； 3. 互动要做到“面对面”
治疗模式	精神医学、心理学	改变原有问题行为模式，重新习得合理的行为模式	治疗者 专家	1. 为每个组员设定个别性治疗目标，寻找到整个小组共同的成长目标； 2. 建立小组规范和价值系统； 3. 建构新的社会关系网
发展模式	发展心理学、小组动力学	促进组员与小组的共同成长	协调者 使能者	1. 引导组员积极参与； 2. 激发组员自主解决问题的意识和能力（“使能者”原则）

小组工作各阶段的工作重点

	组员的特征	社工的任务	社工的角色
准备阶段	—	1. 组员的招募和遴选； 2. 确定工作目标； 3. 制订工作计划； 4. 申报并协调资源； 5. 确定小组的规模与工作时间； 6. 活动场地及设施的选择与安排	—
开始阶段	是组员对小组产生认同的阶段，也是小组规范化的阶段。 组员的特征：矛盾的心理和行为特征；小心谨慎与相互试探；沉默而被动；对社工的依赖	1. 协助组员彼此认识以消除陌生感； 2. 帮助组员理清对小组的期望，提高他们对小组目标的认识； 3. 讨论保密原则与建立契约； 4. 制定小组规范； 5. 塑造相互信任的小组气氛； 6. 形成相对稳定的小组关系结构	领导者、鼓励者、组织者
中期转折	对小组具有较强的认同感；互动中的抗拒与防卫心理；角色竞争中的冲突	1. 处理抗拒行为； 2. 协调和处理冲突； 3. 保持组员对整体目标的意识； 4. 协助组员重新建构小组； 5. 适当控制小组工作的进程	协助者、引导者
后期成熟	小组的凝聚力大大增强；组员关系的亲密程度更高；组员对小组充满了信心与希望；小组的关系结构趋于稳定	1. 维持小组的良好互动； 2. 协助组员从小组中获得新的认知； 3. 协助组员把认知转变为行动； 4. 协助组员解决有关问题	资源的提供者、链接者；组员能力的促进者；小组的引导者与支持者
结束	离别情绪浓重；小组关系结构弱化	处理组员的离别情绪和感受；协助组员保持小组经验	引导者、领导者

项目四 社区社会工作

社区工作是指社会工作者秉持“助人自助”的价值理念，运用专业方法，以社区为平台，以统筹社区照顾、扩大社区参与、促进社区融合和社区发展、参与社区矫正和社区戒毒等为主要任务的专业活动。通过专业社会工作者的介入，旨在确定社区的问题与需求，发掘社区资源，动员和组织社区居民实现自助、互助和社区自治，化解社区矛盾和社区冲突，预防和解决社会问题，从而促进社区服务质量、福利水平的提高和整个社会的进步。

值得注意的是，目前部分教材中将社区社会工作分为地区发展模式、社区照顾模式、社区策划模式，但基于客观原因，当前在社会工作领域并没有广泛应用这三种模式，中华人民共和国民政行业标准《社区社会工作服务指南》（MZ/T 071–2016）也没有提及社区社会工作模式，而是将社区社会工作量化为七项服务内容，分别为统筹社区照顾、扩大社区参与、促进社区融合、推动社区发展、参与社区矫正、参与社区戒毒和社区康复及提供其他服务。本项目将以上服务内容作为重点，结合指定任务情境，讲解社区社会工作的详细流程、理论知识及相关行业标准。

知识目标

- 了解社区社会工作的基本特征
- 熟悉社区社会工作的服务内容

技能目标

- 熟练运用社区社会工作服务方法
- 结合社区实际，灵活应用社区社会工作流程

素养目标

- 在开展社区服务与管理过程中提升个人职业素养，增进职业能力
- 乐于为社区居民解决问题并从中获得成就感和价值感

思政目标

- 认真探索“为何服务”“为谁服务”“怎样服务”等一系列实践中的问题，进一步端正助人态度
- 培养对社会问题的关注以及奉献社会的责任感和使命感，为基层社会治理创新贡献力量

任务一　统筹社区照顾

任务情境

李某系××村村民，该村是2014年、2015年北京市社会工作人才队伍建设的试点村，通过2年服务项目的开展，社会工作者逐渐获得了村民的信任。2020年10月初，村支部书记见到社会工作者，说起村里有李某这样一个人，看社会工作者能否为他提供帮助。

服务对象李某，男，30岁，无业，身体状况良好，2013年因被告强奸而入狱一年，出狱后精神恍惚，不愿与人接触。母亲在李某服刑期间过世；父亲常年在外打工，后因患重症心脏病经常住院，身体状况欠佳；家中还有一个比李某小1岁的妹妹，已出嫁到邻村，女儿现在快2岁了。目前家里有4亩地的果树，但无人照管，无收入来源。家中只有李某独自一人生活。李某不与任何人接触，社会融入情况很差，且精神愈加不正常，常把家里的被褥和沙发等用火烧掉，近几个月来李某的情况越发严重。

分解任务流程

需求评估 → 服务策划 → 服务执行 → 服务评估

任务实施

流程一　需求评估

社会工作者接案后第一时间对李某的基本情况进行全面的汇总整理，分别从村支部书记、父亲、妹妹、邻居和村民等多方面进行资料收集工作，尽量全面、细致地掌握其情况。

社会工作者根据收集到的资料绘制了服务对象的家庭结构图，这样可以迅速、直观地了解和掌握李某的家庭成员结构、成员关系等情况。如下图所示（其中，方块代表男性，圆圈代表女性，数字代表服务对象及家庭成员的年龄）：

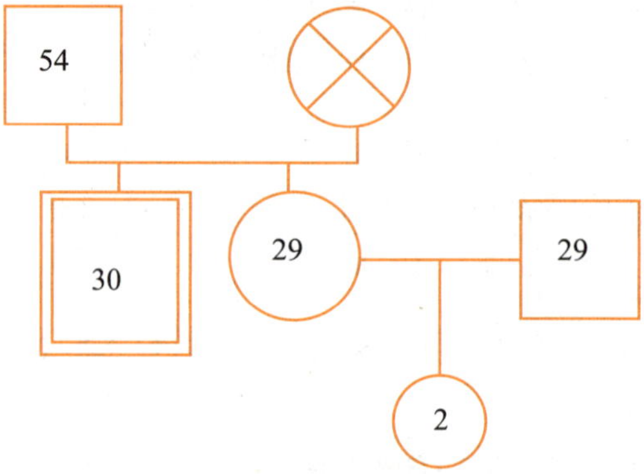

接下来，社会工作者对李某的困扰和问题进行了分析和评估，找出了服务对象面临的主要问题和困扰：

（1）个人身体状况问题。通过对资料的评估发现，李某精神状况有问题，且有愈加不正常的趋势，常出现把家里的被褥和沙发等用火烧掉的行为，急需专业机构确认李某的精神状况。

（2）心理认知问题。服务对象在主观认识上存在偏差，生活态度相对消极、悲观。

（3）家庭系统问题。服务对象母亲去世，父亲身体欠佳且之前常年在外打工，妹妹已出嫁，家中只留有李某一人，家庭缺乏沟通交流，且互相关爱不够、关系疏远。

（4）社会支持网络问题。服务对象几乎没有人际交往，沟通交流能力欠缺，村委会无法提供有效帮助。

流程二 服务策划

社会工作者根据服务对象的实际情况，运用相关理论，制订了服务计划，具体内容如下。

一、阶段性目标和服务策略

（一）建立专业关系

社会工作者通过与服务对象的多次接触，构建良好的合作关系，为开展服务奠定良好基础。

（二）生理方面

链接资源，陪同服务对象到医院诊断，确认其是否患有精神疾病。

（三）心理方面

帮助李某解决自我认知问题，通过个案会谈的方式了解李某内心的真实想法，帮助李某宣泄内心的负面情绪，正确认识自己，形成正确的人生观、价值观。

（四）社会方面

（1）增强李某的职业技能，对其进行生活辅导，帮助其掌握学习基本的生活技能；

（2）改善服务对象家庭关系，社会工作者通过与服务对象及其家人的会谈，让双方充分沟通、理解，增进李某的亲情关系；

（3）改善社区环境，增强李某与周围人沟通的能力，引导其构建属于自己的朋友圈，恢复正常的人际关系；

（4）为李某链接资源，如办理残疾证、争取政府资金帮扶等；

（5）充分利用社区系统资源，争取村委会的支持，鼓励李某积极参与社会活动，重新找回自尊，发现自身价值，重塑积极健康的形象。

二、涉及的基础理论

（一）优势视角理论

优势视角理论以优势为核心，这就要求社会工作者在对服务对象进行帮助时强调将关注点聚焦在服务对象身上，尽可能地发挥服务对象自身的能力和优势，并引导服务对象利用这些优势来进行自我帮助和发展。本案中，虽然李某被诊断为精神分裂症，但社会工作者并没有放弃，而是充分发掘李某的个人优势，耐心交流，从而了解李某的真实想法，并通过小组活动增强李某的人际沟通能力，逐渐恢复其自信，改变了李某的精神状态。

（二）“人在情境中”理论

该理论要求社会工作者重视服务对象情绪和认知的变化，努力引导服务对象自己去发现问题，并帮助其忘记自己不愉快的经历；同时采用间接治疗方法，如与服务对象的家人进行沟通，请他们协助社会工作者给予服务对象更多的关爱，促进亲情关系的改善。本案中社会工作者就是通过与李某父亲、妹妹的沟通交流，争取到了他们的支持，这一点对李某的个案工作效果的取得至关重要。

（三）认知疗法理论

认知疗法是通过认知和行为技术来改变服务对象的不良认知的一类心理治疗方法的总称。本案中服务对象存在精神问题，根据“人在情境中”理论分析，服务对象入狱一年，这是压抑的一年，受尽煎熬的一年。出狱后，自己心里过不去这个坎儿，自责难受，别人也戴着有色眼镜来看待自己，故不愿与人交往。因此，一定要逐步排解其心中的不良情绪，通过正确认知的引导，促成其行为上的相应改变。

流程三 服务执行

一、第一阶段：赢得家人支持，建立良好专业关系

制订好服务计划后，社会工作者马上采取服务行动，但在实际服务中，社会工作者并没有与服务对象取得接触，又联系不到李某的家人，故个案服务开始一个多月后都没有任何进展，这也为社会工作服务带来了很大困难。2020 年 12 月 9 日，社会工作者在村委会书记等的帮助下在李某家初次见到了李某。通过简单沟通，社会工作者发现李某表现出强烈的阻抗，不想说话，不想透露过多的信息；说话时往往都是笑着的，可说完了有时表现出开心，有时又表现出忧伤。

经过多方努力，社会工作者终于与服务对象的家人取得了联系。因李某父亲住院，12 月 25 日，社会工作者特地来到医院与李某父亲第一次见面，征得李某父亲同意，决定由其妹妹陪同李某去某康复托养中心看病。26 日下午，社会工作者再次来到医院，在病房中第一次见到李某的妹妹，商讨为李某看病的事。李某妹妹十分感谢大家的帮助，答应全力配合，同意带李某随社会工作者去医院检查病情。

经过本次服务，社会工作者取得了李某家人及李某对社会工作者的信任，与其建立了良好的专业关系，这为以后的服务奠定了很好的基础。

（二）第二阶段：整合社会资源，构建社会支持网络

社会工作者与李某所在村委会与康复托养中心取得联系，争取获得相应支持。村支部书记兼村委会李书记表示，若李某确诊为精神病，可以向政府申请补助资金，进行临时救助，部分医疗费可以由镇政府负担。12 月 27 日社会工作者联系了康复托养中心张院长，说明服务对象情况，询问是否可以接收，随后社会工作者介绍了李某家庭情况比较特殊，希望张院长在费用方面能够酌情减免一些。张院长表示先看看李某的情况再定夺。本次服务为服务对象争取到诊断与住院机会的目标达成。

12 月 28 日，社会工作者 2 人驱车带领李某及其妹妹来到康复托养中心，院长为李某进行了诊断，考虑到李某的家庭情况，表示愿意接收其留院，并减免相应的费用（每月需要 1 000～2 000 元），并建议办理残疾证。12 月 29 日社会工作者电话回访张院长，了解到李某所患病情为精神分裂症。

（三）第三阶段：深化专业关系，舒缓服务对象情绪

12 月 31 日，社会工作者再次来到李某家中，与之前大门紧锁的情况相反，本次大门一直敞开着，李某已在门口等候，可以看出李某对社会工作者的信任与欢迎。社会工作者

与李某亲切交谈，并教给李某做饭等一些生活技能，使李某感受到更多的温暖。元旦后，社会工作者接到李某妹妹电话，告知决定让李某到康复托养中心住院。2021 年 1 月 5 日，社会工作者与院长联系得知，4 日早上李某曾翻墙出逃，幸好院长与同事费力找回，为其做思想工作，李某情绪才平稳很多，病情也有稍许好转。于是当天晚上，社会工作者就与李某妹妹联系，约定第二天一起去看望李某。看望当天李某妹妹准备了一些李某的日常用品及换洗衣物等，与李某父亲、社会工作者共同来到康复托养中心，院长向大家介绍了李某这几天的情况，表示李某表现很不错，就是刚来时有些不愿意，通过做思想工作，李某及其家人都同意留院观察。通过本次接触，社会工作者感觉李某说话明显比上次见面时多了很多，情绪也平稳了很多。

（四）第四阶段：开展小组互动，增强服务对象沟通能力

1 月 20 日，社会工作者为李某提供第十一次服务，社会工作者从院长口中了解到，李某最近状况非常好，非常配合张院长以及其他康复托养中心员工的安排与治疗。1 月 27 日，社会工作者带领李某通过小组活动的方式帮助其融入集体生活，并与同伴建立良好的关系。李某积极参与，表现出努力改变的信念。为帮助李某尽快融入新环境（康复托养中心），尽早恢复正常的社会功能，2 月 3 日社会工作者再次举办主题为“心灵花园”的小组活动，希望李某早日重获健康身心，回归正常、幸福的生活。

（五）第五阶段：基本恢复健康，服务对象走上工作岗位

2 月 21 日，春节假期结束后，社会工作者联系李某父亲得知，李某因想念父亲于春节前两天翻墙跑回家，康复中心与家人协商后同意李某在家休养，同时叮嘱家属一定要监督李某按时服药。

3 月 13 日，社会工作者再次看望李某。一进村，就发现李某左胳膊上戴着一个“治安巡逻志愿者”的红袖标，在对门四大妈家门口与四大妈下棋。看见社会工作者，四大妈高兴地说，每次都是李某赢。随后，社会工作者从四大妈等村民处得知，李某现在是该村正式的治安巡逻员，且最近找了一份去草药地里拔草的工作，工资每个月 3 000 元左右。大家都为李某感到高兴，并对社会工作者表达了由衷的感谢。

回想李某对社会工作者从无情拒绝到将信将疑再到热情欢迎这个过程，大家经历了很多，但留下的感动与欣喜远远大于困难。李某的精神状态转变从量变逐渐走向质变，希望李某能够一步步走向幸福美满的明天。

流程四　服务评估

一、目标评估

服务基本达到预期目标。从李某个案来看，通过观察李某的生活状态、精神面貌，以及周围人对于李某的对比评价，社会工作者发现李某改观巨大，本次个案服务成效显著。

二、过程评估

社会工作者在介入服务过程中，共进行访谈 19 次，同时还有多次电话访谈，邀请服务对象参与村委会活动和小组活动 2 次。在此期间社会工作者基本能够恰当地运用社会工作方法和理论，具体如下。

（一）采用支持性技巧

在与服务对象交流时，社会工作者始终保持微笑，眼睛注视着对方，当服务对象说话

时，则专心地倾听，借助友好的视线接触，表达关注，让服务对象及其家人感受到温暖，感受到被尊重，并没有因李某有前科而对其区别对待。在服务过程中，社会工作者一方面进行资源链接，带李某到医院看病；另一方面对其进行生活辅导，教其学习基本的生活技能，同时对其家庭进行关爱活动，使服务对象有了很大的改变。当服务对象从康复中心翻墙跑回家时，适时地表达同理心使服务对象感到被理解、被接纳，从而保证了专业关系的逐步深化。

（二）采用引导性技巧

当社会工作者辗转联系到李某父亲并向其说明来意，面对服务对象父亲及妹妹“以为能够帮助解决医疗费用”的期望时，采用澄清的工作技巧，明确了社会工作者能够提供的服务内容，尽最大努力帮助其解决困难，但不给服务对象过高的承诺。

（三）采用影响性技巧

在介入过程中，社会工作者多次借助自己的专业知识和工作经验，为服务对象提供建议和信息，如建议服务对象及时就医，提供办理残疾证的政策和办理单位及流程的信息。

（四）运用“优势视角”理论

发现服务对象自身的优势，运用引导、理解、支持的方法促使李某重新回归正常人的生活，成为村里的正式治安巡逻员，对其重新融入社会意义重大。

（五）充分构建社会支持网络

挖掘社会资源，取得李某所在村委会及康复托养中心的支持。

专业反思

整个个案服务过程是对专业知识真正应用到社会实践中的一次检验，对于个案服务特别是精神残疾领域的个案服务，社会工作者感触颇多。

一、要与服务对象建立相互信任的专业关系

这是开展社会工作服务的第一步，也是所有工作中最关键的一步。在该阶段，尤其是针对非自愿和被强制接受服务的服务对象，建立良好的专业关系相对比较困难。因此在这个阶段，一定要有足够的耐心，且要有足够的心理承受能力、抗挫折能力。

二、需要将侧重点放在家属以及整个家庭上

患有精神残疾的人是不幸的，但更不幸、更痛苦的是其家属，因此社会工作者的慰问、探访，不仅对家属的情绪支持和生活信心的树立很重要，同时对与服务对象建立专业关系及取得服务成效也至关重要。

三、要注意社会工作者的人身安全

精神残疾服务对象由于在认知、情感和行为方面存在障碍，有时可能会出现过激行为，因此，社会工作者在提供个案服务时，一定要注意自身安全，切忌与服务对象独处，以免发生不测。

四、结案后的跟踪同样重要

结案后，服务对象是否会出现反复？能否继续保持现有状态？家属能否监督服务对象按时服药？争取到的外界资源能否提供持续性帮助？针对这些问题，社会工作者需要做好跟踪服务。

任务二　扩大社区参与

孵化和培育社区自组织是一个长期的过程。所谓“微公益创投”，即运用社区营造的理念，引入项目制的方法，将商业领域孵化创新小微企业的创投方式借鉴到社区自组织孵化和培育的过程中，以期通过社区居民的原生动力及既有关系，激活社区能人的主观能动性，通过陪伴式辅导方式在社区内进一步组织化形成社区自组织，并以自组织为主体独立开展社区活动，逐步引导社区自组织处理社区居民公共事务的一种具体操作方式。

知识链接

社区自组织

社区自组织是由社区居委会协助或社区居民自发建立起来的一种扎根于基层社区、服务于基层社区的社会组织，它作为一种社会组织的结构形态，存在于社区生活当中。

任务情境

当前大部分社区内都存在很多基于兴趣爱好成立的居民兴趣团体，在保持社区原生结构的基础上，社会工作者拟通过微公益创投的方式，以自愿原则为基础，引导居民兴趣团体由松散状态逐步走向组织化，并通过陪伴式辅导使组织活动逐步规范，进一步扩大活动参与人群和覆盖范围，使自娱自乐性质较强的组织逐步关注社区公共事务和特殊人群，由自益发展转变成互益发展，最终转变成公益发展。

以微公益创投操作方式孵化和培育社区自组织实施路径如下图所示：

任务实施

一、第一阶段：社区公益宣讲会

（一）社区公益宣讲会的缘起和意义

社区公益宣讲会是挖掘社区能人最基本的方式之一，通过举办宣讲活动，吸引有热情、有想法、有行动力的社区能人，鼓励大家根据自己的兴趣爱好，凝聚社区里的其他能人，共同行动，做自己喜欢做的事情。在此过程中，社会工作者不限定大家的活动内容，可以是文体娱乐，可以是文化传承，也可以是手工编织、美食比拼，鼓励具有服务性质的社区自组织出现。

社区公益宣讲会举办的主要目的是理念普及和经验分享，通过使用社区能人可以接受的语言，用贴近能人的案例，带来另一种社区生活状态。一般而言，社区公益宣讲会可以配合金点子项目大赛同时进行，也可以单纯通过宣讲进行理念普及。

（二）社区公益宣讲会的操作方法

社区公益宣讲会的形式可以有很多种，例如宣讲、团队共创、路演以及大型公益活动等，整体设计思路以案例分享为主，讲解的内容可以分为理念普及部分、经典案例分享部分、后续工作介绍部分。

1. 理念普及部分

可以通过视频或图片的方式，讲解社区营造理念，并可以通过互动交流的方式，鼓励参与宣讲会的能人分享个人经验和感受，达到理解和认同的效果。

2. 经典案例分享部分

可以选择中国台湾、日本、美国等国家或地区的案例进行分享，例如台湾较为经典的桃米村、石冈人社区等案例。还可以按照不同的案例类型进行分享，如环境保护、公共空间改造、互助养老、运动健身、社区地图绘制等。还可以通过贴近社区能人的案例启发大家在社区用不同的方式来做自己喜欢的事情，而且不是一个人去做，而是大家在一起共同做一件大家都喜欢的事情。

3. 后续工作介绍部分

可以根据组织培育或微公益创投等计划进行讲解，同步准备所需材料以及联系方式，便于后续工作的开展。

二、第二阶段：金点子项目大赛

（一）金点子项目大赛的缘起和意义

项目大赛是指采用项目制的形式，运用社区营造的理念，为了提升组织项目设计、项目管理、项目资金合规使用能力而采取的一种培育社区自组织的方式。其目的在于激活、生发社区自组织，通过陪伴式辅导的方式，手把手辅导社区能人进行组织、项目及资金的管理，如撰写项目计划书、编制项目预算，助其将所想转化为所写，再将所写转化为所感，将本组织的愿望转化为可实施的行动方案，并展示给社区居民和其他利益相关方。

（二）金点子项目大赛的操作方法

项目大赛流程一般为期一年左右，其中进行前期立项及后期结项共约半年时间，自组织开展项目实施约为半年时间。整个流程分为五个部分，分别是社区走访、立项辅导、立项评审、实施辅导以及结题评审。金点子项目大赛实施路径如下图所示：

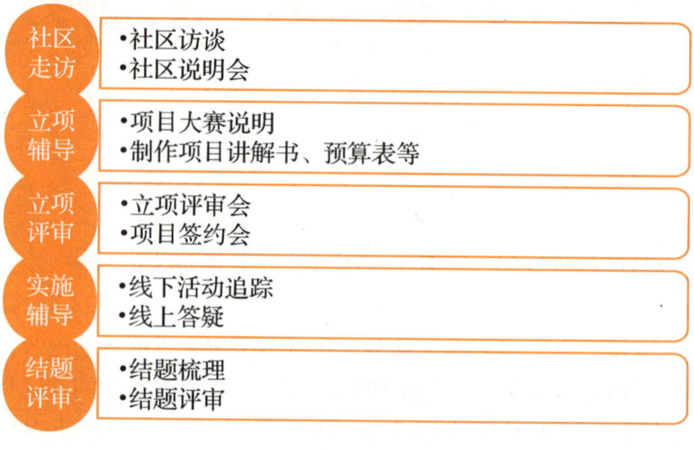

1. 社区走访阶段

社区走访阶段的工作主要是向社区两委进行说明，包括执行团队是谁，要做的项目是什么，所希望达到的目的是什么，以及社区两委可以提供什么样的支持和配合。社区走访的主要方式有两种：一是逐一与社区领导或社区工作者进行访谈说明；二是举办整体的社区书记主任及社区工作者说明会。

2. 立项辅导阶段

为社区能人进行立项辅导是整个立项过程中最为重要的一个部分，也是培育自组织的关键环节。一般社区能人很少了解项目制，也从未接触过项目管理，因此需要培育方手把手辅导社区能人，按照团队成员共同的意愿来进行项目设计，并最终落实到纸面上。在此过程中，培育方只负责讲解项目书的填写方法并引导能人进行思考，切忌替社区自组织来做计划或做决定。由于一个自组织从建立关系到形成项目申请书往往需要 3～5 次的陪伴式辅导过程，因此在立项辅导阶段，培育方需要留出充足的陪伴式辅导的时间，且培育方的工作人员需要具备耐心、认真、细致的工作态度，陪伴希望参与项目申请的能人完成项目计划设计。一般来讲，辅导共有五次，分别是项目大赛说明、项目申请书讲解、资金预算表讲解、项目书及预算表优化、汇报排演展示。

3. 立项评审阶段

通过评审会的方式，对社区自组织的项目计划进行评估，确保项目设计顺利执行。立项评审阶段通常包括立项评审说明会、立项评审会以及项目签约会等过程。

立项评审说明会的主要目的在于说明立项评审会的时间、地点、流程、注意事项以及每个自组织的汇报时间等内容。

立项评审会的主要目的在于给社区自组织一个展示和汇报的平台，搭建社区自组织之间的信息交流平台，起到地区资源共享的作用。

项目签约会的主要目的是签订合作协议，确定自组织开始实施项目方案，并开始进行资金筹备，准备后期以报销制的方式对自组织支出的费用进行报销。

4. 实施辅导阶段

项目实施过程的辅导依然采用陪伴式辅导的方式，并且是多维度的陪伴式辅导，包括每天的线上陪伴辅导及线下自组织活动追踪、每周的开放日一对一辅导、每半月的培力公坊、每月的资金报销辅导以及每月的自组织汇报展示，它们共同配合，实现自组织的培力和陪伴。

线下活动追踪的主要目的在于与社区自组织建立良好的互动关系，并且通过参与自组织的活动进一步了解自组织开展活动的情况。此种方式的优点是可以将开展活动的经验分享给更多的自组织进行借鉴，并通过培力公坊或开放日一对一辅导的方式进行建议和提醒。

知识链接

培力公坊

培力公坊的主要目的在于提升自组织的能力，包括组织管理能力、项目管理能力、财务管理能力、对外宣传能力以及资源筹集能力。培力公坊为每半个月举办一次，邀请来自不同领域的专家学者分享经验案例，并在培力公坊上鼓励自组织之间多多交流，形成地区内部的资源共享平台和信息交流平台。

开放日一对一辅导

开放日一对一辅导指每周为社区自组织进行的面对面辅导方式，可以根据自组织的需求进行组织建设辅导、模式梳理辅导、项目辅导以及财务辅导等。

鼓励社区自组织建立线上微信群以及使用小程序，实现项目资料信息数据化，培育团队可以随时在群里解答能人的疑问，并观察组织的活动情况，保持与自组织的互动和持续陪伴。

资金报销辅导会的主要目的在于为自组织进行财务方面的辅导和支持。尤其是刚刚接触项目的自组织能人，往往对于财务报销规范较为陌生，此过程也需要培育方的工作人员耐心细致地讲解报销流程和规范，并帮助自组织整理核查报销票据，及时提醒社区能人保证资金报销票据的完整性和正确性。

汇报展示会的目的在于搭建社区自组织展示的平台、信息交流的平台以及资源共享的平台，通过分享和互动交流建立地区自组织之间的互信关系，以便未来能更好地开展有效合作，共同营造美好社区家园。

5. 结题评审阶段

通过评估的方式，分别开展自组织自我评估、组织间互评、外部专家评估以及服务对象满意度评价，达到社区自组织评估的目的。结题评审阶段包括自组织结题梳理、结题评审说明会以及结题评审会等过程。

自组织结题梳理环节的目的在于引导自组织阶段性梳理本组织的活动情况，根据自组织梳理表对自组织进行打分，这个过程也是再次进行组织内部协商的过程，同时也是组织内部形成共识的过程。

结题评审说明会的主要目的在于介绍结题评审会的时间、地点、流程以及评审指标，并为自组织进行答疑解惑。结题评审会将进行组织互评和外部专家评估。

（三）效果简介

以和义街道金点子项目大赛为例，2017—2019 年进行了三届微公益创投金点子项目大赛，在和义街道办事处统筹的资金的支持下，由中鼎社会工作事务所承接组织孵化团队，从 9 个社区 37 个自组织申报的项目中，通过评选的方式选出了 9 个自组织作为培育的种子。如：社区为老服务、助残小分队志愿服务队等 9 支志愿服务队伍，开展社区志愿服务达到 300 余场，直接服务达 6 000 余人次，服务覆盖人群有空巢、独居、残疾、困境儿童、低保家庭等，为部分高龄老人、残疾老人、独居老人建立了走访陪伴记录表等。

三、第三阶段：社区民生议题讨论会

当社区自组织具有初步稳定的组织架构，可以持续开展组织活动且明确了组织活动的内容后，自组织往往需要更多的资金资源、志愿者资源、演出资源、师资资源等，组织规模不断扩大，组织成员也相应地不断增加，组织开始向组织外部寻求资源。在此过程中，培育方需要适时地给予自组织有效引导，对于需要外部资源的自组织，可以通过搭建资源共享平台的方式支持其发展；对于需要资金资源的自组织，可以引导其关注社区公共事务或特殊人群，结合社区两委的中心工作或其他各级政府相关工作，开展自组织的活动；对于需要演出资源的自组织，可以引导其关注同类协会或商业领域的活动，拓宽自组织向外筹资的视野，并主动寻找外部资源。

作为社区自组织，无论后期能够找到何种资源，最为关键和重要的便是充分利用本社区的资源，社区自组织也因为落地或扎根在本社区而具有天然的社区资源优势。引导社区自组织认识和了解自己所在的社区，关注社区内发生的各类公共事务，关心社区内的特殊人群以及中心工作，逐步使自益型组织转向互益型组织、共益型组织，在社区内部充分发挥本组织的优势和特点。

（一）社区民生议题讨论会的缘起及意义

社区自组织往往基于社区能人的兴趣爱好等内生动力而形成，会出现不同的组织性质或类别。根据《民政部关于大力培育发展社区社会组织的意见》（民发〔2017〕191号），社区社会组织是由社区居民发起成立，在城乡社区开展为民服务、公益慈善、邻里互助、文体娱乐和农村生产技术服务等活动的社会组织。在城市社区中，文体娱乐类型的自组织比例相对较高，当自组织有意愿继续发展时，可以根据自组织的需求进行适当的引导。社区民生议题讨论会设计理念源于引导社区自组织关注社区公共事务以及社区特殊人群的期望，借此提升自组织社区服务活动的意识和能力，并采用形式灵活的按需申请方式，在同年度内可多次进行活动申报和申请，鼓励更多自组织和社区能人参与到社区民生议题讨论会中来。

（二）社区民生议题讨论会的操作方法

社区民生议题讨论会主要包括民生会议启动、筹备、实施以及结题四个阶段，每一阶段的操作步骤及方法如下图所示：

四、第四阶段：美好社区供需协商会

（一）美好社区供需协商会的缘起及意义

社区自组织在经历了项目大赛、民生会后，一般初步具备了稳定的组织架构，核心团队三至五人，并开始关注社区公共事务以及特殊人群，组织在此过程中，会形成一定的组织特色，也会产生新的组织发展需求。

美好社区供需协商会属于引导小苗成为小树的过程，以期通过提升自组织内部管理能力以及服务活动能力，实现与外部利益相关方的协商，共同为社区居民进行服务或举办活动，最终实现建立美好而有温度的社区家园的梦想与愿景。

（二）美好社区供需协商会的操作方法

美好社区供需协商会包括社区自组织服务模式梳理和社区自组织协商平台搭建等过

程。美好社区供需协商会实施路径如下图所示：

1. 社区自组织服务模式梳理

社区自组织服务模式梳理是组织持续发展的方向盘，也是组织内部达成共识的一种方法，更是组织化的一个过程。

社区自组织服务模式梳理分为三个阶段，分别是社区自组织服务活动梳理、社区自组织服务模式梳理、社区自组织主营服务模式梳理。

（1）社区自组织服务活动梳理。

对于社区自组织来说，通过项目大赛初步形成了项目的观念和意识，也可以积累一定的组织档案资料。这些档案资料可以作为组织服务活动的梳理依据，在此过程中，尤为重要的是形成活动梳理表的过程是一个内部协商的过程，也是一个组织内部达成共识的过程。组织可以利用召开核心会议或例会的机会，跟组织成员共同梳理近一年或近半年的组织活动，包括集体会议活动名称、活动内容、服务对象特征以及服务人数等。

（2）社区自组织服务模式梳理。

当社区自组织梳理出服务活动之后，依然是以组织内部协商的方式进行组织服务模式梳理，这个过程实际上是对组织所开展的活动进行整合，并梳理出组织最为擅长并且最为需要的服务活动。梳理出的模式包括社区服务类的活动以及组织内部的团队建设等活动，同时统计举办频次最高的活动类型，并考虑是否将其作为组织的主营服务模式或组织未来发展的方向，进而将其作为重点服务模式继续发展。

（3）社区自组织主营服务模式梳理。

组织内部确定了自己的服务模式类别后，就可以对服务对象进行细分，预估外部资源方，并进行年度服务活动计划，结合组织梳理工作，依据服务对象的需求及组织自身特色，进而明确年度工作计划。

社区自组织服务模式梳理不仅用于志愿服务类的组织，文体娱乐类以及邻里互助类组织也可以使用，且在组织的不同成长阶段都可以进行梳理，以明确组织下一步发展的方向以及工作计划。此梳理方法也可用于具有分支或分队的组织，从核心层开始梳理，带动各分队自行梳理各队的目标及模式，再将分队的模式反馈到组织核心层，实现组织整体模式细化的过程。

2. 社区自组织协商平台搭建

当社区自组织形成一定的服务模式之后，在社区范围内可以将多个社区自组织联合起来，定期开展社区自组织协商平台会议，主要内容为年度计划设计、实施过程配合及联合、结题阶段的交流学习和资源共享以及协商平台运营规则的建立，以上过程均结合社区两委的中心工作共同进行，逐步引导社区自组织关注社区中心工作，与社区两委协作共同完成社区内居民服务及活动。

当社区级自组织协商平台搭建成熟后，可以根据社区间自组织发展程度，逐步搭建街道范围内的社区自组织联合会，进而将整个地区的自组织联合起来，分工协作、共享资源，最终共同营造整个地区的美好生活，发挥整个地区自组织的合力作用。

五、第五阶段：社区自组织成立

经过以上四个阶段的孵化与培育，至此社区自组织正式成立。

值得注意的是，在精细化、深入性和有效性等社区治理原则的要求下，社区社会组织培育还可以从以下几方面进行优化提升：一是推动建立街道层面的社区治理专家库，发挥外脑的智库作用，以探寻和总结规律性的发展经验和增强更有目标和价值的实践探索；二是强化基层社会治理的整体规划、制度建设和体制机制建设，以逐步形成有积累的社区治理发展模式和长效机制；三是更加重视街道级社区治理枢纽型实体平台建设，在专业社会组织的技术支持下，有效培育该实体平台的专业人才力量；四是基于区域特点，有重点地挖掘和支持地区品牌项目以及培育社区公益人才和社区社会组织梯队，注重社区居民更广泛的参与，提升社区参与率。

总之，培育社区社会组织需要在社区内联合多方的力量，在此过程中，充分给予社区社会组织能力提升和成长的陪伴式培力辅导，并且适当给予社区社会组织作为主体进行社区服务设计的机会，充分发挥社区社会组织的自发性和创造力，共同努力实现构建社区共治、共建、共享的社区治理新格局的目标。

案例

一、项目实施的现实需要

和义街道由 9 个社区组成，户籍总人口 5 万余人，流动人口约 1.9 万人，弱势群体较多；辖区道路、市政、公共服务、环境等配套设施建设较为滞后，基础条件相对较差，属于典型的老旧小区；辖区内的舞蹈队、合唱队、书画社等社区文体队伍和助老协会、妇女协会等自发组织较多，居民具有较强烈的组织文体活动意愿；居民多样化的服务需求同社区事务繁多与社会组织服务能力不足之间的矛盾突出。

二、已有基础分析

（一）和义街道社会组织孵化培育合作中心为项目实施提供了重要平台

和义街道已于 2013 年成立社会组织孵化培育合作中心（以下简称中心），初步为社会组织人才的培养提供了一个可实施的平台并且打下了良好的基础。中心是一个面向社区居民，以社会组织为服务对象，分层分类地为其发展提供陪伴的街道级社会组织综合性服务平台。中心采取“政府搭建平台、社会广泛参与、专业机构运作、公益组织受益”的模式，上下互动、内升外引，整合各方资源，为各类社会组织成长创造良好环境，逐步发挥其在基层社会治理中的主体作用。

（二）强大的运营团队为项目开展提供了人员保障

中鼎社会工作事务所自 2011 年正式成立，秉持“以社区为根基、以需求为导向、以服务为引领、以专业为支撑”的服务理念，2012 年 2 月被北京市民政局选定为首批市级社会工作人才队伍建设试点单位，2013 年 8 月被北京市民政局评为社会工作实务实习实训基地，2014 年被评为 5A 级社会组织。中鼎与中国社会科学院研究生院社会工作硕士（MSW）教育中心、北京政法职业学院、北京城市学院 MSW 教育中心等高校联合建立人才培养基地，现有 10 名法学、社会学、经济学、管理学方面的教授、博士等高层次人才，22 名社会工作师，6 名心理咨询师，300 名高校志愿者，150 名社区志愿者，为项目的开展提供了人员保障。

（三）街道与社会工作者的资源整合能力进一步保障了项目的顺利开展

和义街道在项目执行中有着活动场地、服务对象以及政策等方面资源的强大整合力，可以为项目的落地提供坚实的保障。中鼎社会工作事务所自成立以来已承接北京市民政局、福彩公益金、总工会、温暖基金会、区社会工作者委、区团委、区检察院、区民政局等单位发包的 89 个项目，在近年的实务操作与运营管理过程中积累了大量的实务社会工作者、项目细分领域专家等资源，能够在本项目执行过程中有效整合各类资源协同合作，为项目开展服务，帮助社区社会组织人才实现技能提升、增强管理能力。

三、分析预估

社会工作者为摸清和义街道社区社会组织的现状、厘清发展过程中存在的问题和困境，在项目前期对和义街道社区社会组织及居民做了需求调研，分析如下。

（一）社区社会组织总体发展情况

1. 以兴趣为结合点的互益性组织和志愿性团体构成了街道社区社会组织的主体

各类以兴趣为结合点的互益性组织，如舞蹈队、合唱队、书画社等社区文体队伍成为目前和义街道社区社会组织的重要组成部分，极大地丰富了社区居民的生活。此外，在街道、居委会的引导和帮助下，各类服务于弱势群体的组织，如助老协会、妇女协会等，以及服务于社区全体居民的各类志愿者组织在各社区发展迅速，成为社区弱势群体救助和社区建设的一支重要力量。

2. 社区社会组织的发展差异性较大，总体发展潜力良好

社区社会组织之间在规模上存在较大差异，规模较大的社会组织以街道系统牵头建立的志愿者组织和弱势群体救助组织为主，规模较小的组织以居民自发成立的文体活动队伍为主。社区社会组织之间在活动频率上差异也较大，有的组织几乎没有活动，而有些组织每天都有活动。各社区社会组织的发展情况也存在较大差异。但社区社会组织的发展潜力总体良好且乐观，并且各社区都具有特色，有固定活动时间和参与人群，且这些社会组织对于专业力量介入进行培育和发展的需求是迫切的。

3. 发展模式从政府主导型向居民自治型过渡

和义街道现有的社区社会组织的发展主要是基于政府推动。从成立方式来看，很多组织是由街道、居委会牵头成立或帮助成立的，只有一部分组织是自发成立的；从活动经费来看，大部分组织没有固定经费来源；从活动场地来看，基本上都是利用社区活动中心和居委会提供的场地，并且场地都是无偿使用的。因而，目前社区社会组织的发展呈现出了一种“政府牵头、出钱、出地”的情况，对政府的依赖性比较大。然而，通过座谈和摸底调研，社会工作者发现，居民主动成立、自主运作社区社会组织的意愿也越发明显。

（二）进一步发展的障碍分析

1. 资金

社会工作者通过深入访谈了解到大多数社区社会组织在资金方面主要依靠居民自发捐

赠或者政府拨款，但是这部分资金仍然不足以帮助社区社会组织可持续发展，大部分社区社会组织都是由于受到资金的限制而发展缓慢，如志愿者服务队、慰老服务队、环保队、治安巡逻队等，由于缺乏资金的支持，在帮助和服务居民时受到阻碍。从评估结果来看，造成资金不足的原因有以下几点：(1) 核心组织成员的财政意识相对薄弱。(2) 对于政府购买项目的申报情况和流程不了解。(3) 没有合理地整合外部的资源和进行对外宣传。

2. 场地

和义街道大部分社区社会组织都有固定的场地，基本由居委会提供支持和帮助。但仍有个别社区社会组织无固定的场所，如治安巡逻队，成员基本由50～70岁的退休人员组成，为了更好地维护社区治安稳定，成员会根据情况重点设防，但由于缺乏固定的休息场所，很多成员在恶劣天气的情况下依然要坚守岗位，这对治安巡逻队成员自身造成了重大安全隐患。

3. 专业性指导

社区社会组织虽然对社区治理做出了重大贡献，但在社区社会组织的调研中，社会工作者发现，当前社区社会组织都缺乏相应的专业性指导，主要原因是组织的核心领导层以及组织成员大都是社区内的退休老干部或者热心的居民，他们虽然热心社会公益事业，具有奉献精神，但对志愿服务的基本理念、专业知识、基本技巧了解或掌握得并不全。由于为社区居民开展的服务是需要具有生活技巧、生活心态、生活能力的服务，因此必须通过培训来让志愿者掌握相关知识和技巧。比如社区医疗与卫生的助理服务，就必须对志愿者进行专项培训。

四、服务策划

(1) 根据和义街道居民科要求，协助孵化和义街道社区社会组织联合会，并通过建章立制、培育联合会骨干负责人，建立一套运营管理机制：开展社会组织体系构建、管理咨询、项目设计与管理。

(2) 征集和培育和义街道社区9个“金点子”服务项目。

(3) 发掘社区资源，组建一支社区公益志愿导师小组，引领、助力项目运作。

(4) 开展至少6次社区社会组织能力提升与发展、专业人才培养、团队心理疏导等集体工作坊以及培训活动，促进个人及组织能力的提升。

(5) 带领9个“金点子”项目负责人进行外出参观交流1次，举行社区社会组织人才间的理论切磋、实务操作、案例分享、组织成长、优秀组织参观学习等专业研讨沙龙，促进团队间的沟通分享。

(6) 开展7次大型社区宣传活动。

(7) 编制1本“金点子”项目手册，总结社区社会组织培育发展成果。

五、服务执行

活动时间	活动内容
2017年7月	1. 成立项目组，确立负责人和联系人，制定详细的项目实施方案，整理宣传所需资料，购置活动必需耗材； 2. 与和义街道各社区完成对接，统计分析和义街道社区社会组织基本情况； 3. 开展专职社会工作者、社区、专业志愿者分组对接与辅导培训工作，对具体活动进行策划设计

续表

活动时间	活动内容
2017 年 8 月	1. 链接街道社区资源，筹备和成立和义街道社区社会组织联合会，建章立制，培育联合会骨干负责人，建立一套运营管理机制； 2. 开展 1 次社区宣传活动
2017 年 9 月	1. 制定“金点子”征集标准和机制，宣传并征集“金点子”项目，调动社区社会组织的积极性，甄选 9 个社区社会组织“金点子”项目进行重点培育指导； 2. 组建一支 10 人的社区社会组织骨干党员队伍； 3. 针对“金点子”项目负责人和骨干党员开展 1 次公益项目策划与管理能力指导培训； 4. 开展 1 次社区宣传活动
2017 年 10 月	1. 召开“金点子”项目启动仪式，签订项目协议，明确权利和义务，授队旗，统一标识，促进各项目志愿团队凝聚力建设； 2. 对“金点子”项目活动计划、筹备进行分别指导，跟踪“金点子”项目具体活动，规范活动执行； 3. 开展 1 次社区宣传活动
2017 年 11 月	1. 召开 1 次“金点子”项目阶段性工作总结会议，评估项目执行情况，开展活动资料整理及写作宣传能力等规范指导； 2. 跟踪指导“金点子”项目活动，规范具体活动执行； 3. 组织 1 次外出参观学习交流活动，促进社区社会组织经验交流与能力提升； 4. 开展 1 次社区宣传活动，宣传服务成效
2017 年 12 月	1. 开展 1 次“金点子”项目阶段性工作总结会，评估项目执行情况，提出问题解决问题，总结经验，互益发展； 2. 开展 1 次“金点子”项目负责人及骨干党员项目资金规范化管理方面的指导； 3. 开展 1 次社区宣传活动
2018 年 1 月	1. 开展 1 次“金点子”项目阶段性工作总结会，评估项目执行情况，开展志愿者团队管理方面的培训指导； 2. 继续跟踪“金点子”项目活动，发现问题并及时给予指导； 3. 开展 1 次与服务对象建立长期服务关系方面的指导培训； 4. 开展 1 次社区宣传活动
2018 年 2 月	1. 开展 1 次“金点子”项目阶段性工作总结会，评估项目执行情况，提出问题解决问题，总结经验，互益发展； 2. 继续跟踪“金点子”项目活动，发现问题并及时给予指导； 3. 开展 1 次公文写作和宣传方面的指导培训； 4. 开展 1 次社区宣传活动
2018 年 3 月	1. 开展 1 次“金点子”项目阶段性工作总结会，评估项目执行情况，提出问题解决问题，总结经验，互益发展； 2. 继续跟踪“金点子”项目活动，发现问题并及时给予指导； 3. 开展 1 次团队心理减压集体工作坊； 4. 开展 1 次社区宣传活动
2018 年 4—5 月	1. 制作“金点子”活动手册，总结各“金点子”项目成效与不足； 2. 项目结项，对和义街道社会组织服务孵化中心年度工作进行总结、展示、宣传、推广； 3. 满意度调查分析，根据社区社会组织需求和建议制订下一步项目计划

六、服务评估与改进

（一）项目成效

中鼎社会工作事务所 2016 年进驻运营和义街道社会组织孵化中心，2017 年成立社区社会组织联合会，目前运营良好，积极培育社区社会志愿服务组织并发掘新的志愿组织加入。

和义街道社会组织孵化中心采用“一心支撑、多点辐射”的运营体系和“以赛促练、全程陪伴”的孵化模式，“区街社”三级联动开展社会组织孵化培育工作。“一心支撑、多点辐射”是指以和义街道社会组织培育基地为中心，整合街道和社工委的社区社会组织联合会平台，重点孵化专业化、规模化社会组织，发挥其示范引领作用，如专业的助残、助老、助幼等志愿公益服务模式；在街道层面，重点发掘社区公益志愿导师人才、内生发力，培育社区社会组织骨干人才，提升其参与社区服务的能力，如阳光助残快乐小分队、空巢志愿服务等 9 支队伍。

“以赛促练、全程陪伴”是指引入社区公益创投大赛作为选拔入孵组织的载体，把选拔融入学习、考察参赛者的同时，让参赛者更好地了解社区服务、学习社会组织知识。“全程陪伴”即孵化中心为初创期社区社会组织发展成长提供资源支持、能力提升、宣传展示和圈子搭建等服务，主要包括以下四个方面：一是提供金点子项目资金、财务管理、专业社会工作者指导等资源支持；二是开展“社区专业训练营”、社区公益志愿导师计划、主题沙龙等形式多样的系列培训；三是制作宣传册、开展公益“三进”、对接媒体资源，多渠道提升在孵组织社会影响力；四是成立社区社会组织联合会，为出壳后的组织提供持续增能服务，全程陪伴组织成长。

在社区公益创投“金点子项目计划”中胜出的志愿服务组织正式进入孵化器，2017 年 9 月—2018 年 5 月，和义街道社会组织培育中心共孵化 9 家社会组织，累计开展“金点子”项目服务 119 场，其中为老服务类 31 场、党员建设类 18 场、帮残助弱类 26 场、治安巡逻类 16 场、未保（未成年人保护）类 13 场、组织大型庆典活动等 5 场、参与外出培训及学习交流会 10 场。

例如“阳光助残快乐小分队”志愿队伍，在孵化中心的培育与支持下，小分队巧妙地将合唱队与助残活动结合起来，由两位党员牵头，每月定期为西一社区内的 10 名残疾人士开展茶话会、老歌演唱、走赏公园等主题活动，丰富了残疾人的生活，建立起了彼此倾诉与鼓励的平台，极大地满足了残疾人士的内心需求，赢得了服务对象的感激，也赢得了市、区、街的好评，在社区和街道内广泛传播了扶贫济困的志愿服务精神。

中鼎社会工作事务所理事会提出了“创益＋”空间服务模式。“创益＋”即创新社区志愿与公益相结合有着无限的可能。“创益＋”空间目前主要承载孵化社区社会组织、培养培育社区公益志愿导师两大功能。

（二）项目创新之处

1. 专业化发展

由专业社会机构协调各方资源进行运营管理，派驻专业社会工作者，全面完成中心常态化、制度化、规范化的管理工作。

2. 项目化管理

和义街道社会组织服务中心以街道购买社会组织服务项目的方式开展工作。项目设计、申报、执行、评估等各环节均严格按照实施计划运行，所有标准均可量化，目标清晰，效果明显。

3. 个性化服务

和义街道社会组织服务中心根据自身的特点和区域需求，探索适合于本中心的社会组织目标定位、工作方向与职能作用，不断深化本区域社会建设与社会管理工作的机制创新与方法创新。

4. 规范化建设

注重顶层设计，和义街道社会组织服务中心严格执行规范化制度建设，建立健全了系列管理制度规范、管理流程和评估体系。

专业反思

经过三年的精心探索，和义街道社区社会组织培育已积累了较为丰富的本土经验，其运作培育发展模式已成为其他地区推动社区治理创新的参考样本，也是社区治理模式的一次创新性的尝试，但也从实践中总结出一些问题，主要有以下三点：

一是缺乏专业人员，重视程度不高。社区社会组织负责人目前还存在由社区工作者担任或兼职的情况，他们社区事务繁多，往往对社区社会组织管理缺乏足够精力和时间，对相关的社区社会组织的专业培训与指导也不屑一顾，即使做了也是应付了事，加大了培育的难度。

二是扶持资金不足，配套设施跟不上。社区社会组织往往是通过搞活动的形式来进行社区服务，有些活动不仅需要场地、人员、物资，更需要足够的资金来支持，有些组织想搞些大型社区服务活动，但是鉴于资金不足、配套设施跟不上也就不了了之了，限制了服务提升。

三是缺乏创新精神，服务形式有待开发。纵观全年的社区社会组织活动，大多数是以为老助残为主题，形式以走访慰问为主，缺乏创新精神，未成年人保护、党员建设、环境保护等领域服务比较薄弱，大型文艺表演、外出交流比赛等服务形式有待开发。

任务三　促进社区融合

背景介绍

在城市化的发展过程中，城乡人口流动所衍生出的社会融合问题愈加明显。有关调查研究显示，外来人口大多聚集于大城市的城乡接合部地区，以北京为例，城乡接合部的经济增长和社会发展吸引了大量的外来人口，从而成为外来流动人口的集聚之地。外来人口能否参与并融入当地生活，获得住房、就业、医疗和教育等社会保障，关系着社会安定与城市繁荣。作为社会融合的落脚点，社区融合较之社会融合的宏大叙事和价值取向，具有更多的参与价值和人文关怀，能够更加精准地把握外来人口的现实需求，对进一步创新社会治理的理念和思想，不断提升基层社会治理规范化水平意义重大。

任务情境

某社区地处北京南五环丰台区与大兴区交界处，辖区面积 1.7 平方千米，外来人口数量较多，房屋老旧，人员混杂，是典型的老旧混杂型住宅社区。

为进一步贯彻落实党的十八届三中全会提出的“社会治理”理念，某社区重点针对外来人口较多的实际情况，通过问卷调查、访谈等具体方法进行了全面深入的分析。社会工作者发现，辖区某中学外来人口子女较多，70%的学生是跟随父母来到这里生活学习的，这些随迁子女相比当地学生表现出更多的心理健康问题。为了更好地关注外来人口随迁子女的心理健康问题，促进随迁子女的社区融入，解决外来人口的后顾之忧，某社区居委会联合社会工作者，对辖区某中学的随迁子女开展专业服务活动。

分解任务流程

需求评估 → 服务策划 → 服务执行 → 服务评估

任务实施

流程一 需求评估

一、走访社区

在社区党委和社区居委会的指导和支持下，社会工作者通过走访社区，对社区地理位置、人口结构、文化特色、资源优势等基本情况进行了解。

【此阶段的核心任务就是要了解社区的基本情况，内容一般包括社区的地理环境、社区内的人口状况、社区内的资源、社区内的权力结构、社区领袖、社区弱势群体等几个方面，以此增加社会工作者对社区情况的“认知”；除此之外，还应包括社会工作者的“被认知”，即尽快让社区居民认识社会工作者。这两方面都需要社会工作者积极进入社区，通过积极参与社区重要活动、主办社区活动，经常出现在社区居民身边，也就是我们经常说的混个“脸熟”，这是开展一切社区服务的前提条件。那么实践中该如何开展呢？一般来讲可以采取“三步走”的形式。】

步骤	内容	目的
第一步：走	通过社区漫步等方式，先在社区里面多走走，看看社区里的地理环境、人口结构、经济形态、公共设施、人文风俗，这些都是一个社区最基本、最基础而又最重要的信息	观察、了解一下社区里面有哪些地方是社区居民常常会去的，哪些时间在什么地方会有哪些居民聚集
第二步：问	初步了解了社区的轮廓之后，就要多向社区里的“权威人士”，也就是最了解社区实际情况的人请教。而这些社区“权威人士”往往是社区居委会的基层工作人员	在实际工作中，新建社区的工作者可以多向兄弟社区请教，以具有类似情况的社区所面临的问题为参考。如他们在社区的日常工作中所接触到的居民的情况是怎样的，居民反映最多的问题都有哪些，社区中最突出的矛盾是什么，等等
第三步：谈	除了向兄弟社区请教，社会工作者重点还是要面向本社区居民进行个人访谈，因为毕竟最终服务对象还是本社区居民	真实了解社区居民需求，因为此时居民的表达最为真实，但需要工作者投入大量的时间与精力

二、描述和界定社区问题

在掌握了社区基本情况的基础上，社会工作者对收集到的信息和数据进行了归纳整合，将该地区外来人口的社区融合问题总结如下。

（一）就业问题

该社区外来人口的就业大致分为两类：一类是社区内就业，主要指在社区内租用店铺经营，如蔬菜瓜果、餐饮和烟酒售卖等摊位；另一类是社区外就业，因此地房租较周边便宜，而且交通便捷，乘坐公交车 5～10 分钟即可到达地铁，所以许多上班族选择在此地居住，可以节省很大一部分生活成本。

（二）家庭沟通问题

社会工作者在了解外来人口的家庭情况时发现，有很大一部分家长因忙于工作而很少与子女交流，辅导其做作业的时间也不多，这非常容易造成随迁子女和父母之间的亲子疏离感，导致家庭亲子沟通不畅。

（三）校园融入问题

社会工作者在与某中学老师的沟通中发现，受生活背景、受教育水平、文化背景等差异的影响，随迁子女与本地学生的交流不多，个别同学之间存在矛盾，本地学生对随迁子女的认可度较低，加上他们在日常交往中常表现出不恰当的行为，无法建立有效的朋友圈，导致随迁子女新的朋辈关系很难构建。

（四）社区认同问题

导致随迁子女社区认同感低的原因主要有以下两个方面：一是缺乏和社区外来人口交流的有效载体，当前社区开展的活动大部分面向社区老年人和当地青少年，针对外来人口，特别是随迁子女的活动不多；二是随迁子女跟随父母来到不熟悉的地方居住生活，缺乏父母的有效引导，导致他们对社区缺乏安全感，不愿意主动地了解和参与社区活动。

知识链接

马斯洛需求层次理论

马斯洛需求层次理论是影响最为广泛的需求理论，该理论于 1943 年提出。马斯洛认为：人的需要由生理的需要、安全的需要、归属与爱的需要、尊重的需要、自我实现的需要五个等级构成。

【将马斯洛的理论运用到社区工作中，可以帮助我们分析社区居民需求的层次与类型，优先解决那些更为基本的需求。例如在本任务情境中，对城乡接合部地区的随迁子女来说，面对相对城市家庭落后的家庭教育和生活环境，他们在成长过程中面临着很多不可回避、急需解决的问题，这些问题中除同龄孩子所共有的之外，还有诸如心理健康困境、孤独感增强、亲子关系恶化、社会融入感差和不公平感增强等随迁子女所特有的问题，这些问题直接影响到随迁子女的健康成长和生涯发展。在诸多的问题中，最需要关注的便是社会融入差的问题，即满足其归属与爱的需要。】

流程二 服务策划

社区作为联结个人、家庭和社会的纽带，是外来人口日常生活的重要场域；随迁子女是外来家庭合理有序流动、稳定就业的重要因素，鉴于此，社会工作者决定以随迁子女为突破口，将优先促进随迁子女的社区融入作为促进外来人口融入社区的有效途径。以个人、家庭、朋辈、社区四个层面为切入点，对城乡接合部地区随迁子女群体目前的社会融入情况进行分析和评估，通过专业驻校社会工作者的介入，运用社会工作专业方法，以社会生态系统理论为研究随迁子女的主要模型，以优势视角为实务研究方向，有针对性地对随迁子女开展专业服务活动。

整个研究过程分为三个阶段，分别为前期问卷调研和分析阶段、实务活动阶段、后期调查和对比研究阶段，在此基础上分析社会工作在外来务工者随迁子女融入社区中的作用，帮助随迁子女更好地融入社区。

社区融合主题	社区融合重点	活动内容	预计效果
“人”的角度	心理建设	通过心理课堂以及个案等方式有针对性地开展活动，对某些情况特殊的随迁子女进行个案辅导	从家庭、校园、朋友的三个层面，改善其所处环境和周边关系，帮助其形成积极向上的人生观
“家”的角度	家庭关系	开展家长学校活动	改善随迁子女家庭的教育理念
“校”的角度	朋辈关系	开展小组活动和夏令营等活动	提升随迁子女校园内的融入感，增进他们与同学间的关系
“社区”的角度	社区融入	开展志愿活动、城市探访活动	逐渐提升其在社会中的存在感和融入感，增强其社会责任感

流程三 服务执行

一、校园彩虹聊天室

彩虹聊天室通过家访以及与学生面谈两种方式进行，共计为 21 名随迁子女提供了服务。

社会工作者在工作过程中，应用专业方法，清晰界定自身角色，能够让学生感受到社会工作者与父母、老师角色的区别，并在长期与学生的互动过程中，与学生建立了良好的信任关系，确立了社会工作者的陪伴者、倾听者以及支持者的角色定位，让学生能够充分感受到被理解和包容，以此为随迁子女创造了一个诉说心事、倾诉成长烦恼的港湾，这也为社会工作者、家庭、学校及时掌握随迁子女的心理与情感状态，及时给予适当的协助和介入提供了基本条件。

成人眼中的小事，在孩子心中或许是大事。社会工作者发现，来到彩虹聊天室向社会工作者倾诉和求助的学生所描述的这些事件，大多被家长和学校定位成无关痛痒的小事，在成人的世界里被冷落；有些事情学生根本不敢向家长和老师提及，担心招致成人的批评和指责。这不仅使学生的烦恼得不到解决，反而使其在寻求帮助的过程中受到挫折，逐渐在与家长和老师的沟通中产生了鸿沟，也让家长和老师失去了正确引导和教育学生的时机，让彼此的距离越来越远。

社会工作者的介入以及彩虹聊天室的开展恰好在这一方面进行了补充，在工作过程中，社会工作者不难发现，对于大多数面临烦恼的学生而言，他们需要的正是彩虹聊天室这样一个倾诉的平台以及社会工作者这样一个耐心的倾听者和情感的支持者。另外，个别的随迁子女面临着家庭成员沟通不畅和不善于互相表达情感的问题，社会工作者通过家访的方式，协助家庭成员进行沟通和情感的表达，使亲子关系得到了改善。

在这个过程中，社会工作者也发现了3例问题比较突出的个案。其中，1例为父母关系紧张，长期处在争吵中，学生严重缺乏安全感，担心被父母抛弃，导致其产生自杀倾向；2例为父母离异，并均已重组家庭，学生从小缺乏关爱，导致内心脆弱与自我封闭。3名学生目前的问题已对其成长造成了困境，社会工作者已将其纳入由机构承接、团市委支持的困境青少年项目中，并作为个案继续介入，目前已开展多次工作，效果显著。

二、人际交往小组

人际交往小组将同是随迁子女的17名同学组成一个小团体，利用学生暑期时间，连续5天开展了共10次小组活动。

自信提升版块，着重于协助随迁子女增强对自我的认知能力和欣赏能力，提高其自信心。在活动中社会工作者发现，17名小组成员与其他正处于青春期的同学一样，更加关注自我，注重自己的形象，不断探索自我的内心世界，十分在意别人对自己的评价和看法，并有意识地朝着自己理想的方向来塑造自己。这一特点通过小组活动中的自画像环节得到了充分的展现，他们下笔绘画的状态也在一定程度上表现出了其自信程度，自信心强的学生很快就开始下笔绘画，自信心稍差的学生则犹犹豫豫，不知如何下笔。

人际沟通版块，着重于锻炼学生的沟通能力以及通过沟通在集体中解决问题的能力。活动中，单向沟通与双向沟通的体验让学生和社会工作者都感触深刻，学生们在这个环节不仅体会到了沟通的重要性，同时明白了有效沟通和无效沟通的差异，并且学会了沟通的方法，大大提高了沟通能力。

团队合作版块，着重于锻炼学生之间的协作能力，以及如何在团队中展现自我价值和发挥作用。例如，七巧板活动给学生带来了不小的挑战，他们被分为6个小组，不仅需要小组成员之间协作，同时需要进行组与组之间的合作，才能完成最终的任务。第一次尝试的失败，促使他们开始集体寻找解决问题的方法，这也让他们充分体验到了团队合作的重要意义。

小组活动的设计，将日常复杂的人际交往问题简化和提炼成不同的单元，通过参与式的体验，促进了随迁子女对人际交往问题的认识与思考，并协助其在过程中学会问题的解决方式，达到了增能的目的。

三、家庭互助平台

经过社会工作者不断的尝试，家庭互助平台最终未能顺利实施，但在组织和联络家庭互助平台的过程中，社会工作者也获得了不少经验。对于未能成功建立家庭互助平台的原因，社会工作者根据工作过程中了解的实际情况进行了重点分析，主要有以下两点：

（1）本地居民与外来务工人员两个群体之间互相存在偏见。一方面，本地家庭普遍对外来务工人员家庭心存芥蒂，对于外来务工人员的各种片面、负面的报道也更加固化了这种偏见，本地家庭普遍认为外来务工人员家庭成员文化水平低、素质差，不愿意与其接触，甚至有的明确表示看不起外来务工人员。另一方面，外来务工人员家庭同样对本地家庭心存芥蒂，觉得他们势利、冷漠、过于精明，他们也从很多本地人的态度中感受到了本地人对他们的“看不起”，而且，一些经济条件比较好的外来务工人员家庭，同样存在着看不起本地人的情况。

（2）深受成人态度的影响，本地学生与随迁子女之间交往不多，同样存在着误解与偏见；随迁子女流动性大，普遍学习成绩不佳，这也是本地家庭不愿意让孩子与随迁子女过多交往的原因。

很多已有研究表明，这种现象不仅仅在小范围内存在，而是一种长期存在的社会现象，可见，若想促成这两种家庭的互动，就要先加深双方的了解，了解熟悉之后才能逐步消除偏见，这需要一个长期的过程以及社会共同的努力。因此，社会工作者在活动过程中及时做出了调整，并通过区团委，为8名随迁子女争取到了参与市团委组织的“禁毒夏令营”活动的名额；在活动后，组织8名参与“禁毒夏令营”的青少年共同设计开展了禁毒主题班会，为班级学生宣传禁毒知识。同时，延续上述人际交往小组，针对15名随迁子女开展了青少年成长小组，协助青少年提升自我认知能力，培养健全的人格，建立良好的社会支持网络，提高其自我解决问题的能力。

四、其他

除以上开展的活动外，社会工作者还开展了“家长学校”“校园图书室”等活动。通过举办“树立正确的家庭教育观念”“家校合作”“家庭教育误区”等主题活动，对家庭教育理念与方法进行了普及，以丰富随迁子女家庭教育的理论知识与方法，使得外来务工人员带子女外出务工时可以对子女的学习、生活、思想等方面进行更好的监护，更有利于子女健康成长。协助校方建立了校园图书活动室，并在此基础上带领随迁子女开展读书活动，如带领学生利用午自习时间阅读经典名著，读书活动共进行了10次，围绕高尔基所著《童年》和鲁迅所著《朝花夕拾》两本经典的文学名著展开，让学生树立学生自强、自爱以及关怀社会的能力。此类深度阅读活动有利于随迁子女树立正确的价值观与责任意识，促进其健康成长，同时也丰富了其在校的学习生活，能够使其更好地融入校园生活。

流程四 服务评估

本阶段，社会工作者采用基线评估方法，即随机选择了某中学在校的随迁子女59人在项目执行初期对其进行问卷调查，在实务项目实施后，再次对这些学生进行调查，并对调查结果进行对比。通过随迁子女在实务课题开始前后的量表对比及参与活动的社会工作者的工作反馈，社会工作者发现，这些随迁子女在各个方面都发生了一些变化，下面列举典型的数据进行对比说明：

知识链接

基线评估法

基线评估法是一种基本的评价方法，是指通过对监测目标初始状况的研究和测量，建立基线并据此评估介入前后的进展和变化，以判断社会工作者的介入成效。

（1）通过联合社区居委会，举办数次志愿者服务活动、外出探访活动、参观学习活动、夏令营活动等，随迁子女在与城市各类人群和当地同龄群体的接触交往后，“对自己是北京人”的认同从20%增加至26%，随迁子女的自我认同感和城市认同感得到了进一步的提升，这也从侧面反映出他们更加适应在北京的城市生活，在更加了解这个城市的文化和精神的基础上，随迁子女的社会融入感和城市责任感都得到了增强。不仅如此，这样还会使得随迁子女在班级内的融入感和自信心在潜移默化中有所提升，可以逐步适应自己生活环境和家庭的变化，心理状态逐步变得更加健康，生活态度也逐渐变得更加积极和正面。

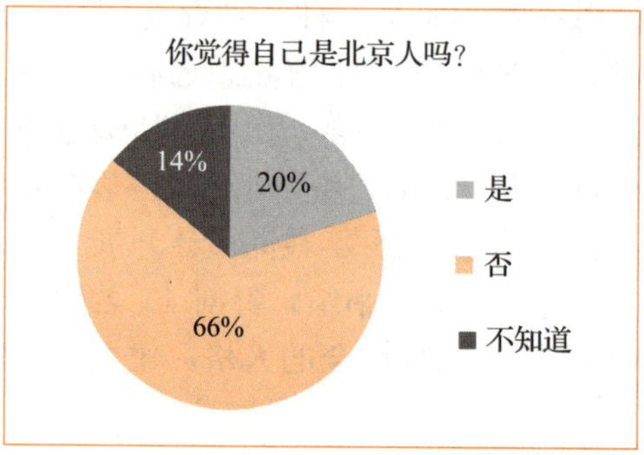

（前）

对比

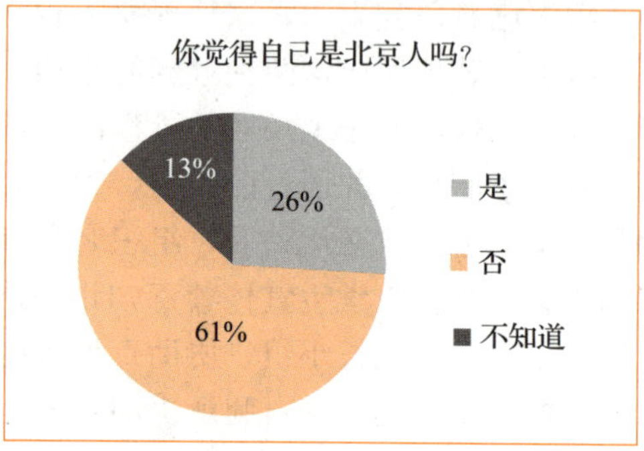

（后）

（2）在社工的一对一家访活动和家长学校活动的共同作用下，随迁子女家庭中的父母对子女的教育观念和方式逐渐产生了变化，通过随迁子女反馈的关于“和家人的相处融洽程度”的统计结果也可以发现，“非常融洽”和“比较融洽”比例都有一定程度的提高，“非常不融洽”的情况已经不再存在。由此可见，家长与随迁子女之间的沟通有所增强，互相之间的隔膜有所减轻。此外，随迁子女对于“父母的督促”的态度也有了一些变化，对父母的理解有所增强，可见父母与孩子之间应更加耐心地进行更多的沟通，从而使子女更好地向父母敞开心扉，同时更好地理解和思考父母的态度。在这些情况的改善之下，随迁子女与其家庭成员之间的关系也变得更加和睦融洽，一些随迁家庭中由于父母缺乏正确教育观念而存在的简单粗暴的教育方式逐渐发生了改变，这对于随迁子女的健康成长起到了至关重要的作用。

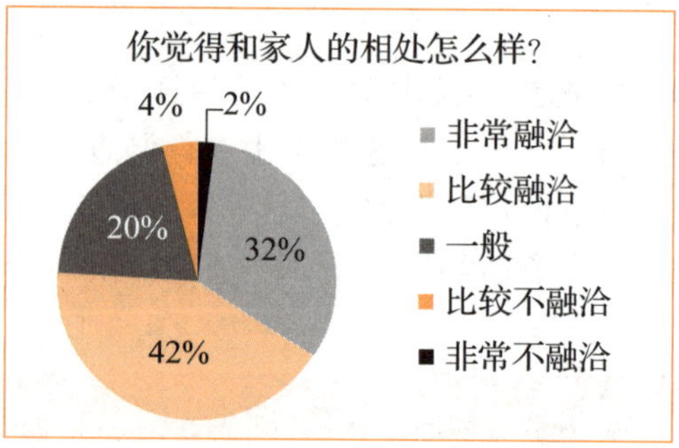

（前）

对比

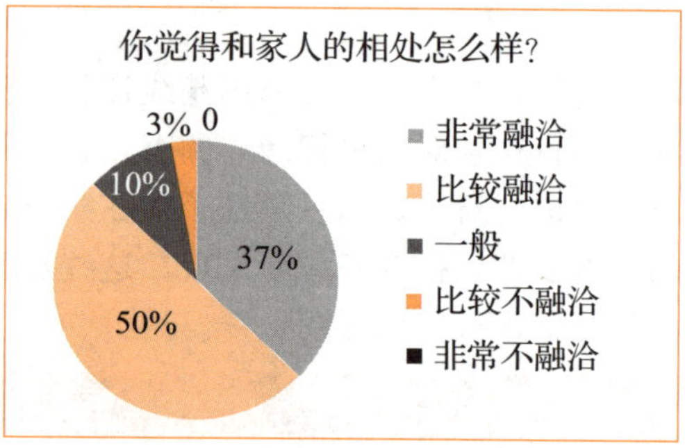

（后）

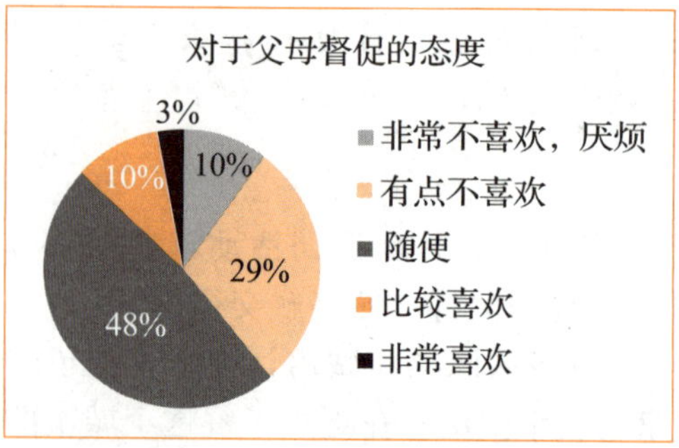

（前）

对比

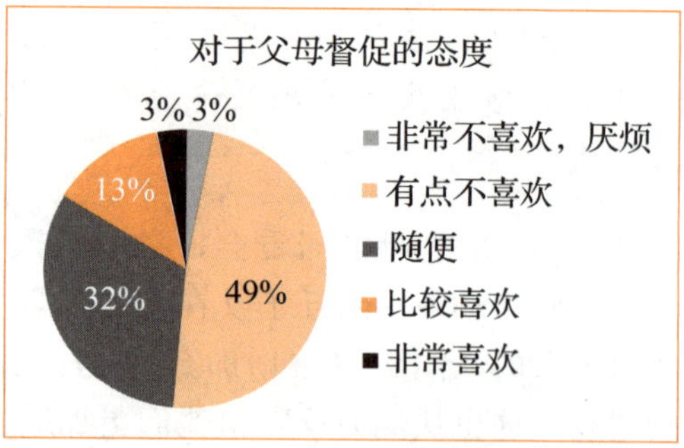

（后）

(3) 通过随迁子女“对学校学习生活表现的满意度”对比图可以发现，随迁子女对学校的学习生活满意度明显好转，可见随着随迁子女与同学开展的夏令营活动和校园内的小组活动的进行，随迁子女在校园生活中也产生了更为自信的感觉，与同学相处交流时的不适应感有所降低。因此，不论是与同为随迁子女群体的同学相处，还是与本地学生相处，随迁子女的校园融入感均有所增强，从而使得同辈之间的矛盾有所减少，随迁子女也更加珍惜现在的校园生活，更加爱惜自己的班级，对于同学、班级的责任感也逐渐增强。

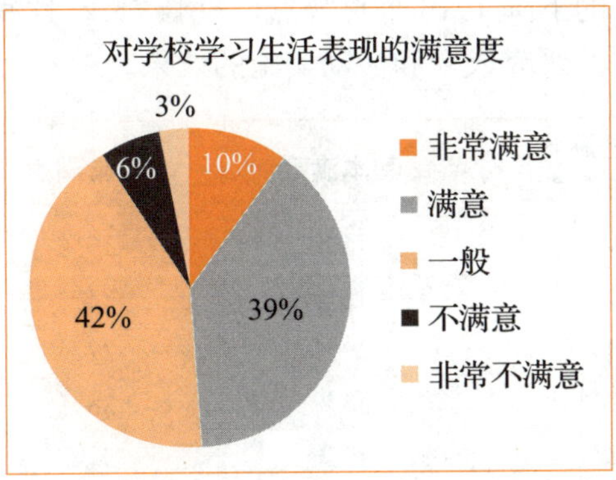

（前）

对比

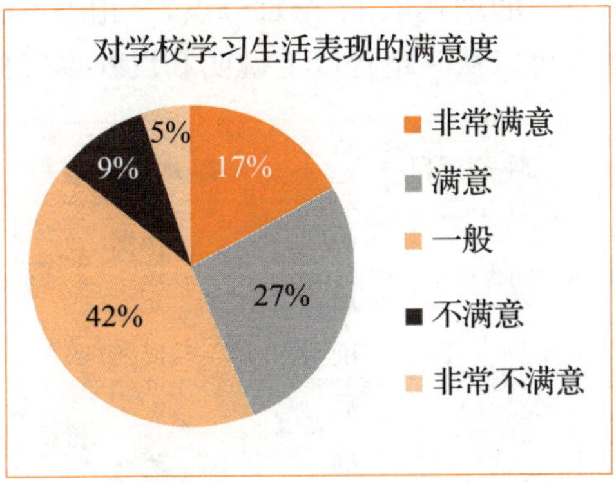

（后）

(4) 在本次项目结束后，对于“是否愿意长期留在北京生活”的问题，“不愿意”的学生比例从5%降至0。在本次活动中，对于随迁子女的心理建设，通过心理课堂以及个案等方式有针对性地开展活动。对于某些特殊的随迁子女，帮助其从家庭、校园、朋友的三个层面进行疏导和沟通，帮助其更好地与自己周边的关系融合，形成积极向上的人生观。对于随迁子女的校园融入，通过开展小组活动和夏令营等活动，帮助随迁子女提升校园内的融入感，增进他们与同学间的关系。对于随迁子女的家庭，通过家长学校互动活动的开展，改善了随迁子女家庭的家庭教育理念，帮助其营造了融洽的沟通氛围。对于随迁子女的社会融入，通过志愿活动、城市探访活动等，逐渐提升其在社会中的存在感和融入感，增强了其社会责任感，从而使其树立了与原来截然不同的面对城市的态度，多了一些对于城市和自己生活环境的热爱，因此普遍来说，随迁子女离开北京的意愿也有所降低。

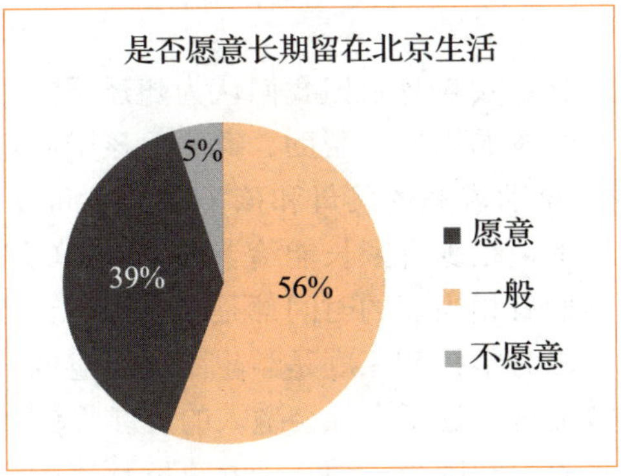

（前）

对比

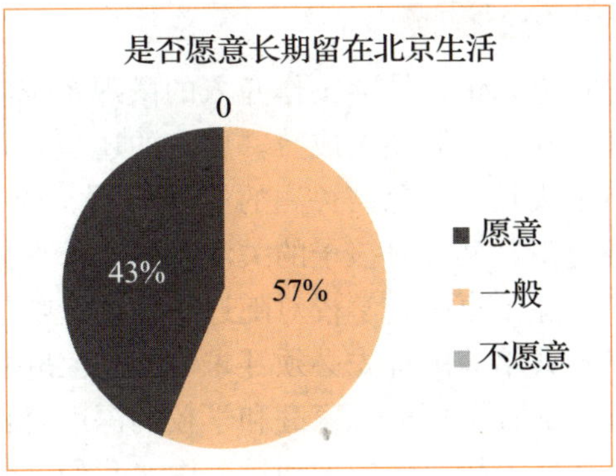

（后）

(5) 量化统计。

量化统计是指利用直接、直观的项目效果观测数据，对社区融入感进行量化操作，是本类型实务课题中常用的评测方式。本量化测量表从同辈群体融入评价、家庭生活融入评价、校园生活融入评价、社区生活融入评价四个方面来进行，在以上四方面的综合评估的汇总之下，得出社会融入感总体评价。

具体的数据结果如下表所示，从最终的统计数据可以看出，在本次实务课题结束后，所得数据的变化还是很显著的。在每一项评测中，满意的均有不同程度的提升，而不满意的均有明显的下降。在最终的社会融入感总体评价中，对于自身的社会融入感，表示“相当满意”的增长了 11 个百分点，“相当不满意”的下降了 16 个百分点，仅剩 7%。这些统计数据可以从一定程度上说明和反映本实务课题的研究成果和活动实施的效果。

评价项目		基本不满意	有些满意，有些不满意	基本满意	非常满意
同辈群体融入	前	10%	29%	45%	16%
	后	0%	31%	45%	24%
家庭生活融入	前	13%	30%	30%	27%
	后	4%	10%	48%	38%
校园生活融入	前	26%	42%	29%	3%
	后	10%	35%	31%	24%
社区生活融入	前	23%	32%	39%	6%
	后	13%	27%	47%	13%
总体评价		相当不满意	基本满意	相当满意	
社会融入感	前	23%	70%	7%	
	后	7%	75%	18%	

但是，社会工作者也注意到，在经过一年的实务活动后，依然有部分对社区融入不满意的随迁子女存在，而且整体的满意度也并不是很高，因此只能说活动有所成效，但还需要在此基础上继续并且持续地开展下去，直到探索出一套模式化并且高效的工作方法，最大限度地提升随迁子女对社区融入的满意度，这才是社会工作者所最终期盼的。

专业反思

严格来讲，社会工作介入的微观系统应该是随迁子女自身，但我们认为随迁子女为未成年，身心发展还未成熟，更多的还是需要家庭和学校的指导和帮助。家庭对孩子心理关怀的缺失是一个急需关注的严重问题。调查发现，流动家庭的父母和孩子接触时间较短、交流过少，父母对孩子的关注点基本都聚集在学习上，很少有家长能给予孩子必需的心理关怀。除了家庭，学校对随迁子女的影响最大，他们有相当多的时间都是在学校，在青少年的教育培养中首先必须寻求学校与家庭的合作，因为学校和家庭是学生不可回避的、必须面对的社会环境，家庭和学校的深度合作是有效促进随迁子女社会融入的关键所在。

但在家校合作的推动过程中，我们遇到了很多阻力和困难。随迁子女家庭环境的特殊性，如大部分家庭环境较差，父母外出工作繁忙，造成了家庭教育落后和家校合作滞后等一些问题，使得家校合作活动的开展难上加难。在家庭物质基础暂时得不到充分保障的情况下，很多父母认为孩子有学上就足够了，而自己则常常外出打工，忽视了与校园进行紧密沟通的必要性。在本项目实施的过程中，家校合作往往只能利用校方通过班主任力量强力召集父母来参加一学期一次的家长会的时间来推进，而半年一次的频率是远远不足的。如何努力改变家长观念，让家长更加重视与校园的沟通交流，建立一个家长与校园的定期互动沟通模式，是家校合作中我们所遇到的最大的问题。当然，在项目实施的过程中，有不少随迁子女家庭的父母都逐步参与到活动中，也逐渐有了一些观念上的改变，但对于数量庞大、正处在极敏感的青春期的随迁子女，这一问题依然值得我们更加专注和认真地去思考和解决。

任务四　推动社区发展

2015 年中共中央办公厅印发的《关于加强社会组织党的建设工作的意见（试行）》中提出，社会组织是社会主义现代化建设的重要力量，是党的工作和群众工作的重要阵地。要推动社会组织参与社会治理，实现党组织活动与社会组织健康发展两手抓、两促进。加强社会组织党建工作，对于引领社会组织正确发展方向，激发社会组织活力，促进社会组织在国家治理体系和治理能力现代化进程中更好发挥作用意义重大；对于促进社会组织及其从业人员紧密团结在党的周围，不断扩大党在社会组织的影响力，增强党的阶级基础、扩大党的群众基础、夯实党的执政基础，都具有重要意义。社区社会组织是社区建设和为居民服务的重要资源，各类社区社会组织的出现使得对它的管理摆在越来越突出的位置上，以党建促管理可以使党的影响力和社区社会组织的影响力形成一股合力，有力促进社区居民社会环境的改善和生活质量的提高。

任务情境

和义街道现有社区社会组织 60 余个，其中较为活跃的有 25 个。25 个活跃的社区社会组织的负责人中有 16 位是党员，占社区社会组织负责人总人数的比例超过 60%。在总的 1 000 余名社区社会组织成员中，有超过 80%的人是党员。和义街道希望通过在本辖区开展社区社会组织的党建工作进一步凝聚党员，提高党的凝聚力和号召力，进而组建一支积极向上的党员队伍来服务居民和破解社区难题，不断扩大党在社区治理中的影响力。

分解任务流程

需求评估 → 服务策划 → 服务执行 → 服务评估

任务实施

流程一　需求评估　（已有基础分析）

一、专业团队为项目开展提供人员和技术保障

中鼎社会工作事务所拥有专业的项目执行团队。本项目共配备 3 名分别来自高校社会

工作系、社会学系和公共管理系的教授作为项目督导，其中有 2 名教授具有党校学习和工作经历；项目执行方面配有 5 名持证社会工作者，分别为社会工作专业、社区工作专业和心理学专业的本科生；此外还有 50 名高校志愿者参与到项目中来。充足的人员和专业的技术为项目顺利开展提供了保障。

二、相关项目的承接与顺利结项为项目开展打下基础

中鼎社会工作事务所自 2011 年成立以来，已承接 60 余个项目，均顺利结项，获得了资助方的好评。2016 年中鼎负责运营和义街道孵化、培育与合作中心，承接了和义街道发包的“聚才增能”——和义街道社区社会组织专业化发展项目并已顺利结项，其中“最美和义”社会组织活动简报的编制和和义街道社区社会组织公益汇的开展取得了和义街道各社区社会组织和居民的一致好评。在“聚才增能”项目中，中鼎社会工作者初步掌握了各社区及社区社会组织的基本情况，与和义街道的 9 个社区和 26 家社区社会组织建立了良好的信任关系。相关项目经验和与实施地良好关系的建立为本项目的开展打下了坚实基础。

三、相关硬件设施的具备确保活动顺利开展

中鼎社会工作事务所将会继续运营和义街道孵化、培育与合作中心，项目执行人员在和义街道有固定的办公场所，有助于项目社会工作者与街道和各社区社会组织党员密切联系。因项目社会工作者已与和义街道和各社区建立了专业关系，所以在借用党建活动场地和多媒体设备方面不存在障碍。活动场所等硬件资源的具备能确保党建活动按照计划如期举行。

流程二 服务策划

一、总体目标

完成所有项目指标，共计划服务 1 800 人次。

通过本项目的实施提升和义街道党员素质、服务水平和破解社区难题的能力。探索社区社会组织党建新方法，为其他地区的社区社会组织党建提供经验借鉴。

二、具体目标

（1）开展 9 次专题讲座，提升党员党性修养；

（2）开展 9 次小组活动，增强党员凝聚力；

（3）开展 1 次党员代表座谈会，明确社区问题；

（4）指导 9 次社区社会组织活动，提升社区社会组织服务水平；

（5）组建 1 支“向阳花”党员队伍，协助其破解 1 个居民反应强烈且具有共性的社区难题；

（6）编制 9 本党建手册，总结各社区党建成果。

三、项目实施地

和义街道（共 9 个社区：和义东里第一社区、和义东里第二社区、和义东里第三社区、和义西里第一社区、和义西里第二社区、和义西里第三社区、和义南苑北里第一社区、和义南苑北里第二社区、久敬庄社区）。

四、项目服务对象（或受益人群）

直接服务对象：和义街道党员，包括机关党员、党务工作者和社区支部书记等共计

800 人次；

间接服务对象：和义街道各社区的社区工作者、各社区社会组织成员、社区居民、项目社会工作者及志愿者等共计 1 000 人次。

五、项目实施进度安排

2017 年 1—2 月：组建项目团队，明确分工。

2017 年 2—3 月：志愿者培训。

2017 年 2—12 月：每月开展 1 次专题讲座。

2017 年 3—11 月：每月组织 1 次团队建设活动。

2017 年 3—11 月：每月指导 1 次社区社会组织活动。

2017 年 5—12 月：破解 1 个社区难题。

2017 年 11—12 月：编写《“和”文化》社区党建手册。

流程三 服务执行

一、“向”党看齐之严以修身——专题讲座

社会工作者通过举办 9 次专题讲座，邀请专业老师带领社区社会组织党员学习共产党党章党规、学习贯彻习近平总书记系列重要讲话精神和学做合格党员，从多角度、多层次、多领域的视角进行了精彩的讲解，直接服务达到了 800 余人次，进而深化了党内教育，提升了基层社区社会组织党员的基本素质和能力素质，使他们明确当前形势、任务和要求，发挥他们在社区社会组织中的政治宣传员作用。

二、“向”党看齐之锐意创新——小组活动

社会工作者组织社区社会组织党员开展 9 次形式多样、妙趣横生的小组活动，其中包括以“出门看世界”为主题的外出参观活动 3 次、以“点亮党徽”和“重温长征路”为主题的知识竞赛 2 次、以“党在我心中”为主题的主题演讲活动 1 次、以“做合格党员”为主题的征文比赛 1 次、以“最美身影”为主题的优秀党员摄影作品征集活动 1 次和以“我为社区解难题”为主题的情景剧演出活动 1 次。通过丰富且新颖的活动形式，探索社区社会组织党建新方法，加强党员之间的互动与联结，增强党内凝聚力，发展党员的潜能、社会责任意识和社区服务意识，发掘出社区社会组织中优秀的志愿服务社区的党员并成立“向阳花”党员队伍。通过各种党建活动的开展还能向居民展示出党员的风采及先进性，体现出党员的模范作用。

三、“向”党看齐之创业要实——指导活动

社会工作者指导社区社会组织开展 9 次社区活动，通过教授社区社会组织党员负责人进行需求调查、撰写活动策划、合理设计预算、做好事前准备、组织活动和活动总结等专业实务技巧，激发社区社会组织党员负责人开展社区活动的兴趣和积极性，提升党员社区服务的水平，培养其直面矛盾的勇气和善于脚踏实地解决问题的能力，达到帮助社区破解难题的目的。

四、“向”党看齐之风采展示——党建手册

本项目所有活动指标完成后，社会工作者将根据每个社区特色的党建活动整理编辑出 9 本《“和”文化》社区党建活动手册，通过总结各社区一年以来的党建活动展现和义街

道党组织的风采。

流程四 服务评估

一、多元培育，夯实和义街道党建工作基础

采取购买专业服务的方式推进社区社会组织党建工作。通过开展每月一次的系列讲座，深化了党内教育，提升了基层社区社会组织党员的基本素质和能力素质。多次形式新颖、内容丰富的党建活动已经成为社区社会组织中党员交流的平台，增强了党内凝聚力，激发了党员潜能，提高了党员的社会责任意识和社区服务意识。

二、重视引领，推动社区社会组织健康发展

针对社区社会组织的不同情况，培育社区社会组织领军人物，基本形成了社区社会组织党建工作网络，逐渐地把党的工作渗透到各类社会组织中去，充分发挥党组织的引领作用和党员的表率作用。通过加强对社区社会组织的正确引导，促进其健康发展，激发其活力。逐步调动辖区内各类社会组织参与社区建设管理，促进优势互补、共同建设、共同发展，为实现街道和社区各级基层党组织之间的有效联动努力奋斗。

三、党群合力，共同为破解社区共性难题出力

在项目工作中，社会工作者非常注重发挥社区社会组织的桥梁纽带作用，逐步使其在解决社区弱势群体的民生问题，沟通群众的利益诉求，满足居民群众多层次、多样化的需求方面起到润滑、增力和减压作用，进一步密切了党与群众的血肉联系。通过社区社会组织协调明确了停车难、文明养犬等群众反映最为强烈的社区难题，制订了初步的措施和计划，在这一过程中增强了居民对社区的认同感和归属感，向着构建和谐社区的目标又迈进了一步。

四、注重创新，不断探索社区社会组织党建新方法

社区社会组织有其自身的特点与规律，传统的党建方式需要结合社区社会组织的特点不断创新，增强社区社会组织党建工作的灵活性与适应性。和义街道希望通过购买专业社会工作机构的服务，以“组织覆盖、工作渗透、活动凝聚”为理念，探索社会工作者培育、党员引领、社区社会组织服务的“三位一体”服务模式，以社区社会组织“金点子”项目为依托，从社区社会组织的党建内容、形式和内涵上有所突破，探索出新的社区社会组织党建模式，使党建工作与社会组织的自身发展紧密结合，以党建促发展，以发展保党建。

专业反思

一、党员志愿者队伍服务能力有待提升

目前，街道党员志愿者队伍以离退休老党员为主体，总体文化程度不高，服务内容相对单一，社会力量尤其是社区各种文体队伍志愿者力量还未能广泛参与，服务宽度和深度的拓展空间有限，制约了党员志愿服务的有效供给。

二、党员志愿者服务制度体系有待探索完善

目前，街道已建立起党员志愿者的吸纳、管理制度，但行之有效的培训、激励等配套制度仍属空白。在志愿者的组织管理中，成员的吸纳、培训、教育、考核、退出等程序随意性仍然较大，对党员志愿服务的健康有序发展有一定阻碍。

三、党员志愿者服务缺乏相应的资金保障

党员志愿服务活动的开展资金主要来源于街道有关部门的党建工作经费，用于提供志愿服务的资金没有相应的税收减免或其他优惠政策支持，影响到企业、个人对党员志愿服务活动的资金支持。从总体上看，党员志愿者服务仍难以建立起有效的融资渠道。

任务五 参与社区矫正

任务情境

一、基本情况

小蝶，女，汉族，案发时 17 岁，初中学历，生活在普通农民家庭，从小由爷爷抚养。父母在广州打工，每年回家一次，小蝶 10 岁后父母才回到老家与其一起生活。

小蝶性格开朗，喜欢看动漫，小学至初一期间学习成绩良好，初三时成绩突然转差，并出现打架、逃课、夜不归宿的情况。小蝶认为父母不理解自己，经常与其发生口角矛盾，相比父母，小蝶更愿意和爷爷交流。妹妹出生后，小蝶认为父母更关注妹妹，并且父母经常因为小蝶照顾妹妹不利而责怪她。一次，由于没有看护好妹妹而被母亲责怪后，小蝶一气之下离家出走，从河南来到北京，进而发生此案。

二、失足情况

小蝶离家出走来到北京后，因为没有身份证并且自己是未成年人，一直未能找到工作，故经常去朋友家开的美容美发店玩。有一次她听到店里的客人说卖淫来钱很快，后来看到出租屋附近的地上张贴有卖淫广告，就打电话给广告上的人询问其是否还需要卖淫人员，经双方约定，对方为其安排了“客户”以及卖淫的时间地点。在当日晚上，小蝶与事主进行了卖淫活动，卖淫结束后，小蝶的同伙打电话威胁事主索要钱财，事主进行了微信转账，后团伙又索要更多钱财，事主不同意，在双方争执交涉时，被民警抓获。

分解任务流程

需求评估 → 服务策划 → 服务执行 → 服务评估

任务实施

流程一 需求评估

一、原因分析

（一）个人原因

小蝶年龄偏小，社会阅历尚浅，容易相信他人，明辨是非的能力较弱；金钱观教育缺失，对金钱的获取之道没有正确的意识，受到周围环境影响想要挣点钱就一时糊涂犯了错

误，导致了此次违法事件的发生。

（二）家庭原因

（1）小蝶认为父母不能理解自己，自己不愿意与父母敞开心扉交流；爷爷年事已高，不能对小蝶进行有效引导。以上因素致使小蝶与父母之间缺乏沟通以及相互理解，最终导致家庭矛盾发生。

（2）小蝶幼年时父母不在其身边照顾，在其成长过程中，父母没有尽到监管责任，也没有给予良好的情感陪伴，导致她与父母关系较为疏远。

（三）朋辈群体的影响

小蝶朋友较少，只有一个很亲密的朋友，但是此朋友跟随家人在浙江生活，两人只能通过微信等通信软件交流。遇到问题时，其朋友可提供的帮助有限。另外，小蝶父亲表示，小蝶时常与社会上的人员有电话交流，但是拒绝与家人交流。

二、资源分析

（一）个人资源

小蝶小学至初一期间学习成绩良好，证明自身具有较强的学习能力，虽然初三学习成绩转差，但因年纪较小尚具有较强的可塑性，能够较快地学习并使用新的知识或技能。据小蝶爷爷介绍，小蝶很孝顺，从小就知道照顾人，在爷爷生病期间会一直陪伴左右，能够很有耐心地和爷爷沟通，可见服务对象具有爱心、耐心、做事细致等优点。

（二）家庭资源

服务对象目前的家庭成员主要包括父亲、母亲、爷爷和妹妹。家中，服务对象与父母关系一般，相互间沟通交流较少，且因照顾妹妹经常与父母吵架，家庭关系比较紧张。综合来看，服务对象的家庭关系较为薄弱，家庭资源较少。

（三）社区资源

事发后小蝶一家已搬离之前居住的小区来到另外一个社区居住，自从到司法所报道开始接受该社区的矫正服务，小蝶与周围社区内的人没有太多的社会互动，社区中其他邻里街坊暂时不知道小蝶的犯罪事实。该社区氛围较好，社区活动较为丰富，社区居民之间关系较为和睦。社区居委会和司法所工作人员能够对其基本信息做好保密工作，为小蝶的社区矫正提供一个相对健康积极的外部环境。

流程二 服务策划

一、介入目标

（一）总目标

通过个案辅导、心理建设、家庭关系重构等方面的介入，帮助服务对象改善个人及家庭支持环境，使其重回正轨，积极生活。

（二）具体目标

（1）通过开展有针对性的个案访谈，运用 ABC 非理性情绪疗法，纠正服务对象存在的认知偏差，帮助其树立正确的行为认知观念。

（2）帮助服务对象接纳社区矫正的身份，学会处理被标签化问题；同时增强服务对象法律意识，帮助其了解常见的犯罪行为，以减小再犯的可能性。

知识链接

标签理论

标签理论认为，一个人被认为是“有问题的人”是与周围环境中的社会成员对他及其行为的定义过程或标定过程密切相关的。因此，社会工作的一个重要任务就是“去标签”，即通过一种重新定义或标定的过程来使那些原来被认为或自认为“有问题的人”恢复为“正常人”。

（3）改善服务对象的家庭关系，指导家长正确弥补服务对象的情感缺失，增进服务对象与父母之间的沟通交流，为服务对象提供家庭方面的支持，使其在父母有效的监管下成长和生活。

（4）帮助服务对象链接资源，鼓励其学习技能，做好未来的职业规划。

二、介入策略

社会工作者通过对服务对象问题的梳理以及服务目标的明确，结合个案工作的过程特点，与服务对象共同决定选择任务中心模式来提供服务。该模式强调在有限的时间内对问题进行界定，根据服务对象的问题来制订相应的解决目标与计划，有计划地开展服务，解决问题。即通过帮助服务对象分析困境，激发服务对象的潜能，鼓励服务对象采取积极行为来改善当前状况，从而提高其解决问题和改善现状的能力，实现身份、社会以及职业层面的融入，最终实现“助人自助”。

根据预估分析，小蝶在个人认知、发展以及家庭关系方面存在问题，并且与母亲的争吵是小蝶离家出走的直接原因，其家庭支持存在突出问题，因此社会工作者一方面需要引导服务对象调整自己的认知状况、发展状况，另一方面需要通过改善其家庭支持状况，提升小蝶的家庭归属感，增加情感支持，并指导其父母在小蝶的个人发展、个人认知改善方面提供支持。

阶段	具体内容	预期效果
初期	全面收集资料，以社会调查情况为评估基础，并运用专业心理测评软件对小蝶的心理状况进行诊断	了解服务对象的基本情况，建立专业关系
中期	运用 ABC 非理性情绪疗法，纠正认知偏差	使服务对象树立正确的行为认知观念
	安排服务对象参加法制小课堂，学习法律常识	使服务对象树立正确的法制观
	为服务对象及其父母进行亲子关系调试，为服务对象提供与父母交流的平台	改善服务对象家庭关系
后期	链接资源，帮助服务对象参加职业技能培训，加强个人能力建设和职业规划，鼓励就业	为服务对象寻找稳定的发展道路，帮助其积极适应社会生活

流程三 服务执行

一、第一次服务

【在初次接触阶段，社会工作者与服务对象处于彼此较为陌生的状态。此时社会工作者需要充分考虑服务对象心理状况，依据社会工作的专业知识，向服务对象表达尊重、接

纳的态度，打破相互间的隔阂，与服务对象建立专业关系，以便后续服务的开展。】

本次服务的目标主要是与服务对象建立良好的专业关系，社会工作者首先进行了自我澄清和介绍，与服务对象就帮教过程中的互动规则进行了约定，向服务对象表明社会工作者的目的是想帮助服务对象解决问题、改善现状，获取服务对象的信任；通过兴趣爱好等轻松话题减轻服务对象的防御心理，进一步了解服务对象的个人、家庭以及社会关系等相关信息，通过倾听其所想要表达的内容，帮助其缓解负面情绪，改善其认知方面的偏差，提高服务对象的自我认同感。

(社会工作者与服务对象小蝶会谈摘要)

社会工作者：我明白你心里一定很难受，可是你还这么年轻，犯了错误就好好改正，你还有很多事情可以做，而且这段时间社区矫正人员还有我都会真心帮助你，有什么困难你说出来我们一起想办法解决，我相信只要你积极地做出改变，一定会越来越好的。

小蝶：我自己都不相信自己，谁会愿意跟我这样的一个人交往。

社会工作者：你是什么样的人呢?

小蝶：我学习不好，什么技能都没有，又犯了错，很多人都瞧不起我，我以后什么都干不了了。

社会工作者：这是别人对你的评价，还是你自己这么认为的?

小蝶：我自己觉得，但我觉得大家肯定也是这么想的。

社会工作者：可不是这样的，人非圣贤，孰能无过，每个人都会犯一些错误，犯错误不可怕，可怕的是再次犯错，不能积极改正。如果积极改正，一定会有好的结果。

小蝶：那我要怎么做?

社会工作者：你看你其实是想要改正的，对吧?你有改变现状的意愿就是有了迈出第一步的前提了。

小蝶：可是我什么都不会干啊，我也不知道怎么做……

社会工作者：你先不要着急，先改善一下心态，你看咱们的社区矫正人员还有我都是愿意帮你的，你还年轻，还有很多时间和机会，只要努力一切都会变好的，相信你自己，也请你相信我们!

小蝶：那试试吧，反正也没别的办法。

社会工作者：那请你先做个 SCL-90 量表测验，让我们了解一下你的心理状况。

通过此次面谈，社会工作者发现服务对象自我认同度很低，对未来的生活没有信心，态度消极，且对自己过度否定。在此过程中社会工作者需要引导服务对象客观地看待自己，并鼓励服务对象做出改变。另外，社会工作者遵循尊重和接纳的原则，运用倾听的技巧，适时表达同理心，促使服务对象加深对社会工作者角色的了解，逐渐放下防备并与社会工作者进行简单的交流。

二、第二次服务

服务对象所做的 SCL-90 量表测验结果显示，服务对象存在自我接纳度较低的问题，针对此种情况，社会工作者通过运用增能理论进一步增强服务对象改变现状的信心，协助服务对象提高自我接纳度，解决服务对象自我接纳度低的问题。

社会工作者引导服务对象对自身及周围环境进行分析，并认识自身问题。本次服务过程中，社会工作者发现服务对象在帮教过程中对自身问题有一定认识，较上一次具有较强的改变意愿。于是社会工作者帮助服务对象梳理思考问题的思路，锻炼其思考问题的能力，并鼓励其向有阅历、经验优势的父母寻求帮助。

（社会工作者与服务对象小蝶会谈摘要）

小蝶：我觉得至少有人倾听我说话，能够理解我的心情我是比较开心的，我没什么朋友，遇到这种事更是不愿意跟别人说，我跟父母关系本来就不好，更不会和他们说心里话了。你愿意帮助我，还告诉我怎样处理负面情绪，让我往积极的方面想，我是很感谢你的。

社会工作者：不客气，我们一起努力。

小蝶：谢谢！

三、第三次服务

本次服务的主要目标是引导服务对象树立正确的行为认知观念，帮助服务对象疏导焦虑情绪。

针对服务对象的情况，社会工作者运用理性情绪疗法，帮助服务对象疏导焦虑情绪，并引导其通过倾诉、运动等方式宣泄负面情绪，使服务对象将对涉案的恐惧、对未来的担忧等情绪释放出来，并给予鼓励和安慰，同时指导其父母在生活中对服务对象给予鼓励与支持。

四、第四次服务

本次服务的主要目标是协助服务对象树立正确的法制观，增强其法律意识。

社会工作者主要通过播放《法治在线》视频与点评相结合的形式对服务对象进行了基本的普法教育。在帮教过程中社会工作者使用释义、共情、尊重等专业技巧，向服务对象讲解法律知识，在讲解过程中采用通俗易懂的表达方式，在普及法律知识时，更注重服务对象法律意识的强化，使服务对象深层次地意识到自己行为的严重后果。

【行为受意识的控制与指导，所以需对内在意识进行改善。服务对象初步发生转变后，对指导其表征性行为的内里性意识进行改善，能够有效地保障行为变化的持续性。】

五、第五次服务

社会工作者将家庭关系调整课程分别放在服务过程的初期、中期、末期三阶段，与服务对象个人认知指导以及个人发展指导相互配合进行。通过分别与服务对象及其父母沟通，使双方意识到在亲子沟通方面存在的问题，并对双方提出主动与亲人交流的要求，设定交流层次，从日常吃穿、兴趣爱好过渡到情感、困惑，逐步增加交流深度。同时在帮教课程中对服务对象和父母进行监督，考察其对社会工作者要求的执行情况。在帮教过程中，服务对象渴望得到家人的关爱，社会工作者以此为服务对象改变的动力基础，引导服务对象认识家庭问题的根源所在；对服务对象父母，引导其正确认识服务对象行为和家长存在的监护缺失、情感忽视问题，向其解释服务对象行为背后的原因，增强服务对象父母对服务对象的理解与支持。在帮教过程中，服务对象主动与父母交流的频次增多，经常主动关心父母的健康状况，向父母征求意见；父母也学会了尊重服务对象的意愿，关注妹妹的同时也重视服务对象的感受，平时不见面时会主动与服务对象联系，服务对象与其父母的关系有了较大的改善。

六、第六次服务

社会工作者通过与服务对象沟通了解到，服务对象之前有过在姑姑家餐饮店的工作经历，但职业发展无目标、生活比较迷茫。社会工作者从职业发展切入，通过“霍兰德职业兴趣水平测试”帮助服务对象寻找合适的发展方向，结合其性格活泼、有爱心、喜欢小孩子的特点为其寻找工作，鼓励服务对象通过考取教师资格证从事幼教工作。此外，社会工作者还提前告知服务对象服务即将结束，使服务对象提前有心理准备，做好结案工作。

【在个案服务开展的过程中，社会工作者需要协助服务对象以自身能力解决有关问题，避免依赖情绪的产生，做好事前预防。如果依赖情绪已经产生，社会工作者需要帮助服务对象意识到自己拥有解决问题的能力，逐步减少服务对象对社会工作者的依赖，实现自我发展。】

流程四 服务评估

一、过程评估

在本次个案服务过程中，社会工作者始终坚持以尊重和接纳的态度面对服务对象，并严格遵循服务对象自决以及保密的原则，以个别化的方式帮助服务对象分析并解决问题。从处理服务对象负面情绪开始，社会工作者倾听服务对象的心声，引导服务对象有所表达，并给予其支持与肯定，帮助其提升自我认同感。同时社会工作者能够有效运用增能理论、社会支持理论，帮助服务对象接纳自我、改善家庭关系，鼓励其就业。在个案服务过程中，社会工作者很好地扮演了支持者、引导者以及资源链接者的角色，根据服务对象表现出的问题以及临时状况，及时运用社会工作技巧调整服务，服务过程具有专业性和灵活性。

二、效果评估

本次个案开展的目标是通过个案辅导、心理建设、家庭关系重构等方面的介入帮助服务对象改善个人及家庭支持环境，使其重回正轨，积极生活。接案时服务对象与父母关系较差，并且其个人状态浮躁，对未来发展方向比较迷茫；在服务过程中，服务对象逐步改善了与父母的沟通情况，确定了职业发展方向，并且树立了较强的自我提升意识；结案时服务对象能够与父母融洽相处，经常与父母进行视频联系，并主动关心在外打工的父亲。在职业发展方面，服务对象顺利度过了职业发展的迷茫期，准备考取教师资格证，从事符合自身兴趣和性格特点的幼师工作，发展方向积极。服务对象整体上发生较大改变，本次服务目标实现，服务效果较好。

专业反思

作为特殊群体，社区矫正人员面临许多共性问题，即多集中于个人、家庭、社会交往以及就业等方面，社会工作者需要在服务过程中充分运用生态系统理论与社会支持理论，将个人的发展与社会以及个人拥有的社会资源充分关联起来，从个人、家庭以及社会的层面来帮助服务对象获取支持并整合资源以帮助服务对象更好地融入社会。在本次服务中，服务对象父母表现出较好的配合态度，是帮教顺利开展以及服务对象状况改善的重要因素，也证明了家庭在社区矫正工作中的重要地位。除此之外，积极倡导观念转变对社区矫正工作也是非常重要的，社区矫正人员作为边缘化的社会群体，社会认可度并不高，社会上部分人员对社区矫正人员过度“标签化”，这对社区矫正人员真正融入社区非常不利，也会极大地打击社区矫正人员融入社区、融入社会的积极性，所以需要政府发挥积极倡导的作用，呼吁社会转变对社区矫正人员的看法，不过分关注此类人群的双重身份，加大对社区矫正的正向宣传力度，从而使社区矫正服务的开展事半功倍。

任务六　参与社区戒毒社区康复

任务情境

一、基本情况

刘某，男，汉族，案发时29岁，离异，辽宁户籍，现居北京，初中学历；作息时间不规律，经常熬夜晚起，一般情况下脾气较好，一旦与他人发生矛盾纠纷便会引发争执甚至动手。经了解，刘某自幼丧母，父亲对其不管不顾，由爷爷、奶奶抚养长大，较为叛逆，初中时辍学，辗转多个城市打工为生。

二、失足情况

刘某首次接触毒品是初中毕业后，在朋友的怂恿下尝试了摇头丸；后来因为离婚心情不佳又吸食了摇头丸，最终被公安机关处理。

分解任务流程

需求评估 → 服务策划 → 服务执行 → 服务评估

任务实施

流程一　需求评估

一、问题诊断及资源分析

（一）个人层面

经服务对象介绍，自己走上吸毒的道路与其在初中毕业后结交社会不良人员有着密不可分的关系。他从小缺乏父母关爱，初中毕业就辍学，之后沉迷网络游戏并在网吧结实了社会不良人员。虽然刘某知道这些人的性质，可是由于没有别的朋友，所以只能和他们交往。之后沾染上了毒品，且已经对毒品产生了依赖性，虽然自己知道吸毒是违法行为，但由于身体存在依赖性，不得已只能继续和毒友交往。后来因为离婚对自己的打击很大，所以心中抑郁，导致复吸。由此可以看出，服务对象对自身情况认知清晰，但是缺乏生活动力和目标，尤其是离婚对其影响较大，为了防止复吸，重建服务对象的生活信念、增强其生活动力是急需解决的问题。

（二）家庭层面

服务对象家庭成员较少，与父亲关系生疏，据服务对象陈述，自己当前最放心不下的就是照顾自己长大的爷爷奶奶。从中可以看出虽然服务对象缺失父母支持，但可以将其爷爷奶奶作为潜在资源，同时尝试缓和其与父亲的关系。

（三）社会层面

服务对象的社会关系相对比较简单，之前结交的社会不良人员已经不再联系，这对服务对象重建社会支持网络很有帮助。据服务对象介绍，他最近在面试一份快递员的工作，很有可能下个月上岗。社会工作者认为这是一个构建良好的社会支持网络的机会，鼓励服务对象做好面试准备，成功就业。在此过程中社会工作者还发现，社区禁毒社工、禁毒专干、社区服务都可以成为服务对象转变可利用的资源，帮助其获得社会支持。

最后，社会工作者运用 SWOT 分析法对服务对象的优势和劣势进行分析。

知识链接

SWOT 分析法

SWOT 分析，即基于内外部竞争环境和竞争条件下的态势分析，就是将与研究对象密切相关的各种主要内部优势 S（strengths）、劣势 W（weaknesses）和外部的机会 O（opportunities）、威胁 T（threats）等，通过调查列举出来，并依照矩阵形式排列，然后用系统分析的思想，把各种因素相互匹配起来加以分析，从中得出一系列相应的结论，而结论通常带有一定的决策性。

流程二 服务策划

一、服务目标

针对服务对象的具体情况，确定优先次序，依照先易后难原则，权衡各种因素，为快速帮助服务对象树立信心，社会工作者和服务对象经过商定，将服务目标制定为：帮助服务对象恢复自我，戒断毒瘾，协助服务对象发展成为一个健康、成熟、能自我实现的人，更好地融入社会。

阶段	服务内容	预期目标
前期	了解服务对象的基本情况，同时帮助服务对象了解社区戒毒的各项工作流程	建立专业关系
中期	缓解服务对象自身压力，改善情绪，使其知晓复吸的严重性	增强服务对象对毒品戒断的信心和决心
	增强服务对象的职业技能，鼓励其参与社区职业技能培训	增强服务对象自信心
后期	帮助服务对象改善家庭紧张关系，加强服务对象和家人之间的沟通	使服务对象获得家庭情感支持
	鼓励服务对象积极参与社区活动并成为社区志愿者	重建服务对象的社会支持网络

流程三 服务执行

一、第一次服务

服务对象第一次到社区报到，办理社区戒毒相关手续时，社会工作者见服务对象态度积极，于是与服务对象进行了第一次访谈。

（社会工作者与服务对象刘某会谈摘要）

社会工作者：您好，咱们签署了社区戒毒协议后，三年内我们将共同完成社区戒毒相关工作，希望我们合作顺利！

刘某：太感谢你们了，我现在太后悔了，真是不应该去尝试那些东西！

社会工作者：我非常了解您的心情，据戒毒所同志介绍，您的态度非常配合，这真的太难能可贵了！

刘某：唉，这也是我咎由自取，我太希望回归正常生活了！

社会工作者：您别着急，只要解除社区戒毒，您就能像正常人一样生活了。为了保证社区戒毒的成效，我们社会工作者打算为您开展个案帮助。请放心，对于您的一切信息我们都会保密的。

刘某：谢谢！

【通过第一次交谈，社会工作者能够感受到服务对象对于自己吸毒行为的懊悔以及积极配合社区戒毒的决心，鉴于此种情况，社会工作者可以加快专业关系的建立，共同商定工作计划、阶段任务等，然后正式开始对服务对象开展帮扶服务。】

二、第二次服务

鉴于服务对象有二次吸毒史，社会工作者帮助服务对象寻找戒断毒品的典型成功案例，让服务对象进行学习，参考自己的实际情况做出改变；还为服务对象寻找有关情绪控制方法的书籍、音视频资料，帮助服务对象做好情绪管理。通过本次服务，让服务对象回溯自己吸毒的经历和心路历程，社会工作者了解了服务对象为什么复吸，和服务对象澄清了问题的所在，并引导服务对象改正对毒品的认识，学会了解自己的情绪，掌握情绪管理的方法，将内心深处的坏情绪清理出去，激发生活动力，重建生活信念。

当社会工作者试图了解服务对象家庭情况时，服务对象的反应与之前形成了鲜明对比，只是表示很对不起爷爷奶奶，对父亲只字不提。对此社会工作者也没有再追问下去，由此社会工作者推断出服务对象紧张的父子关系是其面临的重大困境。

三、第三次服务

（社会工作者与服务对象刘某会谈摘要）

社会工作者：上次和您交流，我发现您提到了爷爷奶奶，对爸爸好像没有提及太多，您愿意和我说说吗？

刘某：不想提。

社会工作者：我了解您的苦衷和无奈，但您想想，没有父母不爱自己的孩子的，也许他真的是有苦衷呢？

刘某：他？算了，我还是不想和他联系。

社会工作者：我和您的爷爷奶奶沟通过了，知道当年爸爸不管你也是因生活所迫，毕竟他是全家人的顶梁柱啊！您爷爷奶奶年纪也大了，他们真的很希望你和爸爸和解，毕竟都是有血缘的一家人！最近听说您的父亲身体也不太好，好像……

刘某：他怎么了？

社会工作者：看来您还是很关心父亲的，他的肠胃长了瘤，还好是良性的。您父亲怕您担心，一直都没和您说，您说说这是不是关心您啊？

刘某：（沉默）

社会工作者：其实啊，家庭关系很微妙，谁也都不愿意先张嘴，家庭关系就这样一直冷着。但我们作为小辈的，是不是应该主动点？

刘某：容我想想吧，这个再说。

通过此次面谈，社会工作者了解到服务对象与父亲严重缺乏沟通。聚焦问题所在之后，确定首要任务就是让服务对象能够主动和父亲取得联系，逐步打破僵局，进一步改善父子之间的紧张关系。

四、第四次服务

社会工作者链接社区资源，鼓励服务对象参与社区职业技能培训，为服务对象更快地融入社会大环境里做好准备。

五、第五次服务

社会工作者为服务对象链接社区公益资源，鼓励他走进社区与老人们共同参与社区文化活动，跟随社区工作者参加社区志愿服务，参加兴趣小组，结交新的朋友，积极参加“6·26 国际禁毒日”的活动，从而近距离地接触各个社会群体，增加社会阅历的同时学会善良地对待别人，培养其社会责任感与奉献精神，逐渐恢复社会角色。

六、结案

（社会工作者与服务对象刘某会谈摘要）

社会工作者：首先感谢您这几个月来对我们工作的支持，我们为您取得的改变而感到高兴！

刘某：十分感谢您！这就要结束了，还挺快的，这几个月也没少打扰您，还让您协助我去尿检、做志愿服务……我都不敢相信自己会有今天的变化。

社会工作者：其实这并不是我一个人的功劳，这也是我们街道领导、民警共同努力的结果，最重要的还是您配合我们的工作，内心渴望寻求改变，也非常感谢您。

之后社会工作者帮助服务对象回顾整个服务过程，帮助其巩固介入过程中所学习到的问题解决方法，主动引导服务对象分享对于整个服务过程的感受。在回顾过程中社会工作者对服务对象所表现出的优点予以了肯定和表扬，鼓励其在接下来两年半的社区戒毒期间继续保持，最终回归正常生活。

流程四 服务评估

一、过程评估

在服务过程中，社会工作者能够对服务对象表现出来的戒断毒品的决心进行着重关注，并在会谈中秉持社会工作的价值理念，尊重、接纳、支持服务对象，帮助其树立信心，在建立专业关系后能够充分利用服务对象内心深处对抗毒瘾的决心这一重要积极因素，持续增强其毒品戒断的信念，同时做好服务对象和其家庭之间的调解者，帮助其缓解了父子紧张关系，并正确引导服务对象提升了自身职业技能，为其成功融入社区、成功完成社区戒毒奠定了良好的基础。

二、效果评估

从结案后服务对象填写的服务对象意见反馈表中可以看出：服务对象对社会工作者的工作态度和工作能力非常满意；服务对象对自己的情况变化认为改善得比较明显，自身解决困难的积极性有所提高，双方最初设定的服务目标基本达成，但仍需要社会工作者持续介入，采用电话、微信回访等方式，在尽可能少打扰服务对象的情况下，了解其情况，帮助服务对象巩固戒毒效果，从而有效防止复吸问题，提高社区戒毒康复工作的长效性。

专业反思

社区戒毒工作是以政府为主导，以司法机关监管为前提，以社区工作人员、禁毒社会工作者为基础，为社区内吸毒人员开展的戒毒工作。社区戒毒康复工作可以有效实现吸毒人员的再社会化。在实际工作中，社会工作者最大的感受是个案工作介入虽然是社区戒毒的重要一环，但对于提高戒毒成效仍具有一定的局限性，如社会工作者在做社区戒毒康复工作时需要协调公安局、街道办、警务室、社区、社工机构等多个部门和组织，部门和组织之间很多情况下会存在沟通不畅、相互推诿的问题，然而社会工作者没有实质权力，对以上问题只能协调而无法解决，为专业介入工作增添很多阻力。

另外，社会工作者的自身安全问题也需要进行重点思考，像本任务情境中戒毒决心坚定、态度很好的戒毒人员在实际工作中并不多见，大部分戒毒人员都非常不配合社区戒毒工作，更有甚者会对社会工作者恐吓威胁，此时则需要公安部门紧急介入，对该类戒毒人员采取更有力的强制措施。

最后值得一提的是，作为资源链接承担者，社会工作者需要在社区康复人员的就业需求、物质帮助、经济帮扶、医疗救助等方面链接相关服务资源，但是社会工作者在资源链接过程中面对的困难会比其他领域大很多。很大一部分原因是社会大众为吸毒人员贴上了“危险分子”的标签，社会大众对待吸毒人员仍会持有抵触、害怕乃至于厌恶的心态，不愿意提供帮扶救助，这些不仅给社会工作者的资源链接工作带来了巨大阻力，也对社区康复人员更好地融入社会非常不利。希望政府能够采用社会倡导等手段，积极改善社会大众对社区康复人员的误解和偏见，促进“去标签化”进程，使得社区康复人员逐步被社会各界认可和接受，重获信心，获得新生。

任务总结

1. 社区工作是指社会工作者秉持“助人自助”的价值理念，运用专业方法，以社区为平台，以统筹社区照顾、扩大社区参与、促进社区融合和社区发展、参与社区矫正和社区戒毒等为主要任务的专业活动。

2. 社区社会工作应加强服务评估结果的应用，总结有效方法，分析问题和困难，对社区社会工作服务进行持续改进与完善。

3. 社区基线评估法是指通过对社区初始状况的研究及测量，建立基线并据此评估介入前后的社区变化，判断社区社会工作者介入成效的评价方法。

4. 社区资源链接方法包括资源整合法、资源共享法、资源配置法。

5. 社区参与方法包括社区动员法、共识建导法、参与式社区会议法。

6. 社区支持网络建设方法包括正式支持网络建设和非正式支持网络建设。

思考与讨论

1. 试分析当前构建共治、共建、共享的社区治理新格局的可行性有哪些。

2. 试分析社区社会工作基本原则在本项目任务情境中的体现。

3. 试分析社区资源链接方法在本项目任务情境中的体现。

实训题

1. 对所居住社区采用走访、观察、问卷等方法收集信息，并运用 SWOT 分析法对社区自身优势、不足以及外部环境给社区带来的机遇与挑战进行分析。

2. 实训情境：

因某社区发现了新冠肺炎确诊患者，该社区被定位为高风险地区，根据疫情防控要求，该社区紧急实施封闭式管理。在该社区封闭式管理期间，社区居民的日常生活受到严重影响，有的居民怀疑自己被传染而情绪不稳定；有的家庭成员出现纠纷；有的独居老人生活得不到照料；等等。为了解决上述问题，社会工作者在社区居委会的领导下，积极为社区居民提供生活照料、情绪辅导、资源链接等服务。

请同学们根据实训情境，针对以下服务对象，完成需求评估、服务策划、服务执行等内容。

服务类型	服务对象	基本情况
心理疏导	张某	16 岁，女，高三学生，即将高考，最近头疼、咳嗽，怀疑自己患有新冠肺炎，经多次核酸检测报告为阴性
生活照料	刘某	70 岁，男，独居老人，身体健康状况良好，想念儿女
资源链接	唐某	50 岁，女，肢体残疾，需要定期外出接受康复治疗

社区工作各阶段的工作重点

	行动方针和主要任务	工作方法	阶段性目标	注意事项
准备阶段	主要任务：对社区进行科学细致的分析，分析的重点是社区基本情况和社区需求	社区观察、访问、宣传等；联系政府相关部门和社区团体共同协商	1. 制订一套有系统地介入社区的计划； 2. 认识和熟悉较多居民及其家庭； 3. 居民主动向社会工作者提出社区内共同性问题； 4. 了解有关政府部门、单位、社会团体的运作情况	社会工作者在没有充分掌握社区状况和找到合适的工作方向时，不要将工作过分活动化和事件化
启动阶段	行动方针：发动资源，成立社区小组，训练社区领袖，巩固社区居民的参与。主要任务：寻找、发现并培训社区领袖；确定工作目标的优先次序，加强社区中的互助合作气氛	1. 发掘资源和进行社区教育； 2. 开展互助合作； 3. 推动成立居民小组； 4. 提供服务	1. 社区内建立不同性质的小组； 2. 培养一批社区领袖，协助解决社区问题	1. 居民对社区领袖的信赖度低，社区领袖可能因此产生挫折感； 2. 各类居民小组内部和小组之间可能会有人事和权力之争
巩固阶段	行动方针：成立或巩固居民组织，让社区工作系统化。主要任务：巩固居民组织，让居民支持居委会工作	1. 互助合作； 2. 社区教育； 3. 用行动争取资源	1. 社区居委会得到大部分居民的支持； 2. 社区领袖能够健康地新陈代谢，组织工作系统化，得到辖区拥有资源的单位的支持	1. 防止把注意力过分集中在少数社区领袖的身上，而忽略了普通的社区居民； 2. 不断提醒居民组织既要提供服务，又要维持居民持续参与

续表

	行动方针和主要任务	工作方法	阶段性目标	注意事项
评估阶段	主要任务： 1. 根据社区的变迁重新评估社区需要和问题； 2. 对社会工作专业过程进行总结，决定下一步的工作方向； 3. 居委会对工作进行经验总结，重新界定组织方向，并对未来发展做出安排	1. 策划； 2. 倡导	社会工作者专业小组和社区居委会能用客观方法总结以往的工作，并系统地规划未来	1. 不能过分依赖或太注重数据统计； 2. 总结工作要着眼于未来方向，而不是走形式

个案、小组、社区工作方法汇总

类别	个案工作	小组工作	社区工作
含义	帮助有困难的个人或家庭发掘和运用自身及其周围的资源，改善其与社会环境之间的适应状况	经由社会工作者的策划和指导，通过小组活动过程及组员间的互动和经验分享，帮助组员改善其社会功能，促进其转变和成长，以达到预防和解决有关社会问题的目标	社区的特征：是一个群体，有共同的利益、服务、需要，有相同的生活方式和文化； 社区工作：组织社区成员参与集体行动去界定社区需要，合力解决社区问题，改善生活环境及生活质量
特点	以个体为工作对象；注重建立一对一的专业助人关系	组员问题的共同性或相似性；组员的民主参与；注重团体的动力	分析问题的视角更趋于结构取向；介入问题层面更宏观（资源再分配）；具有政治性（资源和权利分配）；富有批判和反思精神（为弱势群体争取利益）
目标	个案工作的本质是助人自助或恢复和增强个人、家庭的社会功能	以人际依存互动关系为基础，通过专业的小组活动过程来恢复和增强个人的、团体的社会功能，进而实现社会发展的目标	1. 任务目标：完成一项具体的工作，满足社区需要，达到一定的社会福利目标。 2. 过程目标：提高社区居民的一般能力。 3. 具体目标：推动居民参与；提高居民社会意识；善用社区资源，满足社区需求；培养相互关怀和社区照顾的美德
模式	心理社会治疗模式、危机干预模式、任务中心模式、家庭治疗模式	社会目标模式、互惠模式、治疗模式、发展模式	地区发展模式、社会策划模式、社区照顾模式

项目五 儿童社会工作

儿童社会工作是指把儿童作为工作和服务的对象，以儿童权利为价值理念，以儿童发展的科学知识和社会工作实务理论为依据，运用社会工作专业方法，结合所在社会的环境资源，为促进儿童的健康成长、保护儿童免遭伤害而开展的专业服务活动。本项目将根据中华人民共和国民政行业标准《儿童社会工作服务指南》（MZ/T 058－2014）文件规定，结合指定任务情境，讲解儿童社会工作的详细流程、理论知识及相关行业标准。

知识目标

- 了解儿童的发展特点及基本需要
- 熟悉儿童社会工作服务的主要类型

技能目标

- 熟练掌握儿童社会工作的服务方法
- 熟练应用儿童社会工作服务流程

素养目标

- 充分感受困境儿童救助帮扶服务的价值和意义
- 具备为困境儿童提供精准救助关爱服务的职业素养

思政目标

- 为困境儿童提供救助和帮扶，让受助人群感受到党的关怀和社会的温暖

任务一 支持性服务

支持性服务的对象是全体儿童及其家庭，尤其是家庭监护状况良好的家庭，虽然这些家庭儿童关系体系在结构上是完整的，但已经出现压力，如果不介入外部力量，则可能导致结构性问题，并对儿童的发展产生损害，如离婚、分居时的家庭冲突，亲子关系过度紧张或过度亲密等情况，此时社会工作者通过环境培育，增强儿童所处环境的功能，支持父母履行教养职责，以个案及小组方法予以支持，从而满足儿童成长的需要、促进儿童健康成长。

支持性服务的内容主要包括为儿童及其家庭提供个别化咨询辅导、为儿童提供休闲娱乐服务、为准妈妈提供咨询以及协助办理新生儿户籍登记服务。

任务情境

亮亮，10岁，身体状况较好，曾患有唇腭裂，现已基本康复；学习期间注意力不集中，导致学习成绩较差，经常不及格；在日常生活中比较沉闷。亮亮父母认为孩子很笨，对孩子态度比较暴躁；对孩子的社交过度干预，并不鼓励他与同龄人交往，亮亮日常生活中的休闲娱乐方式较少。近期亮亮表现出厌学倾向，与父母冲突频繁，亮亮父母十分焦急，于是全家来到社会工作事务所求助。

分解任务流程

接案 ➡ 预估 ➡ 计划 ➡ 介入 ➡ 评估 ➡ 结案

任务实施

流程一 接案

社会工作者接到亮亮父母的求助，了解到当前其家庭遇到的问题，在介绍社会工作机构服务宗旨、服务政策等相关内容之后，与亮亮父母进行了充分沟通，初步收集了亮亮的基本情况；之后通过与服务对象亮亮开展会谈，初步了解了亮亮的问题和需要；最后与亮亮及其父母建立了专业关系。

（社会工作者与亮亮父母谈话摘要）

社会工作者：您好，有什么需要帮助的吗？

亮亮父亲：我儿子做作业总是不专心，总想着玩手机，数落了他几句，他居然把门一摔，好几天不跟我说话，是要挨揍了！

亮亮母亲：我这一天天的苦口婆心，好言相劝，希望孩子能好好学习，可是他说我向唐僧一样，唠唠叨叨，是不是到了叛逆期了？

社会工作者：那您觉得孩子当前最大的问题是什么？

亮亮父亲：就是不好好学习，最近学习成绩太差。

亮亮母亲：和我们也没什么交流。

社会工作者：这种情况大约持续多久了？

亮亮母亲：有半年了，最初没觉得是问题，但是最近孩子的态度越来越差，直到前几天和他爸大吵一架，以前这孩子可没这样，一直都是很听话的孩子……

【在会谈过程中，需要注重听取儿童的真实想法。如果儿童的表达能力有限，可以适当同监护人沟通，同时也尽量以其他方式（如游戏）向儿童确认；如果儿童在场且具有表达能力（如本任务情境中的亮亮），社会工作者应直接询问儿童，必要时可以让监护人在一段时间内离开，与儿童单独交流。】

（社会工作者与服务对象亮亮会谈摘要）

社会工作者：亮亮，我向你介绍一下我自己，请问你知道我的名字是什么吗？（递过写好的字条）

亮亮：（摇了摇头）

社会工作者：没关系，我给你注上拼音，再看看？

亮亮：w—a—n—g……w—e—i……？（小声地低头念道，过程明显很吃力）

社会工作者：嗯，说对了，大点声就更好了！

亮亮：王伟！（大声读出来）

社会工作者：非常好，既然亮亮认识，就要勇敢地说出来！相信你自己！

亮亮：嗯……可是我害怕……

社会工作者：害怕什么？

亮亮：我怕我说错……爸爸妈妈又会说我笨……

社会工作者：你很害怕爸爸妈妈批评你吗？

亮亮：（点了点头）

社会工作者：听你爸爸妈妈说，以前你是个非常听话的孩子，可最近和爸爸大吵了一架，这是为什么？

亮亮：他们总是批评我，还说我笨，我真是太难受了……

社会工作者：你这次和爸爸妈妈来，说明你愿意改善现在的情况，对吗？

亮亮：嗯。

社会工作者：那你和我说说，你想要我提供什么帮助？

亮亮：希望他们能不要总说我。

社会工作者：你的学习方面呢？

亮亮：我也没办法，感觉学习很累，不想学习。

社会工作者：那你喜欢做什么？

亮亮：我喜欢玩手机。

社会工作者：还有其他的吗？例如踢球、玩滑板车？

亮亮：不喜欢，我就喜欢玩手机游戏……

【在本任务情境中，服务对象亮亮是在父母陪伴下主动来寻求帮助的，一般来讲主动求助的服务对象求助意愿比较强烈，面对这样的儿童，社会工作者能够比较快地进入主题，直接采用开放式提问就可以了解儿童及其监护人的问题，讨论其现状与需求，明确服务目标和期望。】

流程二 预估

为了更好地了解服务对象基本情况，社会工作者来到亮亮家中进行家访，此时亮亮正在学习，社会工作者发现亮亮学习基础还是不错的，但缺乏自信，同时注意力容易分散，刚学习一会儿就吃零食或上厕所，不能专心学习；在与亮亮进行沟通时，社会工作者还发现亮亮对自己曾患有唇腭裂很在意，存在自卑心理。

【在预估阶段，社会工作者需要全面收集资料，可以通过家庭访问进入服务对象家庭系统中，结合生活中的互动和实际观察访问，发现一些儿童自身及环境中的特有问题，之后通过整理并筛选服务对象的资料，从中总结和提炼出与儿童及其困境相关联的有用信息，发现并识别儿童问题的成因，对其所处环境中的积极因素和消极因素进行分析，从而决定为儿童提供服务的方式和内容。】

一、识别儿童问题成因

（一）学习方面

一方面与孩子的学习方法有关；另一方面与家长辅导孩子功课的方式方法有关。

（二）心理方面

与服务对象自己曾患有唇腭裂有关。

（三）家庭方面

与当前简单粗暴的家庭教育方式有直接关系，父母不能与孩子进行有效沟通。

二、识别环境因素

（一）积极因素

在本任务情境中，服务对象的爸爸妈妈对孩子成长非常关注，家庭监护状况良好，能够给孩子提供一个稳定、有爱的成长环境。

（二）消极因素

家长的教育理念与沟通技巧存在一定问题，不能与孩子进行耐心沟通，对孩子的学习缺乏科学指导，使得亲子关系过于紧张。

三、服务方式及内容

（一）服务方式

亲职教育。

（二）具体内容

社会工作者将提供以个别化咨询辅导为主要内容的支持性服务，采用个案工作方法，对服务对象进行学业辅导，并对父母展开亲职教育，改善父母履行教养职责的方式，进一步增强亮亮家庭环境的积极功能，从而满足儿童成长的需要、促进儿童健康成长。

流程三 计划

在计划阶段，社会工作者需要进一步明确儿童存在的问题与需要及所处环境的资源、优势，从而设定服务计划目标和介入措施、步骤等，明确各自的任务、评估参与者和评估的方式方法。

一、识别主要问题

（一）学习问题

需要培养孩子良好的学习习惯，引导家长掌握辅导孩子功课的科学方法。

（二）心理问题

孩子因自己曾患有唇腭裂而存在自卑心理。

（三）家庭教育问题

当前家庭教育方式简单粗暴，不能与孩子进行有效沟通。

二、理论支持

社会工作的生态系统理论与社会工作实务中“人在情境中”的观点一脉相承。在生态系统理论视角下，人类被看作是通过与环境中各种因素的相互作用来发展和适应的。也就是说，人并不是被动地对他们所处的环境做出反应，而是主动地与环境相互作用。因此，社会工作的生态系统理论将系统理论的抽象性与社会工作实务的要求和事实结合起来，强调社会工作的实务目标是使个人（微观系统）、家庭（中观系统）、组织和社区（宏观系统）能够适应环境的要求。依据生态系统理论的观点，社会工作应将焦点放在四个方面：一是促进人们的成长和发展；二是增强人们适应环境的能力；三是移除环境对人和群体的阻碍；四是增加社会和物理环境对人们需求的响应和营养成分的提供。

知识链接

“人在情境中”理论

“人在情境中”（person-in-situation）理论认为，人不是完全独立自存的个体，研究一个人，必须将其放到他所处的环境中进行，即他的家庭、学校、工作场所等；应该注重研究服务对象的环境和社会环境各要素间的关系，即人在情境中。人受到环境压力和人们彼此间冲突的影响和困扰，因此要用系统的方法去分析情境中人们的行为。

三、介入目标及策略

步骤	服务内容	预期目标
第一步	针对孩子存在的问题，与家庭成员一起商讨介入过程，共同制定解决办法	进一步建立专业关系，尊重服务对象自决
第二步	与家长一起鼓励孩子的成长，并且对存在的问题及时进行调整	帮助家长一起“套路”孩子，一起帮助孩子成长
第三步	采用“父母效能训练模式”	进一步修正家庭教育方式

【在制订计划过程中应保证儿童的参与，尊重儿童的意愿，并确保其能够明白每个步骤的意图且愿意配合计划的实施。在本任务情境中，10 岁的服务对象亮亮已经具有独立思考的意识，能够清楚自己想要达到的目标，并且知道自己能够做到的事情和自己所拥有的能力，完全可以参与计划过程；当然，大部分儿童在该阶段并不能清晰地认识以上问题，所以还需要社会工作者进行适当的引导，并提出合理化建议。】

四、评估方式

结合任务情境，社会工作者决定评估参与人为服务对象亮亮及其父母，评估方法选用基线测量法，通过会谈的方式测量服务效果和儿童改善情况。

流程四 介入

一、第一次服务

服务地点：服务对象亮亮家中。

服务内容（摘要）：

社会工作者针对发现的问题与服务对象父母进行了充分沟通，建议家长与孩子共同商量制定学习时间安排表，采用奖励与惩罚相结合的形式进行辅导，对手机游戏要限制时间，引导孩子严格遵守，慢慢养成良好的学习习惯，辅导期间父母要注意交流方式，不要大声呵斥。家长表示会积极配合。

二、第二次服务

服务地点：服务对象亮亮家中。

服务内容（摘要）：

社会工作者针对亮亮的学习方法进行辅导，引导亮亮认真看题分析题目，在做题时，着重看题干信息，提取核心信息，了解每道题的全部信息，不能不认真、想当然，其间亮亮表现出羞愧、不好意思的反应，社会工作者及时给予鼓励，亮亮表示会慢慢改正不良学习习惯，并逐步培养正确的做题习惯。另外，社会工作者还对亮亮的自卑心理进行疏导，通过榜样示范法引导亮亮调整心态、解开心结。

三、第三次服务

服务地点：服务对象亮亮家中。

服务内容：

社会工作者在本次服务中发现家长对于计划的执行存在一些懈怠。

(社会工作者与服务对象家庭会谈摘要)

亮亮父亲：最近工作太忙，根本没有时间顾及孩子，哎……再说这都过去一周了，我看也没什么改变。

社会工作者：您要相信自己的孩子有能力取得好成绩，我也相信您会克服困难一起帮助孩子养成良好的学习习惯，毕竟习惯的养成需要一段时间，您听说过“21 天就能养成一个好习惯”吗？

亮亮父亲：没有。

社会工作者：一般来讲，一个好习惯需要 21 天坚持不懈的努力才可以养成，在这期间我们必须要坚定信心，拥有好的习惯孩子会受益终生……

亮亮父亲：嗯，那还是再坚持坚持吧！对了，我觉得你提供的学习方法很好，要不你多辅导几次吧？就像家教那样，按小时收费怎么样？

> **会谈技巧之影响性技巧**
>
> *信息提供：向服务对象提供相关的新知识、新观念等，或纠正服务对象已有的错误信息。

社会工作者：不好意思，亮亮爸爸，我想还是有必要纠正一下您的错误认知，我们提供的是专业服务，最终实现的是“自助”，而不是像家教仅仅提供学业辅导，希望您能积极配合，共同培养孩子良好的学习习惯。

接下来，社会工作者采用“父母效能训练模式”，引导亮亮父母学习新的教养理念与沟通技巧，从而减少亲子问题。社会工作者强调，父母在与孩子相处的过程中，必须要学会“互相尊重、积极倾听、真诚沟通”，沟通的目的在于互相尊重，沟通的方法就是积极倾听，如果父母经常呈现的态度是“我说，你听”，就不能真正了解孩子的想法。因此家长必须要积极倾听孩子的真实想法和感受，即使不同意孩子的想法也要积极倾听，表达对孩子的接纳。

知识链接

父母效能训练

父母效能训练是美国心理学家托马斯·戈登博士推出的一套简单、实用的父母训练课程。其目的是通过提高父母效能，培养出有健全人格、有自制力、有责任感、有爱心的孩子，从而实现家庭关系的和睦。

流程五 评估

（社会工作者与服务对象家庭会谈摘要）

社会工作者：家长您好，咱们的服务快要接近尾声了，请您二位分析一下收获吧。

亮亮父亲：我收获很大，以前与儿子沟通总是不耐烦，控制不住自己的情绪，其实在与孩子的关系中，父母的态度很重要！

亮亮母亲：是啊，要学会向孩子表达自己的感受，不能一味地指责孩子，也要听听孩子的心声啊！

社会工作者：亮亮，请你也分享一下感受吧。

亮亮：我以前学习太马虎，现在学习有方法了，学习也不那么累了……学习成绩好了，感觉自己自信多了……现在爸爸妈妈很尊重我的意见，愿意听我说完自己的想法，我非常开心。

一、过程评估

在整个过程中，社会工作者能够严格按照工作流程，始终坚持社会工作基本原则，能够有效运用“人在情境中”理论，采用“父母效能训练模式”等方法，为服务对象父母提供家庭教育相关咨询辅导服务。服务期间社会工作者能够抓住服务对象主动求助的特点，采用开放式提问较快地全面了解相关需求，同时在各个阶段都能够注重儿童的参与，在尊重儿童意愿的基础上开展工作，为顺利结案奠定了坚实基础。

二、效果评估

社会工作者通过开展亲职教育，提供家庭教育咨询辅导等支持性服务，改善了服务对象父母履行教养职责的方式，为服务对象创造了一个积极健康的家庭环境，获得了服务对象及其家长的一致好评。

流程六 结案

【结案的时机是儿童的问题已经得到解决或基本解决的时候，这时服务对象基本认同

最初目标的实现，在没有社会工作者帮助的情况下，儿童通过自己及家庭的努力也可以面对未来的生活和挑战。】

在本任务情境中，社会工作者按照服务计划，与服务对象亮亮及其家长进行了充分沟通，结合评估阶段各自表现，确认设定的目标基本实现，儿童面临的问题得到解决，此时双方共同决定解除工作关系。

专业反思

在本次服务过程中，家长能够积极配合，积极转变家庭教育理念，这是本次个案服务取得的最佳效果。因此对于家庭监护健全但教育方式存在问题的家庭，社会工作者要充分调动家庭成员的积极性，紧紧围绕服务对象及其家庭的需求开展服务。另外，在服务过程中，社会工作者始终秉承尊重、接纳、服务对象自决等服务理念，在会谈中做到了避免偏听监护人的意见，避免了“代言人”的出现，这在很大程度上能够让儿童感受到自身的重要性，觉得自己不是“被动”的治疗者，而是“主动”的参与者，充分发挥了儿童的主观能动性，这些都为本次服务取得积极成效奠定了坚实基础。当然，儿童学习习惯以及家长教育理念的养成都不是一蹴而就的，需要长时间的培养，因此社会工作者还需要加强与服务对象的定期联系，必要时可以进行电话回访，了解结案后儿童及其家庭的现状。儿童的健康成长，需要家庭成员的共同努力！

任务二　保护性服务

保护性服务是指通过外部监督、干预性服务等方式，防止儿童被虐待、忽视和剥削。这类服务的对象是遭受人为伤害（包括虐待、忽视、剥削和暴力伤害）的儿童及其家庭，社会工作者通过对面临伤害风险的儿童及其家庭的介入，逐步减少直至消除风险。

任务情境

阳光幼儿园中三班王老师半年多来经常发现自己班上的小朋友锁锁身上有淤青。前不久，王老师下班时在幼儿园附近还亲眼看到锁锁的爸爸在踹打锁锁，于是王老师找到驻校社工，要求社会工作者介入。

分解任务流程

接案 → 预估 → 计划 → 介入 → 评估 → 结案

任务实施

流程一　接案

【在本任务情境中，求助者是幼儿园的王老师，她反映的是班里小朋友锁锁可能受到父亲虐待的情况。但需要注意的是，本案中的服务对象并不是求助者王老师，而是锁锁及

其家长。因此在初步收集与儿童有关的信息方面，社会工作者可以先与幼儿园王老师会谈，了解事情的基本情况后，再与锁锁的家长取得联系。】

社会工作者从王老师处了解到，平时她在与锁锁父母的交流中发现锁锁父亲脾气比较暴躁，锁锁母亲性情相对温和。于是社会工作者决定以锁锁母亲作为突破口，运用同理心、尊重、真诚、具体等技巧以及接纳、非评判等原则和其母亲建立良好的专业关系；同时会谈选择了安全舒适的场所，这样可以帮助锁锁母亲在放松的状态下说明事实，社会工作者可以初步了解儿童的问题和需要。

（社会工作者与服务对象锁锁母亲会谈摘要）

社会工作者：你好，锁锁妈妈，刚才和您介绍了我们机构的基本情况，以及我们了解到的一些情况，那么接下来就锁锁身上的淤青您能发表一下意见吗？或者能介绍一下家里的情况吗？

锁锁母亲：我家孩子身上的伤都是他爸爸打的，不仅孩子身上有伤，我身上也有，最近半年，我爱人炒股赔了不少，我俩经常吵架，我让他不要炒股他就是不听，结果一下子赔了全部家当，他把所有的怨气全都撒在我们娘俩身上，我跟他怎么说都没用，真是瞎了眼，怎么嫁了这么个人！

社会工作者：（积极倾听）

锁锁母亲：就是亏了我家孩子，跟着一起受苦！我命太苦了！求求您救救我们！（大哭）

社会工作者：（递过纸巾，轻轻拍打肩膀）

【适当的发泄对服务对象来说是非常必要的，要让服务对象直面危机，而此时社会工作者只需要递过纸巾，轻拍服务对象背部，表示能理解她的痛苦。】

> **会谈技巧之支持性技巧**
>
> *积极倾听：用心聆听服务对象传达的信息，细致观察服务对象的表情动作，及时思考整合信息，理解服务对象的感受并做出积极的回应。

社会工作者通过系统脱敏治疗法，帮助服务对象控制悲观情绪，在服务对象的状态平稳后，社会工作者继续进行会谈。

知识链接

系统脱敏治疗法

诱导服务对象慢慢地暴露导致情绪焦虑、恐惧等的情境，并通过心理的放松来对抗这种焦虑，从而达到消除焦虑或恐惧的目的。

社会工作者：那您想过办法制止父亲的暴力行为吗？

锁锁母亲：唉，没用，他这个人太不听劝、太好面子，我也没办法，为了孩子，还是忍吧，没准发泄完了，他就好了……

社会工作者：这样长久下去很危险的……

锁锁母亲：哎，都过去半年了，每次一生气就打我们，都说家丑不可外扬，还是忍忍吧……

社会工作者：锁锁妈妈，大部分人都有这样的错误认识，如果一味地忍让，家暴会造成很严重的后果，不仅对孩子的成长有很大影响，对整个家庭来讲也是致命的打击……

接下来，社会工作者对锁锁母亲的错误认识进行纠正，引导其意识到家暴的严重后果，最终社会工作者与锁锁母亲建立了信任关系，锁锁母亲表示愿意积极配合社会工作者，答应回去与锁锁父亲好好沟通，接受社会工作者为儿童锁锁提供的保护性服务。

【社会工作者在本阶段一定要考虑到家暴问题的敏感性，充分运用倾听、接纳、非评判等技巧，与儿童及其家长建立专业关系。】

流程二 预估

为了在现有资料的基础上进一步收集资料，社会工作者再次与锁锁母亲取得联系，准备通过家访与锁锁父母一起确定问题与需要。在家访过程中，社会工作者发现锁锁父亲其实非常疼爱自己的妻子和女儿，这是修复夫妻关系的重要保证。根据现有的资料，可以初步识别出儿童锁锁遭遇家暴的原因是父亲投资失败，觉得亏欠家人太多，导致不当的情绪宣泄。于是社会工作者决定为儿童锁锁提供保护性服务，通过改善夫妻关系逐步减少直至消除家暴，为儿童成长提供一个和谐的家庭氛围。

流程三 计划

鉴于当前儿童锁锁遭受的家暴与其父母的家庭关系有直接联系，于是社会工作者与锁锁父母共同设定了个案辅导的目标及介入策略。

一、确定目标

本次服务的目标是改善锁锁父母的夫妻关系，进而消除锁锁家庭中的家暴行为。

二、介入策略

步骤	服务内容	参与人员	预期目标
第一步	婚姻辅导	锁锁父母	改善夫妻交流方式
第二步	心理辅导	锁锁父亲	缓解心理压力，改善教养方式
		锁锁母亲	释放负面情绪
		锁锁	处理被打造成的情绪伤害
第三步	家庭成员增能	锁锁全家	鼓励家庭成员共同解决困难

三、评估方式及参与者

社会工作者对个案辅导进行效果评估、过程评估和满意度评估，另外通过约见锁锁，询问父母的现状来分析干预辅导的效果。

流程四 介入

一、第一次服务

为改善锁锁父母的夫妻关系，社会工作者为其开展婚姻辅导服务，让他们学会正确处理婚姻中出现的矛盾和冲突。之后社会工作者告知锁锁父母，大人心情的好坏对家庭氛围非常重要，要经常保持积极向上的生活态度，否则孩子的心情也会受到影响，对孩子的成长非常不利，要以积极的心态陪伴孩子康复，努力创造和谐、信任、宽松的家庭环境。

二、第二次服务

社会工作者对锁锁父亲进行了心理辅导，协助锁锁父亲宣泄积压心头的负面情绪，同时学习恰当的情绪宣泄方式和压力管理技巧，改变不适宜的教养方法，指导其采用适合的教育方式。另外，社会工作者还对锁锁父母进行了普法教育，告知家暴属于违法行为，会受到法律的追究与制裁，而不仅仅是家庭内部矛盾。

三、第三次服务

（社会工作者与服务对象锁锁母亲会谈摘要）

社会工作者：您好，看您精神状态好了一些。最近感觉怎么样？

锁锁母亲：我爱人的态度好多了，我的心理压力也小了不少，太感谢你了。

社会工作者：您有什么爱好没有？比如我喜欢唱歌，心情不好的时候唱完歌心情就好多了。

锁锁母亲：现在哪有心情管什么爱好啊，太累……

社会工作者：那您以前就没有特别喜欢的事情吗？

锁锁母亲：嗯，以前我也喜欢唱歌。

社会工作者：真的呀！看来我们爱好一样，您唱几句吧？

锁锁母亲：我很久都没唱了，都不知道唱什么……

社会工作者：（继续鼓励）没关系，唱最熟悉的歌或者最近流行的。

锁锁母亲：我们一起唱吧？

社会工作者：好，就唱《最炫民族风》吧？

锁锁母亲：（非常配合地一起唱歌，状态越来越好，脸上也露出笑容）

社会工作者：（唱完后）太棒了！我觉得您唱得真好，您觉得唱完了心情如何？

锁锁母亲：我觉得心情好了很多，感觉心情轻松了很多，胸口的闷气都唱出来了……

社会工作者：我觉得您平常做家务的时候就可以唱歌，又不会浪费时间，又能发展爱好，也能缓解压力。

锁锁母亲：嗯，我试试。

【通过会谈社会工作者了解到锁锁母亲曾经的爱好是唱歌，根据优势视角的理论，社会工作者鼓励她重新拾起爱好，充分发挥自己的优势，可以在闲暇时间唱歌放松心情，提升自我价值感；同时还教会锁锁母亲几种减压方法，鼓励她积极释放负面情绪和压力，学会情绪管理。】

四、第四次服务

社会工作者采用想象互动游戏疗法对锁锁进行心理辅导，进一步缓解被父亲打骂造成的情绪伤害。

知识链接

想象互动游戏疗法

想象互动游戏疗法，是指社会工作者作为“游戏伙伴”引导儿童运用与想象有关的游戏，以解决或减轻儿童存在的问题的一种方法。

社会工作者借助身边的玩偶（小熊、兔子），引导锁锁完成带有目的性的情境扮演等想象游戏，在游戏中理解和肯定儿童，实现辅导和治疗的目标。

（社会工作者与服务对象锁锁会谈摘要）

社会工作者：锁锁，我们一起来做一个游戏吧。我这儿有小熊和小兔子，你和他们是一家人，你来做爸爸，小兔子做……

锁锁：妈妈，小熊是锁锁。

社会工作者：好，没问题！我们想象一下，有一天你长大了，在外面工作不顺心，心情不好，你怎么办呢？

锁锁：我要打小熊。

社会工作者：小熊很伤心啊……

锁锁：他可以去找小兔子，找兔子妈妈哭……

社会工作者：兔子妈妈也很伤心，两个人一起哭，你作为爸爸，非常疼爱自己的宝贝，你会难受吗？

锁锁：嗯，会。我很爱爸爸妈妈。

社会工作者：嗯，那你作为爸爸，打骂孩子对吗？

锁锁：不对，不能打孩子。

社会工作者：小熊心里会怎么想呢？

锁锁：会很伤心的。

社会工作者：你很能体会这个感受对吗？

锁锁：（用力地点了点头）

社会工作者：如果爸爸认识到错了，你能原谅他吗？

锁锁：我怕爸爸还会打我。

社会工作者：我们再给爸爸一次机会，让爸爸再爱一次小熊和小兔子，好吗？

锁锁：（比较犹豫）

社会工作者：如果爸爸不听话，我们就去找老虎校长（指着远处的老虎），让他来教育爸爸。

锁锁：嗯。

社会工作者：那好，现在我把手轻轻放在你的额头上，你闭上眼睛，想一想爸爸对你的好，忘记那些不好的情景，一直到心里舒服再睁开眼睛。（社会工作者用双手食指和中指分别接触其额结节，这是触康建中的情绪化解技巧。锁锁闭了一会儿眼，社会工作者能感觉到他刚开始情绪波动厉害，一会儿就平静下来了）

锁锁：（睁开眼睛）好了，我不生气了。

社会工作者：真棒！（及时鼓励、强化）做几个深呼吸，现在爸爸知道错了，也答应锁锁以后绝对不会再打你了，以后爸爸会做一个非常非常疼爱你的爸爸，好吗？

锁锁：嗯！

社会工作者：那如果爸爸没有做到，再打你，你还害怕吗？

锁锁：不怕。

社会工作者：为什么？

锁锁：我可以告诉老虎校长。

社会工作者：非常棒！

五、第五次服务

社会工作者在接触中发现，锁锁父亲具有较强的沟通能力，于是与社区居委会联系，为其推荐附近公司的招聘信息，鼓励其通过正常劳动获取收入，从而进一步改善家庭的经济状况。

流程五 评估

为了更好地了解锁锁父母的现状，社会工作者采用会谈形式开展评估。

（社会工作者与服务对象锁锁父亲会谈摘要）

社会工作者：我们的服务马上就要接近尾声了，请您谈谈感受吧！

锁锁父亲：感触还是很多的，以前真没意识到自己的情绪态度会影响到整个家庭，自己处理情绪的方式非常不对，更不能对自己最爱的亲人们动手，这一点我承认自己错了，真是后悔……

社会工作者：您能认识到这一点真的太好了，以后还需要继续坚持。

锁锁父亲：好的。

（社会工作者与服务对象锁锁母亲会谈摘要）

锁锁母亲：最近孩子的父亲变化很大，尤其是有了一份正式工作后，整个人的状态都不一样了，对我们也很好，非常感谢你们！

社会工作者：您现在状态如何？

锁锁母亲：我没事唱唱歌，心情确实好多了，和我爱人的关系也越来越好……

社会工作者：这样就太好了！我们的服务马上就要结束了。

锁锁母亲：这么快就结束了……能不能再等一段时间？

【此时锁锁母亲出现依赖、讨价还价的负面反应，社会工作需要对其取得的进步进行鼓励，同时逐步减少接触，提醒其要学会自立，告诉他们有需要时社会工作者还将提供协助。】

社会工作者考虑到锁锁年龄较小，于是采用绘画疗法评估锁锁当前的心理状况。锁锁画了一个房子，以及爸爸妈妈和孩子手拉手的图案。社会工作者通过与锁锁的交谈了解到现在爸爸妈妈很爱她，每周都能一起去公园，爸爸也没有再打过自己。鉴于服务对象家庭关系和谐，家庭中有了爱的流动，于是社会工作者与锁锁父母决定进入结案阶段。

流程六 结案

社会工作者与锁锁父母一起回顾个案辅导的整个过程，巩固辅导效果，在锁锁母亲表现出离别的依恋时，社会工作者恰当地处理其离别情绪，鼓励她坚持采用在个案辅导中学到的方法来处理夫妻关系。同时社会工作者在结案后每隔一段时间进行回访，并请求幼儿园给予锁锁更多的关注与关心。

专业反思

家庭对个体心理健康是以血缘、亲情为纽带，在经济依托、生存依托的基础上发挥作用的。家庭的所有因素都会给个体心理健康带来影响，如家庭结构、家庭环境、家庭成员之间的相互作用，家长的教育观念、教育态度、教育方法，以及家长的人格特征等。在对受暴力侵害的儿童进行辅导时，社会工作者需要优先考虑儿童安全问题，可以链接学校、医院、派出所、社区、未成年人保护中心等社会资源，对受暴力侵害的儿童予以积极介入。除此之外，社会工作者还需要重点思考家庭对儿童心理健康的影响问题。在访谈过程中社会工作者发现，许多父母对孩子的心理健康关注度较低，认为孩子身体健康就好，不需要关注心理，这是一个错误观念。现在很多家长在工作和生活中面临着种种压力和挑战，难免会把抱怨、急躁、愤怒等不良情绪带到家里，甚至在孩子面前宣泄，这些行为很容易增加孩子的心理压力。长此以往，会对孩子性格特点、行为方式产生负面的影响，造成孩子不可逆转的心理创伤。如本任务情境中的父亲对孩子的暴力行为就与其不良情绪有直接关系。作为社会工作者，针对此种情况，一方面要为受暴力侵害儿童提供及时的保护性服务，另一方面要加强对儿童及其家庭成员的心理干预，通过提供舒缓情绪和心理压力的服务，有效处理家庭关系，提供情感上的相互支持，让孩子养成健康积极的性格，享受幸福和谐的家庭生活。

任务三　补充性服务

补充性服务对象是亲职能力不足的儿童及其家庭，社会工作者通过专业介入，适当增强儿童所处环境中的某些薄弱或缺失环节，弥补家庭对儿童照顾功能的不足。例如帮助儿童家庭申请相关的社会救助，包括现金救助、日用品的补助和托育服务等，以满足儿童成长的需要。

任务情境

孟女士，丧偶，独自带儿子小泽一起生活。小泽，男，8 岁，患孤独症，智力三级残疾，某小学三年级在读。小泽 2 岁时，北京儿童医院检查结果为智力发育迟缓 9 个月至 1 年，北京大学第六医院检查结果为具有孤独症倾向。目前家庭为给孩子治病已负债累累。近期孟女士发现小泽表现得异常沉默，于是孟女士拨通中鼎社会工作事务所电话求助，想要缓解小泽孤独症的不良症状。针对此种情况，社会工作者应该如何开展社会工作服务呢？

分解任务流程

接案 → 预估 → 计划 → 介入 → 评估 → 结案

任务实施

流程一　接案

根据任务情境介绍可知，孟女士主动寻求中鼎社会工作事务所帮助，希望通过心理咨询缓解儿子小泽的孤独症症状。因小泽属于未成年人，孟女士作为其监护人，根据法律规定可以对小泽实施法定代理行为，此时也可以推定小泽为主动求助的服务对象，具有自愿接受服务的意愿。

【本任务情境中孟女士属于主动求助。且通过电话求助。此种情况下作为接待人员的社会工作者需要马上记录下孟女士的基本情况及需求，并要求其留下联系方式，并告知她中鼎社会工作事务所将会有专门负责的人员与她联系。一般情况下，社会工作事务所要尽

快（在 24 小时内）与服务对象取得联系。】

接到任务后，中鼎社会工作事务所社会工作者立即草拟了会谈提纲，并与孟女士取得联系，商定于第二天到事务所会谈室进行第一次会谈。

（社会工作者与服务对象母亲孟女士会谈摘要）

社会工作者：你好，孟女士，我是中鼎社会工作事务所社工，我服务的工作领域是儿童社会工作，您可以称呼我“小张”。之前据我们接待您的社会工作者介绍，您现在想要缓解您儿子孤独症的不良症状，您能介绍一下具体情况吗？请您放心，我们会对您的信息保密。

【鉴于服务对象母亲孟女士属于主动求助，此时信任关系比较容易建立，所以在此部分可重点要求服务对象介绍具体情况。】

孟女士：……（孟女士情绪比较平稳地介绍孩子的病情）

社会工作者：（积极倾听）

会谈技巧之支持性技巧

*积极倾听：用心聆听服务对象传达的信息，细致观察服务对象的表情动作，及时思考整合信息，理解服务对象的感受并做出积极的回应。

孟女士：我已经辞职好多年了，全部心思都放在孩子身上，就想让他变成智力正常的孩子，但是为什么还是没有改变？（情绪有点激动）

社会工作者：慢慢来，请您相信我们。（用坚定的眼神看着对方）

会谈技巧之支持性技巧

*专注：通过友好的视线接触、开放的姿势以及专心的态度关注服务对象的表达。

孟女士：我家孩子这个样子，孩子他爸又走得早，我真的太累了。

社会工作者：是啊，好累……

孟女士：我感觉我都要崩溃了，没有任何希望！（大哭）

社会工作者：（递过纸巾，轻轻拍孟女士的肩膀）

【社会工作者通过表达同理心，如回应“是啊”，让孟女士将其未能表达的情绪表达出来，使其情绪得到宣泄，此时孟女士更能表达出个人的问题和困惑。】

知识链接

舒缓情绪的重要性

在面谈的过程中，社会工作者需要通过表达同理心、支持、鼓励、接纳、真诚等工作手法，协助服务对象舒缓情绪。通常服务对象在正式进入个案服务的初期仍然带着或多或少的负面情绪，十分需要别人的聆听、支持和疏导，所以社会工作者不要只顾协助服务对象解决问题而忽略了服务对象的情感需要。

接下来，待孟女士情绪平稳后，社会工作者就服务对象的需要及问题进行沟通，并澄清了双方的期望和应尽的责任。但此时社会工作者发现，孟女士的需求中尚需要心理咨询师的帮助，于是他紧急与孟女士商量，在征求对方同意后，要求心理咨询师介入，从更加专业的角度提供心理咨询服务。

【在日常工作中我们会发现，有些时候服务对象问题的解决还需要其他专业机构介入，故此时应在争取服务对象同意的情况下，要求相关专业机构介入，从更加专业的角度为服务对象开展服务。】

除此之外，社会工作者还了解到孟女士家庭负担较重，经双方沟通后，准备帮助孟女士申请社会低保救助。最后，社会工作者与服务对象母亲正式确立专业关系，并填写“接案记录表”。

【社会工作者在关注儿童服务对象的同时，也要关注其他的潜在服务对象。经过会谈，社会工作者有时会发现，虽然儿童本人是直接的服务对象，但需要接受服务的并不只是儿童，还有儿童身边的一些相关人士。在本任务情境中，作为小泽的唯一监护人，孟女士的态度对孩子的成长至关重要，此时孟女士就是潜在的服务对象。社会工作者不仅要帮助小泽，还要注重引导孟女士，帮助她了解自身角色对孩子的重要性，协助其成为正式的服务对象。】

流程二 预估

在第一次会谈顺利结束后，社会工作者就会谈情况进行汇总整合，同时再次与孟女士沟通，准备与心理咨询师到孟女士家中进行家访，进一步了解服务对象小泽的现实状况及其家庭生活环境。

【社会工作者要想做好预估工作，必须要充分了解服务对象的基本情况。本任务情境中，社会工作者通过家访、询问、咨询等方式开展资料收集工作。】

（社会工作者与服务对象小泽会谈摘要）

社会工作者：你好，小泽。

小泽：（害羞）

社会工作者：我是中鼎社会工作事务所的张宏哥哥，我主要负责儿童社会工作领域，听你的母亲介绍了一些情况，我很愿意帮助你。

小泽：（继续沉默，躲在母亲身后）

社会工作者：请小泽同学放心，我会对你的情况严格保密，请你相信我……

【社会工作者始终保持和善与友好的态度，耐心劝说，慢慢地服务对象小泽愿意与社会工作者说话了，也不再像之前那样害羞了。】

此时心理咨询师通过观察社会工作者与服务对象小泽的沟通，发现小泽可以与人正常交流，能与人互动，虽然有时对别人的提问存在回应迟缓或不能完全回应的情况，但可以推断出服务对象小泽有很强烈的表达欲望，存在与人交流、渴望回应的需求。

小泽：（抬起头）我学习成绩不好，老师也不喜欢我。

社会工作者：没关系的，让我们慢慢来，别着急。

小泽：（点了点头）

社会工作者：你有自己的小伙伴吗？和同学相处得怎么样？

小泽：（又低下了头）

社会工作者：怎么了？没关系的，我帮你保密。

小泽：我没有朋友，他们不愿意和我玩，他们都说我有病……（说到这里声音沙哑，开始抹眼泪）

【在社会工作者的引导下，服务对象慢慢开始接纳社会工作者，也愿意与社会工作者进行眼神交流，但是在谈到学习成绩和朋友方面时，服务对象表现出了伤感、委屈的情绪。社会工作者鼓励服务对象充分表达自己的内心想法，并向服务对象保证，会谨遵保密原则，服务对象稍微放下了戒心。从这里可以看出，服务对象开始慢慢信任社会工作者了。】

社会工作者：你很可爱、善良，一定会交到好朋友的。我们现在就是好朋友了，你愿意成为我的好朋友吗？

小泽：我愿意！（开心）

社会工作者：那我们今天就聊到这里，你可以在这里玩一会儿，也可以回家，我们下周见，好吗？

小泽：好。

【初次会谈进行得还算顺利，社会工作者对服务对象以及服务对象的家庭也有了一个初步的了解，服务对象虽然刚开始很害羞，不太配合，但是在社会工作者的耐心沟通下，还是聊了一会儿，也同意社会工作者帮助他。通过这次会谈，服务对象的问题已经初步显现，他的言行举止都向社会工作者透露出一个信息：他很自卑，缺乏自信。通过这次家访会谈，社会工作者与服务对象的专业关系初步建立，同时约定了服务原则。】

一、识别儿童问题成因

在充分收集资料的基础上，社会工作者就服务对象小泽存在的问题进行了细致分析。

（一）个人因素

最近期末考试，小泽成绩较差，害怕妈妈批评，所以比平时表现得更加沉默。

（二）家庭因素

服务对象母亲孟女士为了照顾服务对象，在其两岁多时辞职，至今无业，辞职后停止了所有社交，没有自己的娱乐生活，把所有心思都放在服务对象身上，希望通过自己的努力去弥补服务对象的发育迟缓问题，让其变成智力正常的孩子。

（三）学校因素

据了解，老师对服务对象关注不多，这让小泽认为自己很笨，所以老师才不喜欢他，这也导致小泽逐渐失去了学习的兴趣和信心。

（四）经济因素

由于孟女士文化水平较低，对福利政策申请流程、标准一无所知，使得家庭负担较重，所以孟女士内心就会产生极度的焦虑，从而更加严厉地教育孩子。

二、识别环境因素

（一）积极因素

在本任务情境中，服务对象的妈妈对孩子成长非常关注，对孩子疼爱有加。

（二）消极因素

（1）目前小泽在学校只上半天课，每天下午分别在两个不同的机构接受康复训练，与普通孩子的学习环境不同，难以建立正常的社交网络，这也使得小泽的人际交往能力较差。

（2）学校方面：老师对小泽关注不多。

（3）家庭方面：家庭负担较重。

三、服务方式及内容

（一）服务方式

咨询辅导、低保救助。

（二）具体内容

社会工作者将提供个别化咨询辅导、为儿童家庭申请低保等服务，采用个案工作方法，适当增强儿童的个人交际能力，改善亲子关系，提供社会救助，从而增强服务对象所处家庭和学校环境中的薄弱环节，促进其健康成长。

流程三 计划

一、识别儿童问题

（一）心理问题

需要专业心理咨询师介入负责。

值得注意的是，心理咨询师通过从专业角度诊断后提出，服务对象小泽患有孤独症谱系障碍，此障碍与先天遗传因素以及后天环境因素都有关系，仅仅靠心理咨询难以治疗，且医学上尚未有明确归因及有效的治疗方法，为此需要征求服务对象母亲孟女士同意，此问题在本次社会工作服务中不能得到解决。

【在工作实践中，服务对象问题得不到解决的情况时有发生，社会工作者需要探究服务对象问题得不到解决的相应原因，提前做好心理建设，告诉自己“我并不是万能的”，必须接受有自己不能解决的问题这个客观事实。】

知识链接

服务对象问题得不到解决的原因

一、服务对象的认知

例如，很多智障儿童或脑瘫儿童的家长认为自己命苦，有这样的孩子只能认命。因此，他们很可能根本没有尝试过解决自己的困难，“忍受”是他们对待困难和问题最常用的方法。

二、问题的处理方法

例如，对于问题青少年的教育，有人认为应该采用严厉的惩罚手段，也有人主张采取放纵、放弃的方法，这两种极端的方法都不能真正解决问题。

三、与资源系统的联系和关系形态

例如，脑瘫儿童的生活自理能力差，很多学校不愿接收他们入学，这样脑瘫儿童与教育资源系统的关系便成为脑瘫儿童上学难的原因。

四、政府对资源系统的政策协调

例如，脑瘫儿童的上学难问题并不是因为缺少教育资源，而是脑瘫儿童与教育资源的连接出了问题，需要政府有关部门制定政策，协调学校与有关脑瘫儿童康复训练的工作与政策，解决脑瘫儿童受教育的问题。

五、现有科学技术水平

本任务情境中的小泽就属于此种情况，即小泽的孤独症以现有的医学水平难以治愈。

（二）自信心问题

需要正确认知自我，恢复自尊。

（三）家庭关系问题

需要引导孟女士改变不良认知，从而改善与孩子的亲子关系。

(四)经济问题

需要利用现有政策或寻找社会资源为其链接经济支持。

二、确定介入目的与目标

(一)目的

鉴于服务对象小泽患有孤独症谱系障碍,仅仅靠心理咨询难以完成此目标,且服务对象智力发育迟缓,难以在短时间之内提升其学习能力,经征求服务对象母亲孟女士同意,双方协商将服务目的确定为帮助服务对象提升自信心,并为家庭提供低保救助。

(二)具体目标与计划

(1)帮助服务对象小泽正确认知自我。通过进行自信心量表测量,初步判定其自信心现有等级。

(2)改善亲子关系。运用 ABC 理性情绪疗法,改变孟女士的不良认知,从而帮助孟女士建立合理信念。

(3)为家庭提供低保救助,减轻家庭负担。

三、介入措施及步骤

(一)前期

运用心理社会治疗模式的非反思性和反思性直接治疗技巧,引导服务对象表达自己的不安情绪,给予服务对象必要的肯定和认可;帮助服务对象对自己所处的实际状况做出正确的理解和分析。

(二)中期

(1)运用 ABC 理性情绪治疗法对服务对象及其家人进行心理辅导,改善服务对象及其家人的心理状况,促进家庭和谐。

(2)链接社会资源,动员社会力量,帮助小泽筹集善款;链接民政资源,争取帮助该家庭享受低保政策。

(3)引导孟女士在家中对小泽进行学业辅导,购买拼音图册、故事绘本、看图识字等书籍,营造良好的家庭成长环境;如可能,充分发挥同辈群体的积极作用,为小泽提供陪伴、鼓励和支持。

(三)后期

缓解其离别情绪,并且巩固和保持服务对象的改变。

流程四 介入

【结合任务情境,社会工作者将采用心理社会治疗模式,通过直接与间接综合介入的形式开展工作。直接介入是指直接与服务对象小泽进行面对面交流与沟通,间接介入则是指针对小泽母亲开展心理咨询。】

一、第一次服务

服务时间:2019 年 5 月 2 日。

参与人员:社会工作者、小泽、孟女士。

服务内容:

(1)由社会工作者为服务对象小泽提供自信心量表测量服务,初步判定其自信心现有等级。

（2）社会工作者采用心理社会治疗模式的非反思性治疗技巧，引导服务对象描述自己喜欢的东西以及最令服务对象不安的事情，以此来挖掘服务对象身上的优点，引导他重新认识自我。

（社会工作者与服务对象小泽会谈摘要）

社会工作者：上次我们都见过了，不要紧张，就是单纯地跟哥哥聊聊这一周发生了哪些开心和不开心的事情，好吗？

小泽：嗯，我这周在体育课上跳远时，跳得很远，老师表扬了我，我很开心！

社会工作者：哇，你真厉害！你看自己有很多可以做得很好的地方，要相信自己。我也相信你能在其他方面做得更好。

小泽：（开心，重重地点点头）

社会工作者：那有什么不开心的事情吗？

小泽：可是同学还是和以前一样，不爱和我说话，我很伤心。我以为他们会喜欢我的……

社会工作者：没关系的，慢慢来，大家都要有个适应的过程，你看你跳远很厉害，这说明你自己有很出众的地方，你要相信同学一定会看到你的闪光点！

二、第二次服务

服务时间：2019 年 5 月 9 日。

参与人员：社会工作者、小泽、孟女士。

服务内容：

社会工作者运用 ABC 理性情绪疗法改变孟女士的不良认知，并帮助其建立合理信念。

【结合任务情境，A 指的是服务对象小泽，由于患有自闭症谱系障碍，且智力发育迟缓，成绩总是在班级倒数。在最近的考试中，小泽的成绩仍然很差。B 指的是母亲孟女士认为只有优异的学习成绩才能决定一个人将来的职业和社会地位，担心儿子小泽的智力不能像正常人一样，更担心小泽以后养活不了自己。C 指的是孟女士情绪激动的一系列反应。】

为此社会工作者从以下几个方面帮助孟女士建立合理信念：

（1）去灾难化角度：每个人都有独特的能力，学历和成绩并不是决定一个人职业优劣和地位高低的唯一筹码。

（2）存在主义角度：由于小泽的学习能力差是先天原因造成的，所以要理性看待，调整对孩子的期望。

（3）人本主义和优势视角：积极发掘和发现孩子在其他方面的能力，要根据孩子自身的特点，重新规划孩子的培育计划。

（4）改变自己的错误认知：需要通过与其他同类家庭家长的互动交流，改变“唯学习论”的错误观点，开阔视角，让孩子得到多元化的知识和能力储备。

三、第三次服务

社会工作者在服务期间与所属社区取得联系，按照政策要求帮助孟女士申请了低保救助，经过资料准备、递交等程序，已经通过审批，孟女士可以每个月获得最低保障收入，在一定程度上缓解了经济压力。

流程五　评估

一、过程评估

社会工作者运用专业的心理学技术，定期为服务对象家庭进行心理咨询。服务对象患有孤独症谱系障碍，其问题不能直接从服务对象本身解决，而应从服务对象周围的环境着手，其中最重要的环境是家庭环境，所以本次服务的着重点在于抓住服务对象母亲心理问题的解决，从而为服务对象创造出温暖、安全的家庭环境，再慢慢通过训练提高服务对象的学习能力，缓解其孤独症状。另外，链接政府资源也是重要的一环，充分展现了社会组织与政府之间的良好沟通，社会工作者在服务过程中充当了政策传播者、教育者、资源整合者，缓解了服务对象家庭的焦虑情绪和心理压力。

二、效果评估

社会工作者成功帮助服务对象家庭办理了低保政策，为其缓解了经济压力；服务对象母亲发脾气的次数大大减少，从最开始的疑虑情绪变为平和、信任与感恩，逐渐接受了孩子的客观现实，心理压力得到了一定程度的缓解。据服务对象母亲反映，服务对象在学校中愿意主动找朋友玩，性格渐渐开朗。但该个案工作还没有结束，实现家庭功能、辅导服务对象等目标暂未实现，后期仍需要社会工作者提供持续性服务，强化内在动力，为服务对象提供教育保障。

流程六　结案

社会工作者通过回顾整个服务过程，对儿童的家庭环境进行评估，认为小泽目前可以主动结交新朋友，与母亲关系较为和谐，小泽母亲的情绪认知较为合理，于是安排了正式的结案会谈，解除工作关系。

【结案时社会工作者还可以通过接触儿童的主要社会关系人，如母亲、老师、同学等，确认儿童的现状从而决定是否结案。】

专业反思

社会工作者在与服务对象建立专业关系的过程中，需要向服务对象表达充分的尊重、信任与接纳，信任关系才能很好地确立。服务对象本身具有表达的欲望，同时服务对象母亲愿意听取社会工作者的咨询意见，积极完成“家庭作业”，所以为实现咨询目标奠定了基础。

另外，本任务情境展现的服务对象的心理问题其实在困境儿童之中很常见，解决其心理问题的方法不仅仅在其本身，更需要从其周围环境着手，包括家庭、学校、社会等，当这些环境回归正常、健康，服务对象的自愈能力就会增强，心理问题的解决成功率也会大大增加。本次服务基本达成服务目标，服务成效显著，但是仍需要社会工作者持续介入，不断地提升服务对象及其家庭应对问题的能力。

生活事件对服务对象的人格发展存在一定影响，而且该家庭目前的处境较为艰难、无助，所以社会工作者将服务内容分成两大模块：一是提供心理辅导、政策传播、增强家庭功能等软性服务；二是社会工作者会继续帮助其链接政府及社会资源，争取社会支持网络，切实解决服务对象的医疗问题和缓解家庭经济压力，希望可以通过社会工作者、政府和社会及服务对象家庭的共同努力，提高服务对象及其家庭生活的幸福指数，让服务对象的疾病得到有效治疗、学业得到保障，并且更好地融入社会。

本个案社会工作者在专业理念上还契合了《民政部关于贯彻落实〈国务院关于加强农村留守儿童关爱保护工作的意见〉的通知》的要求，响应源头预防、强制报告、应急处置、评估帮扶、监护干预等五大机制，开展未成年社会保护工作，关注因种种原因陷入困境的未成年人，给予社会关怀的力量，让他们体会到来自社会的爱，帮助他们走出阴霾、改善生活环境、重拾生活的信心。

任务四　替代性服务

替代性服务对象是亲职不当和亲职缺失的儿童，当家庭照顾功能缺失时，社会工作者针对儿童的实际需要，将儿童安排到适当的居住场所，提供一部分或全部家庭照顾功能，从而替代儿童父母履行亲职职责。这类服务的内容主要包括家庭收养、家庭寄养和机构养育或教养。

任务情境

默默，男，6岁，居住于其爷爷家，就读于某幼儿园。父亲目前处于在押状态，还有近一年半时间才能释放。母亲家庭经济困难，身体状况较差，现阶段居住在外地亲戚家养病，居住条件有限。目前默默暂由爷爷照顾，但爷爷无意愿进行长时间照顾。经社区人员联系，默默的直系亲属及旁系亲属对于默默的监护问题均没有积极的回应。幼儿园园长表示默默在幼儿园比较调皮，上课经常请假去厕所，在未经老师允许的情况下，一直在外玩耍，不进班学习，同时还存在抢夺他人物品等不良行为。鉴于此种情况，社会工作者应该如何开展本次服务工作？

分解任务流程

接案 → 预估 → 计划 → 介入 → 评估 → 结案

任务实施

流程一　接案

默默由社区居委会转介至中鼎社会工作事务所，社会工作者详细了解了其转介缘由，并根据社会工作事务所的性质、职能、资源，初步判断可以为其提供所需要的帮助和服务。之后社会工作者与社区居委会工作人员一同前往服务对象默默家中，与其爷爷进行交流，了解服务对象的基本情况，进行资料收集。由于默默为转介儿童，是在外力的强制作用下被动地接受协助，此时表现出一定的敌对情绪，于是社会工作者在接触初期，将工作重点确定为帮助服务对象减少对本次服务的阻抗、增强儿童对机构和社会工作者的认识，并帮助其澄清问题，使其清醒地认识到自己无人监护的现状，之后再初步探索默默的问题和需要。

【鉴于服务对象默默的抵触情绪，社会工作者决定在事务所的儿童游乐区开展会谈，借助游戏玩具，为服务对象创造一个轻松愉快的氛围，使得服务对象在此期间能够放松紧绷的神经，卸下心理防卫，从而更加自由真实地表达自己的想法和感受。】

服务对象默默来到儿童游乐区后，社会工作者并没有马上开始会谈，而是观察默默的真实表现，经过一段时间，社会工作者发现默默一直在玩拼插积木，于是也开始和默默一起拼插积木。

（社会工作者与服务对象默默会谈摘要）

社会工作者：默默，你很喜欢拼积木吗？

默默：嗯。

社会工作者：我也很喜欢，下次我们一起拼个乐高乐园？

默默：好啊。

【此时，默默基本放松下来，在其略显愉悦之后，社会工作者可以寻找时机，将话题引到本次会谈的重点上。】

社会工作者：能告诉我为什么喜欢拼插积木吗？

默默：平时没人和我玩，就我自己。

社会工作者：你的爸爸妈妈呢？

默默：早就不见了。

社会工作者：那你平时和谁生活在一起？

默默：和我爷爷，但是他也不爱管我。

社会工作者：你在幼儿园也喜欢拼插积木吗？

默默：嗯，但我更喜欢幼儿园的滑梯。每次我都想不停地玩，不喜欢上课。

社会工作者：可是幼儿园要上课吧？可以一直在外面玩吗？

默默：当然不行，但是我就是不听老师的话。

社会工作者：幼儿园有你喜欢的同学吗？

默默：没有，我不喜欢他们，我自己玩挺好的……

社会工作者：你觉得目前自己有什么需要我帮助的吗？

默默：（沉默，放下了手中的玩具，突然转身离开）

本次会谈结束。鉴于此种情况，社会工作者要充分尊重服务对象的选择。之后社会工作者联合社区居委会工作人员分别来到服务对象幼儿园及其他亲属家中了解其日常学习以及生活习惯，从而与服务对象进一步建立专业关系。

流程二 预估

一、识别儿童问题成因

（一）无人监护

默默父亲在狱中服刑，母亲照顾能力有限，现抚养人爷爷无意愿进行长期照顾，其他亲属也以各种原因推脱对默默的监护责任。

（二）心理问题

服务对象缺少父母的陪伴以及引导，感受不到家庭的温暖。

二、决定服务方式和内容

鉴于服务对象默默的现实情况，在征求爷爷的意见后，决定将其送到儿童福利院。

流程三 计划

一、儿童存在的问题

（一）监护不足

服务对象属于未成年人，需要在成人监护下生活。然而父亲在狱中服刑，母亲照顾能力有限，现抚养人无意愿进行长期照顾，其他亲属也以各种原因推脱对默默的监护责任。

（二）心理问题

服务对象正处于自信心以及自尊心的形成时期，但目前的照料人及亲友都在推脱责任，又缺少父母的陪伴以及引导，一定程度上属于家庭支持功能断裂状态，得不到正常的监护。此现象可能会导致默默产生敏感、孤僻、叛逆、自卑情绪，对默默的心理成长极为不利。

（三）教育问题

幼儿园园长表示，服务对象在幼儿园比较调皮，上课经常请假去厕所，然后在未经老师允许的情况下，一直在外玩耍，不再进班学习。另外，服务对象现阶段无固定监护人以及照料人，不能保证其小学正常入学。

二、理论支持

社会支持理论指出，社会支持的增加会使人们的心理健康水平显著提高；支持适时介入有压力的环境中，可以预防或者减少危机的发生。社会支持程度的影响因素有发展因素（个人过去经验对其社会生活的影响）、个人因素（如性格、自尊、学识等）、环境因素（物理环境与社会环境的影响）。根据该理论，社会工作者需要对服务对象的社会支持网络在个人和社区等不同的层面进行评估，从而拟订工作计划。正是从这个角度来看，社会工作者的任务一方面是帮助服务对象运用网络中的资源解决基本问题；另一方面是帮助服务对象弥补和拓展其社会支持网络，使他们掌握建立和运用社会支持网络的能力，从而达到助人自助的目的。默默存在家庭监护的问题，这就需要扩充他的支持网络，为其提供健康化的支持系统，进而帮助其健康成长。

三、设定服务目标

（一）总体目标

帮助服务对象解决临时监护抚养和安置问题，并进行心理健康教育。

（二）具体目标

（1）社会工作者与服务对象建立信任关系，了解儿童真实心理感受。

（2）链接多方资源，并且针对服务对象的情况，为其监护问题提供解决方案。

流程四 介入

【本次服务中社会工作者采用了游戏疗法中的沙盘游戏疗法。在沙盘游戏中，儿童在一个安全、自由的环境中，在社会工作者的陪伴与引导下，运用沙子、水和沙具在沙箱中随意玩耍，展开积极想象和自我表现，将被压抑或潜藏在内心深处的情感展现在沙盘中，并借助沙盘作品进行意识和无意识之间的对话，认识并接受内心的阴影，最终实现心理的

治愈和行为的转变。】

知识链接

游戏疗法

游戏疗法是一种广泛运用于儿童心理行为辅导的治疗方法。在游戏疗法中，社会工作者不再是“老师”或者“辅导员”，而是儿童的“陪伴者”和“伙伴”，与儿童共同游戏、平等沟通，倾听儿童的话语和心声。此种疗法适用于绝大多数儿童，尤其是年龄幼小、表达和理解能力有限者。

服务正式开始前，社会工作者向默默介绍了沙盘游戏的相关设备，鼓励默默消除不安和戒备，开心地进行本次游戏。在活动中，社会工作者全程没有打扰默默，为默默创造了一个安静自由的游戏氛围。游戏完毕后，社会工作者与默默开始了会谈。

（社会工作者与服务对象默默会谈摘要）

社会工作者：你的沙盘做得真有意思，能和我分享一下吗？（鼓励、真诚的眼神）

【经过长时间接触，默默此时抵触情绪已减少，逐渐接受了社会工作者。】

默默：这是一个房子，那三个人是爸爸妈妈还有我……

社会工作者：你很想念你的爸爸妈妈，对吗？

默默：嗯。（眼里有泪花）

社会工作者：请你相信我，这次邀请你来，我是真的想帮助你。（抱起默默）

默默：我想有爸爸妈妈……（大哭起来）

社会工作者：那让我来帮助你，你愿意吗？

默默：嗯！爸爸妈妈会回来吗？

社会工作者：会回来的，在他们回来之前，我带你去一个地方，那里有很多和你一样的小朋友，还有像妈妈一样爱护你的老师，你愿意去吗？

默默：嗯。

社会工作者与未保中心、社会工作机构主任、法律援助中心律师、服务对象的姑奶奶等亲属、社区工作人员再次就默默的监护问题召开商讨会，经链接多方资源，且经过与服务对象多次沟通会谈，在征得默默本人同意后，最终默默被送入某福利院，得到妥善安置。

流程五 评估

一、过程评估

社会工作者通过链接资源的方式，解决服务对象监护问题；在服务过程中，社会工作者严格遵守个案服务工作流程，与服务对象建立关系并且维持关系。值得一提的是，考虑到大部分小男孩比较喜欢沙土游戏，社会工作者利用沙盘游戏疗法开展服务，这为社会工作者与儿童建立信任关系奠定了坚实基础。社会工作者联合多部门解决服务对象监护教育问题，与属地居委会密切交流，切实地解决了服务对象的困境。

二、效果评估

经过社会工作者以及相关机构的共同努力，默默最终被送入福利院，得到妥善安置。

本次服务基本达成服务目标，服务成效显著，但是仍需要社会工作者持续介入，随时关注与了解情况，不断地提升服务对象应对问题的能力。

流程六 结案

通过跟踪回访，持续跟进，随时关注与了解服务对象的情况，强化服务成效，随时发现问题、解决问题，一起帮助其健康成长。

专业反思

生存权益对于每一个人来说都是极为重要的，它既是保证一个人得以正常生存的基本前提，也是一个人维持独立的社会地位并得到正常发展的基本条件。因此，保障人的生存权益对于人的生存与发展乃至整个社会的稳定都具有极其重要的意义。对于未成年人而言，家庭监护是保障其生存权益的传统样态和基本形式。针对缺少家庭监护的儿童，链接资源就显得尤为重要。此时社会工作者最重要的工作是帮助其建立监护系统，在建立监护系统的过程中需要社会工作者联合多方部门，将资源与服务对象进行对接，这正是社会工作者链接资源能力的体现。中鼎社会工作事务所一直致力于未成年人社会保护，充分贯彻落实《国务院关于加强农村留守儿童关爱保护工作的意见》和《北京市政府关于加强困境儿童和留守儿童保障工作的实施意见》等文件精神，形成了“政府主导、部门协作、社会参与、多方发力”的良好格局，协助政府部门切实解决留守儿童和困境儿童摸底排查工作中发现的突出问题，特别围绕源头预防、强制报告、应急处置、评估帮扶、监护干预等五大机制为未成年人社会保护工作提供全方位的有力保障，取得显著成效。在实际工作中将继续完善相应工作机制，为未成年人的社会保护事业贡献自己的一分力量。

任务总结

1. 儿童的需要

（1）生存的需要；

（2）爱的需要；

（3）发展的需要；

（4）游戏的需要；

（5）受保护的需要；

（6）社会化的需要。

2. 儿童社会工作的服务原则

（1）优先原则；

（2）利益最大原则；

（3）伤害最小原则；

（4）平等参与原则；

（5）生态系统原则。

3. 社会工作者在儿童社会工作中的角色

（1）保护者；

（2）支持者；

（3）教育者；
（4）陪伴者。

思考与讨论

1. 结合任务一，试分析服务对象的需要主要有哪些。
2. 结合任务二，试分析社会工作者在服务期间主要承担了哪些角色。
3. 结合任务三，试分析在评估阶段社会工作者可以采用哪些评估方法。
4. 结合任务四，试分析社会工作者在服务期间运用了哪些专业技巧。

实训题

实训情境：

服务对象小喜，男孩，4 岁，在一次困境未成年人需求摸排时被社会工作者发现。服务对象患有罕见的膀胱外翻疾病，患处经常流血、流尿，家里的被褥几乎都被其流出的血和尿染脏；还患有语言功能障碍，说话含糊不清。因家境贫困，小喜从出生便经受病痛折磨，未曾去过医院进行诊治。

小喜家的家庭成员有母亲、父亲、小喜、弟弟和外祖母共 5 口人。母亲存在轻度智力障碍，无工作技能，无经济来源；弟弟刚满 2 周岁，年龄尚小，需要抚养；外祖母年迈体弱，只能在家打理日常事务；全家仅靠父亲每月 3 500 元打工收入维持生活，家中还有不明数额的欠款，生活入不敷出。服务对象目前由母亲和外祖母看护，监护状态较差，不能对其生命健康、医疗以及教育提供良好保障；也不能像同龄人一样外出玩耍和学习，生活状态较为边缘化；家庭成员心理压力较大，消极情绪强烈。

1. 总结服务对象及其家庭当前存在的问题。
2. 社会工作者可以运用何种个案工作模式开展工作？
3. 根据实训情境制订服务计划。

项目六 青少年社会工作

青少年时期是一个充满变化的时期，青少年社会工作必须充分尊重青少年的特点，从人与环境互动的视角多层面地开展工作，最终促进青少年的健康成长。本项目将根据中华人民共和国国家标准《青少年社会工作服务指南》（GB/T 36967－2018）文件规定，结合指定任务情境，讲解青少年社会工作的详细流程、理论知识及相关行业标准。

知识目标

- 了解青少年的发展特点及基本需要
- 熟悉青少年社会工作的服务内容

技能目标

- 熟练掌握青少年社会工作的基本方法
- 能够有效遵循青少年社会工作的基本原则

素养目标

- 关心青少年发展，牢固树立青少年服务意识
- 在推动关心下一代工作事业更好发展的进程中进一步体现社会工作价值

思政目标

- 树立正确的人生观和价值观，敢于面对现实生活中的各种困惑和挑战

任务一　家庭治疗

家庭治疗方法以家庭为介入单位，探索青少年问题背后的家庭结构和互动关系，促进家庭内在系统的改变，优化青少年成长的家庭环境。家庭治疗主要适用于改善并重建青少年和家庭成员之间的关系，实现家庭成员的良性互动。

任务情境

小雪，女，14 岁，身体健康，其父亲母亲已于 2013 年离婚，母亲再婚，小雪一直与父亲、爷爷一起生活，父亲工作繁忙，经常出差，无暇照顾小雪，爷爷是退伍军人，对小雪要求比较严格。最近据老师反映，小雪学习成绩出现明显下滑。小雪父亲知道后，对其进行了严厉的斥责，小雪对家庭的教育方式产生反感。于是小雪爷爷来到中鼎社会工作事务所，希望能够缓解家庭关系，改善小雪的学习情况。作为社会工作者的林立，该如何开展本次服务呢？

分解任务流程

接触预估 → 服务设计 → 服务实施 → 服务评估

任务实施

流程一　接触预估

一、与服务对象建立专业关系

【青少年由于处于人生发展的上升及转折阶段，人生观尚未定型，具有性格上的不确定性以及叛逆性等特征，这就要求社会工作者在与服务对象建立专业关系的过程中，积极使用尊重、同感、真诚一致、积极主动等技巧。尤其是在面对非自愿型服务对象时，建立专业关系会面临更多挑战。】

根据任务情境介绍可知，爷爷是主动求助社会工作者提供服务的主体，他请求社会工作者帮助调解家庭成员儿子与孙女的关系。此时小雪为非自愿型服务对象，社会工作者必须要充分考虑小雪的心理状态，以尊重、接纳的态度开展服务，积极主动地了解小雪的兴趣爱好，并以“朋友关系的同龄人”身份来温暖服务对象，最终与其建立专业关系。

（社会工作者与服务对象小雪会谈摘要）

社会工作者：你好，小雪，我是中鼎社会工作事务所的社会工作者林立，你可以叫我社工姐姐。

小雪：（沉默）

社会工作者：你能简单地介绍一下自己吗？

小雪：（继续沉默）

社会工作者：听你爷爷说，最近你和父亲有些矛盾，我很希望能够帮助你，你愿意吗？

小雪：（拒绝交流）

社会工作者：好的，小雪，没关系，既然你不喜欢说话，那么我们写出来怎么样？（看到小雪没有抵触反应，于是社会工作者拿出纸张，并采用封闭式的问题开展交流）

社会工作者：（写）你现在开心吗？

小雪：（写）不。

社会工作者：（写）是因为爸爸前几天批评你了吗？

小雪：（写）嗯。

社会工作者：（写）那我们现在不说这些，聊些开心的事情，好吗？

小雪：（写）好。

社会工作者：（写）听你爷爷说，你很擅长画画？

小雪：（写）嗯。

社会工作者：（写）以后想考美术学院？

小雪：（写）嗯。

【之后，社会工作者就小雪的兴趣爱好与她进行了交流，就在这一来一回中，小雪的抵触情绪逐渐消减，就在交流即将结束时，小雪突然说话了。】

小雪：你好，小林姐姐。非常感谢你刚才的耐心，我知道你是真心地想帮我，我为我刚才的自私向你道歉。我爸爸总是批评我，我做什么都不对。我大部分时间都和爷爷一起生活，爷爷管得也太多了，不让干这、不让干那，真是太烦人了！

社会工作者：你们之间交流得多吗？

小雪：我们几乎没有交流，爸爸总是出差，大部分时间都见不到人，爷爷太固执，什么都是军事化管理，我还没说，他就一大堆的大道理……

社会工作者：（继续倾听）

小雪：其实我知道为什么我成绩会不好，我就是不想学了，因为怎么都达不到他们的要求，从小到大几乎没有获得过表扬……

社会工作者：非常感谢你能这么相信我，和我说出了心里话。相信之后我们会成为好朋友的！

小雪：谢谢你。

【之后社会工作者与服务对象爷爷进行会谈，对小雪及其家庭情况进行了全面了解。社会工作者经过与小雪及爷爷沟通，在征求对方同意后建立了专业关系。】

二、预估青少年个人的生理、心理、社会发展状况

【预估青少年个人的生理、心理、社会发展状况，从而进一步掌握造成服务对象心理症状的生理和社会发展方面的原因，进而识别服务对象问题的主观因素。在服务中社会工作者要关注青少年的青春期发展状况，如果直接开展会谈有困难，必要时可以运用各种心理测验工具获取资料。】

社会工作者通过家访与小雪一家进行会谈，服务对象的爷爷很热情，礼貌相迎，此时服务对象和父亲的座位离得很远，且互相没有沟通。

（社会工作者与服务对象家庭会谈摘要）

社会工作者：大家好，我是中鼎社会工作事务所的林社工，大家叫我小林就好。

小雪爷爷：你好，小林，辛苦你跑一趟。

社会工作者：您太客气了。

小雪爷爷：（见小雪父亲低头看手机没有反应）别看了，没看这都开始了吗？

小雪父亲：（没有理睬）

社会工作者：（面向小雪）小雪，最近在学校怎么样？

小雪：还好啊……和老师同学都挺好的。

小雪爷爷：胡说，老师都告诉我了，你最近成绩太差了……

社会工作者：（想看看家人的态度与交流方式，因此也没有说话，只是悄悄地观察）

小雪父亲：这孩子，都被老人惯坏了，一点都不认真学习……

小雪爷爷：我哪里惯着孩子了?！还不是你，经常不回来，这辅导作业都是你做父亲的责任！

小雪：我错了，就是最近太困，才没好好上课……你们别吵了！（突然心情开始低落、委屈，去了隔壁屋）

小雪父亲：快点回来，还没结束呢！怎么说话呢？快道歉！

小雪：（低着头回来）对不起，小林姐姐。

三、预估青少年的家庭、学校、工作场所和所在社区的情况

【一般来讲，青少年的社会生态系统由家庭、学校、社区、工作场所构成。因此，社会工作者应以“人在情境中”视角来看待青少年的问题，他们的问题很有可能就出现在他们和环境的交互作用上。】

结合任务情境，社会工作者通过多年的工作经验，判断服务对象当前存在的问题与家庭的沟通方式存在密切关系，于是征求家人同意，采用集体会谈的方式进一步收集相关资料。在家访过程中社会工作者的主要任务是运用沟通技巧观察家庭成员沟通交流的方式，并根据萨提亚的沟通理论对服务对象及其爷爷、父亲进行分析：父亲在本次会谈中发言次数较少，一直在做自己的事情，习惯把所有过错都怪罪到别人头上；小雪经常把自己放在一个较低的位置，在与家人沟通的过程中，一般选择忽视自己内心的感受，会担心家人不满意；爷爷军人出身，过度在乎“规定”，忽略感情。

四、预估青少年的问题和需要

（一）预估问题

1. 沟通问题

小雪的家庭存在的最大问题就是沟通问题，因为大家并不懂得如何沟通，所以无法进行情感交流，也正是家庭沟通的缺乏造成了家庭成员间不必要的误会和矛盾。

2. 学习成绩问题

虽然小雪目前学习成绩下降，但这并不是关键问题，只是家庭沟通问题导致的表象问题，家庭沟通问题才是成绩下降背后的深层次原因。

（二）认定需求

（1）提高家庭成员的沟通技巧；

（2）爱的表达。

五、预估青少年及环境的资源和优势

【在本阶段，社会工作者需要从优势视角预估青少年及其所在环境的资源，聚焦服务对象的优势、能力，调动其积极性，从而利用服务对象自身力量解决问题。】

结合任务情境，社会工作者发现小雪很有绘画天赋，也愿意改变现状，对家人很尊敬，是个非常懂事的孩子。在环境资源方面，虽然缺少了母爱，但其他家庭成员都很爱小雪，关心小雪的衣食住行；虽然父亲没有直接表态，但通过多方面的行动表示愿意配合，希望能够改变小雪的现状，爷爷更是非常积极。

流程二　服务设计

一、确定服务主题

【确定服务主题是青少年社会工作服务进入服务设计阶段的第一项工作，社会工作者需要结合服务经验、机构愿景等内容划定本次服务的工作边界，确认服务的目标和主要可交付的成果，最终确定服务中应该采取哪些行动。】

中鼎社会工作事务所一直致力于青少年社会服务，为困境未成年人及其家庭提供了监护干预、社会救助、心理疏导、教育矫治、安全技能防卫、未成年人校园欺凌防范等服务，并构建了“政府主导、部门协作、社会参与、多方发力”的服务格局，青少年帮扶工作成效显著。针对任务情境中服务对象小雪的实际情况，中鼎社会工作事务所认为其与本机构服务领域、机构愿景契合，并基于丰富的实践经验，最终确定本次服务主题是“提升家庭支持力，家庭成员共同成长”，拟通过运用家庭治疗方法，改善并重建服务对象小雪的家庭关系，最终实现家庭成员的良性互动。

二、明确服务理念和理论依据

【青少年社会工作的服务理念与社会工作一致，强调对青少年个体和群体的尊重、接纳，呼吁社会给予青少年平等的发展和参与机会。】

家庭治疗理论认为，每个家庭成员的行为都是与家庭互动的结果；人的问题不单单是个人问题，还可能与家庭系统有关；强调家庭成员之间应该加强沟通和联结，良好的家庭互动模式可以促进个体的改变和成长。这是萨提亚家庭治疗模式的主要内容之一。

三、确定服务目的和目标

【在本阶段，社会工作者需要与服务对象共同选择适当的目标，并与服务对象讨论目标的可行性和潜在的利弊，注重发挥服务对象的主观能动性。】

帮助服务对象家庭成员改善沟通方式，缓解家庭矛盾，构建和谐的家庭关系。

四、识别服务对象系统、目标系统及行动系统

在本任务情境中，社会工作者判断小雪的需要和问题与家庭系统有重要关系，此时家庭便是服务对象系统；目标系统与服务对象系统一致；行动系统便是为了缓解家庭矛盾、改善沟通方式而采取共同努力的家庭成员（爷爷、爸爸）。

五、选择介入策略

社会工作者采用家庭治疗模式，对服务对象家庭成员开展心理调适，帮助家庭成员解决问题，协调家人关系，为服务对象及其家人建立合理温馨的家庭支持系统。

阶段	服务内容	预期目标
前期	运用萨提亚的沟通理论，引导家庭成员意识到服务对象现在存在的问题与家庭成员的交往方式、家庭规则都有密切的联系，并请家庭成员配合与协助	提出问题并分析原因，引导家庭成员积极解决问题
中期	通过使用冰山理论，协助服务对象洞悉自己内心最深处的渴望与感受	促进服务对象认知改变和行为修正
	通过播放影片，引导服务对象及家庭成员模仿学习、提高自我效能，使其转变认知	
强化	运用角色扮演的方式使家庭成员认识到自身问题	意识到沟通的重要性
	家庭重塑，帮助家庭成员重新整合	进一步提高家庭成员的沟通能力
后期	无结构访谈，分享感受	巩固家庭关系

六、签订服务协议

双方就服务协议内容取得一致意见后签署服务协议，且如果服务对象为未成年人，则需要服务对象与法定代理人共同签署服务协议。

七、明确评估指标、选择评估方法

所谓评估指标，指的是在服务过程中出现的能证明服务的目的已经达到的一些事情或标志。

流程三 服务实施

一、第一次服务

（社会工作者与服务对象爷爷、父亲会谈摘要）

社会工作者：人生活在环境中，会受到环境的影响，家庭就像一个小系统，也会对青少年产生影响，特别是朝夕相处、有血缘关系的家人。家人之间最重要的就是交流，如果沟通不好，会产生很多不必要的误解和矛盾，可见沟通对家庭关系的建立有很重要的作用。

小雪爷爷、父亲：（点头附和）

社会工作者：通过上次的会谈，我仔细分析了各位在家庭沟通中的姿态，有指责型、讨好型、超理智型，这些沟通姿态，无论哪一种都很容易给彼此带来不好的沟通体验，据我对大家的观察了解，其实你们每个人都很关心对方，但就是沟通出了问题，才会有现在的问题发生。

小雪爷爷：是吗？（有点怀疑）我哪里有问题？

社会工作者：举个例子吧，爷爷您觉得平时对爸爸的态度会不会影响小雪？

小雪爷爷：什么态度？她爸爸从小就是这么长大的，这不也挺好的吗？

小雪爸爸：就是有点强势。

小雪爷爷：什么？怎么就强势了？

小雪爸爸：我从小就是这么过来的，总是拿当兵的那一套教我，真是够累的。后来你还要我当兵，我那时候就想怎么都不去当兵，我对那个没什么好感！

小雪爷爷：（很惊讶地听着，然后沉默了一会儿，若有所思）

小雪爸爸：经你这一提醒，我大概懂你的意思了，我们的言行会影响孩子的心理，家长是孩子的老师，同时，爷爷对我的态度也会影响我对孩子的态度。

社会工作者：（笑了笑，点点头）是的，是的。

小雪爷爷：（似乎意识到了，然后笑着说）我注意。

社会工作者：（见大家状态良好，继续讲）那么最佳的沟通姿态是什么呢？是要达到自我、他人和情境三者的和谐互动，简而言之就是言语表现出一种内在的觉察，表情与言语一致，内心和谐平衡，最终实现一致性沟通。

社会工作者之后向服务对象爷爷 、父亲介绍了一致性沟通及与青少年沟通的基本技巧，爷爷与父亲的态度有所缓和，并保证尽量持续配合做好服务工作。

会谈结束后正值小雪放学到家，社会工作者邀请小雪父女进行亲子关系测量。

知识链接

萨提亚五大经典沟通姿态

萨提亚心理学认为，生活中有五种沟通姿态：指责型、讨好型、超理智型、打岔型、表里一致型。生活中出现更多的沟通姿态是：指责型、讨好型、超理智型和打岔型。这四种沟通姿态都很容易给彼此带来不好的沟通体验，甚至引发不满和争吵。

类型	概念	语言特点	举例
指责型	这类人习惯“批判和攻击”，或者为保护自己而选择逃避责任，把所有的问题都推给别人。如：服务对象父亲	只关注“我”，不关注“他人”和“情绪”	这一切都是你的错；你是怎么搞的；你从来都没有考虑过别人的感受；如果不是你，事情就不会弄成这样……
讨好型	这类人刚好和指责型相反。他们的内在价值比较低，经常把自己放在一个较低的位置，好像努力平息所有的事就是他们生存的目的；即便自己感觉不好，也会对别人和颜悦色。如：服务对象小雪	只关注“他人”，不关注“我”和“情绪”	我知道我不该这样；如果不是我，你也不会被我拖累；只要是你决定的，我都会接受并且支持；哪怕你这样对我，我也不会放在心上的……
超理智型	这类人只会根据大量的数据案例和外部环境等去分析问题；过度注重逻辑，而忽略甚至回避人的价值和感受。如：服务对象爷爷	忽略“感情”，极度客观，更关注情境，也就是“情绪”	规定就是规定，其他的不用解释；很明显事情就是这样，你硬是强求也没用；毫无疑问，这个事情应该这样解决；你要相信科学，自己瞎鼓捣能折腾出什么来……
打岔型	这种类型的人，喜欢在别人说话的时候“插嘴”，或者转移话题，企图分散别人的注意力，以减轻自己对压力的关注	会“哄”别人开心，把别人带出“悲伤”的氛围，但是忽略情绪，逃避问题，并不是真正地解决问题	生活就是要让自己开心，想那么多干吗；说这个就没意思了，我们来聊点别的吧；啊，你刚才说什么？我听说最近××好像发达了……

二、第二次服务

（社会工作者与服务对象小雪会谈摘要）

社会工作者：小雪，还记得上次姐姐给你做的亲子关系测量的量表吗？

小雪：我知道结果肯定不好。

社会工作者：结果并不能反映一切，其实我知道你最近成绩下降就是想要博得家人对你的关注，对吗？

小雪：（瞪大双眼，点了点头）姐姐你真厉害！

社会工作者：你能告诉姐姐你最想要从家长那里获得的是什么吗？

> 运用冰山理论协助服务对象察觉自己内心最深处的渴望，促进服务对象做出改变

小雪：希望能够得到他们的认可，哪怕一次表扬也好。

知识链接

冰山理论

萨提亚提出：如果用冰山比喻人的内心，那么人们能看到的仅仅是非常少的一部分——人的行为，而更大的本质部分却藏在更深层次，包含个人行为、应对方式、感受、见解、希望、期盼、自身七个层级。这个理论能够帮助服务对象发现和理解人的内心世界。

社会工作者：最近你发现家人有改变吗？

小雪：（思考了一会儿）他们好像不怎么吵架了，爸爸好像最近也没出差……

社会工作者：其实我之前和他们沟通过，他们真的以你为荣，还告诉我你小学连续3年都是三好学生……

小雪：啊？可是他们从来没有跟我说过、表扬过我……

社会工作者：他们真的是不懂得表达，你要多理解一下，你的爷爷很小就独自外出谋生，后来又去当兵，那个年代的人因为历史原因和家庭原因，所受的苦难较多，你爷爷独自一人承受生活的压力，形成了严格、不苟言笑、易怒的性格，我们都应该理解。

小雪：（若有所思，点了点头）

社会工作者：同理，你能理解爸爸了吗？

小雪：（想了想）听爷爷说，爸爸也是很早就出去打工，为了让我上好学校、报辅导班上课、学乐器，那时候乐器好贵，但是爸爸毫不犹豫地就给我买了。可能是最近他压力太大了，都没有时间顾及我，我还让他担心，真是不对。

社会工作者：你能这么想就太对了。好样的，小雪！

知识链接

家庭编年史

家庭编年史是指按照时间顺序记录的家庭重大事件，通常是以祖父母开始，直至主角成年作为结束。一般包括家庭成员的结婚、离婚、出生、死亡等主要信息；还会涉及家庭成员的重要人生经历，比如升学、工作等。

三、第三次服务

社会工作者为服务对象播放一段关于家庭沟通的影片，同时推荐他们平时观看一些有关家庭教育及沟通的讲座、论坛，引导服务对象家庭模仿学习、提高自我效能，进而使其转变认知。

四、第四次服务

为进一步强化家庭沟通效果，社会工作者争取爷爷、父亲同意后，让他们与服务对象小雪三代人一同体验“角色扮演”，三个人分别扮演不同角色，从而体验不同角色的心理感受，并意识到家庭交往中沟通的重要性。社会工作者建议爷爷、父亲要多对服务对象进行鼓励与赞美，这不仅能够提升孩子的自信心，更可以有效维持良好的亲子关系，促进服务对象的健康成长。

流程四 服务评估

一、过程评估

社会工作者能够通过服务对象的表象问题准确判断深层次原因，即小雪的成绩下降是因为家庭沟通出现问题，运用萨提亚家庭治疗模式，分别开展了服务对象自尊和自我价值的诊断、沟通方式的诊断以及家庭规则的诊断，能够对家庭成员晓之以理、动之以情地开展服务工作，其间运用倾听、同理等个案工作技巧，值得借鉴。

二、效果评估

社会工作者能够综合运用萨提亚家庭治疗模式，对家庭沟通方式进行有效引导，成果显著，基本实现了个案服务初期的目标；家庭成员间的矛盾随着各自认知的重建、行为的修正、教养方式的改变以及良性沟通的建立基本消除；在优势视角理论的指导下，激发了服务对象小雪的抗逆力，使其重新树立了积极生活、学习的自信心。

专业反思

如果家庭出现了“问题”，通常这些“问题”会被理解成是由某个或者某些家庭成员导致的，其他家庭成员就会花费很多时间和精力责备那些有“问题”的家庭成员。这样，整个家庭的沟通交流方式就会陷入相互指责、相互抱怨的不良循环中。如果社会工作者能够引导家庭成员不要把家庭的问题归咎于某个或者某些家庭成员，而是把家庭成员的问题放在整个家庭的环境中，让所有家庭成员看到“问题”与家庭成员沟通交流方式之间的关联，并且设法打断这样的沟通交流方式，让家庭成员从相互责备的循环中摆脱出来，就能有效解决家庭功能的失调。社会工作的核心理念是让服务对象能够实现“自助”，本任务情境中社会工作者运用的萨提亚家庭治疗模式，注重所有家庭成员的成长，改善家庭成员的沟通交流方式，帮助家庭成员从根本上解决亲子问题，改善亲子关系，促进青少年的健康成长。

知识链接

萨提亚家庭治疗模式

萨提亚认为，心理治疗不应该只关注个体的行为和问题本身，心理治疗的过程也是自我学习成长的过程。在治疗过程中，萨提亚不强调病态的家庭模式，而是帮助服务对象挖掘自身的潜力，从而去改变自己、改变家庭。

一、萨提亚家庭治疗模式的理论假设

萨提亚家庭治疗模式的理论假设可以概括为三个主要方面：对人的理解、对困难的理解和对家庭的理解。这三个方面相互影响，一起构成萨提亚家庭治疗模式的理论基础。

（一）对人的理解

萨提亚相信人是善的，拥有快乐生活的各种能力和资源，而且人只有保持身体、理智、情绪、精神、感受和互动等不同部分的协调，才能使自己的能力和资源充分发挥出来。萨提亚认为，每个人都有成长发展和与人交往的需要，一个人只有了解自己的内心状况，并且能够在表达自己的要求时，与他人建立相互信任的合作关系，才能满足这些需要。简单地说，一个人能否充分发挥自己的能力和资源，取决于这个人在与他人交往时的感受以及所获得的自尊心的高低。

（二）对困难的理解

萨提亚认为，不幸的事件并不能导致人的问题，导致人出现问题的真正原因是错误的应对方式。当人面临周围环境的挑战时，如果过分依赖自己过去的经验和处理方式，就无法正确评估现实，也无法充分调动自身拥有的资源和能力，从而使周围环境的挑战转变成问题。

（三）对家庭的理解

萨提亚非常重视家庭，认为它对每个人的影响都非常大，因为每个人都有很长的时间生活在家庭中，而且家庭生活经验是人早期的学习经验，陪伴人的一生。萨提亚发现，家庭在处理成员的差异时，通常有两种方式：一种是封闭式，即通过奖励和惩罚促使成员保持一致性；另一种是开放式，即通过强调有弹性的适应激发成员的发展潜能。萨提亚认为，某些家庭之所以选择封闭式的应对方式，是因为受到以往家庭经验的影响，因此通过回顾家庭历史，可以帮助家庭提高警觉性。

二、主要概念

萨提亚认为，当无法改变外在环境的时候，我们可以学会感受自己的内心。家庭治疗能够指导个体更全面、更深入地进行自我感知，认识自己内心的感受，从而提高自尊，建立“高自尊”和“表里一致”的沟通姿态。在此基础之上，萨提亚自创了一套假设和信念，主要内容如下：

（1）个体是可以改变的，包括内在的和外在的改变，如感受、渴望和价值观等的改变。

(2) 体验式的治疗可以促进多层次的改变，除了行为和感受的改变，还可以深层次地改变“自己”。

(3)“问题”本身不是问题，如何应对才是问题。治疗并不是解决个体的问题，而是改变个体的应对方式。

(4) 个体的感受是完全属于自己的，个体应该学会察觉自己的感受并管理和享受自己的感受。

(5) 治疗的目标是积极正向的，而不是关注消极的行为问题。

(6) 个体的治疗也是系统的治疗，包括改变个体的内在系统和外在系统。

(7) 个体具有改变的潜能，社会工作者只是协助个体挖掘自身所具有的资源，引导个体改变。

(8) 在情境中，个体更倾向于选择熟悉的应对方式，尽管这种应对方式可能是不良的。

任务二 历奇辅导

历奇辅导是指有目的地把青少年带离舒适区，进入低冒险区，通过体验性活动经历新奇，促进青少年的自我探索、自我觉察与自我成长。该方法主要适用于帮助青少年提高自信、提升自尊、培养团队合作精神。

任务情境

北京市某儿童福利院生活着 30 余名孤残儿童，其中 9 名年纪相仿，平均年龄 14 岁，此 9 名儿童中有 7 名自幼生活在福利院，另外 2 名 7 岁后开始在福利院生活。目前该儿童福利院采用集中养育的模式，儿童生活环境相对封闭，接触社区环境机会较少，社会体验缺乏。除此之外，在这种环境下，青少年资源竞争激烈，缺少亲情关怀，有较强的自卑感、不安全感、攻击性，导致他们在人际交往、社会融入方面明显落后于正常家庭的孩子。针对上述问题，该儿童福利院联合中鼎社会工作事务所开展青少年心理干预服务项目，带领福利院青少年“走出去”，到“外面的世界”参加活动。

分解任务流程

接触预估 → 服务设计 → 服务实施 → 服务评估

任务实施

流程一 接触预估

经社会工作者了解，此 9 名青少年均为弃婴，且有 7 名青少年自幼便生活在福利院，无父母、无家庭，亲情缺失，有情感需求。

福利院生活环境相对封闭，参与社会活动的机会较少，青少年对外界环境不熟悉，在接触外界环境时会感觉不自然、不适应，从而选择逃避，逐渐形成一种恶性循环，使其难以融入新集体，需要锻炼其社会融入能力；且因老师有流动性、更替性，青少年与老师之间难以建立稳定的信任关系，容易产生较强的不安全感、攻击性，对人际关系的维系存在消极影响，其人际交往能力急需改善。

流程二　服务设计

一、明确服务理念和理论依据

社会学习理论认为个体的学习行为有三种机制，即联结、强化和观察学习。其中观察学习理论认为，人们仅通过观察他人或模仿榜样，就可以学习某种社会态度和行为。在观察学习理论中，环境中的他人是一个重要的信息来源。本次服务将社区青少年与福利院青少年纳入同一个小组，使青少年在互动中观察彼此的行为，从而习得相应的行为或调整自己的行为。

结合任务情境，社会工作者拟开展以社会融入与参与支持为主要内容的服务，进而提升福利院青少年社会融入和社会参与的能力。

二、小组活动设计

（1）人员构成：社区青少年（9 名）与福利院青少年（9 名）。

（2）小组性质：成长小组。

（3）活动时间：2020 年 6—11 月，共 7 节。

三、确定服务目的和目标

（一）总目标

协助福利院青少年建立良性社会支持系统，提高其人际交往能力，进而提升青少年社会融入和社会参与的能力。

（二）具体目标

（1）培养青少年的合作意识。

（2）培养青少年的人际沟通能力。

（3）使青少年学会管理自己的情绪。

四、介入策略

节（次）	时间	目标	内容
第一节 “开心见面会”	6 月 24 日	1. 相互熟悉； 2. 建立信任关系	1. 介绍自己； 2. 破冰游戏：“你是谁”； 3. 游戏：“大风吹”
第二节 “你好，我的朋友”	7 月 7 日	1. 回顾上次活动； 2. 建立小组契约； 3. 提升合作意识	1. 回顾上次活动内容； 2. 游戏：“松鼠与大树”； 3. 游戏：“筷子夹乒乓球”； 4. 反思回顾

续表

节（次）	时间	目标	内容
第三节 “沟通——打开心结”	7 月 22 日	1. 回顾上次活动； 2. 加深合作意识； 3. 激发沟通意愿	1. 回顾上次活动内容； 2. 破冰游戏：“找到你”； 3. 游戏：“团队接力作画”； 4. 发表感想； 5. 总结回顾
第四节 “众人拾柴火焰高”	8 月 1 日	1. 回顾上次活动； 2. 认识合作的重要性； 3. 增强表达与沟通意识	1. 游戏：“八爪鱼”； 2. 游戏：“你画我猜”； 3. 游戏：“纸张传乒乓球”； 4. 活动回顾与反思
第五节 “我希望你喜欢我”	9 月 9 日	1. 回顾上次活动； 2. 享受合作的快乐； 3. 反思人际关系，学习处理人际关系	1. 回顾上次活动内容； 2. 游戏：“推销自己”； 3. 游戏：“朋友大拍卖”； 4. 活动感受及意见征集
第六节 “信任之旅”	10 月 21 日	1. 回顾上次活动； 2. 促进沟通与交流	1. 回顾上次活动； 2. 游戏：“巧取糖果”； 3. 游戏：“同舟共济”； 4. 活动感受与反思
第七节 “我的心情我做主”	11 月 10 日	1. 总结之前活动； 2. 学习自我情绪管理； 3. 告知本阶段活动结束	1. 回顾往期活动； 2. 游戏：“情绪猜猜猜”； 3. 游戏：“能量加油站”； 4. 游戏：“情绪垃圾桶”； 5. 活动感受征集

五、预估服务风险，设计应对方案

社会工作者在开展服务之前，需要对潜在的影响服务目标实现的因素进行预判，从而将可能发生的影响事件及其不利影响控制在最小范围内。

阶段	目标	任务	风险	可能性	应对措施	负责人
前期	消除陌生感，建立信任关系	开展“大风吹”等破冰游戏	组员参与的积极性不高	中	提前动员青少年积极参与活动	社区工作人员/社会工作者
中期	增进小组和谐程度	开展“松鼠与大树”“筷子夹乒乓球”等游戏	组员出现抱团现象	中	适时打乱团体组员构成	社会工作者
			出现矛盾与冲突	高	1. 提前告知注意事项； 2. 维持秩序	社区工作人员/社会工作者
后期	处理离别情绪	回顾往期活动	伤感情绪出现	高	提前进行结案告知	社会工作者

六、明确评估指标，选择评估方法

评估的目的是考察社会工作的介入成效，判断是否达到了预期目标。为了评估服务效率、成效和影响，制定评估指标是关键环节。

目标	评估指标	评估内容	评估方法/工具
协助福利院青少年建立良性社会支持系统，提高人际交往能力，进而提升青少年社会融入和社会参与的能力	工作完成情况	1. 有完整的工作计划1份； 2. 有工作总结1份； 3. 有相对完善的服务过程记录1份	过程评估/服务记录表等
	小组参与情况	1. 青少年出勤率； 2. 青少年满意度调查	过程评估/签到表、问卷
	小组工作情况	1. 服务流程是否完整； 2. 服务是否与需求相匹配； 3. 介入目标是否与介入过程相匹配	结果评估/服务评估表、服务记录表

流程三 服务实施

一、分解服务任务

（一）前期准备

本次小组活动准备工作主要有：首先，根据服务对象实际情况制订合适的服务计划，并报请机构及福利院领导审批；其次，寻找并联系合作社区，建立合作关系，沟通社区儿童招募、活动内容、时间、场地等问题；最后，准备活动资料，并与一线老师沟通，最终带领儿童外出参加活动。

（二）开始阶段：认识彼此

本阶段包含第一节内容。根据计划，社会工作者作为决策者与领导者带领服务对象认识彼此，通过“大风吹”等破冰游戏缓和小组氛围。游戏过程中，小组成员由刚到小组时的局促不安、害羞、沉默到逐渐放开，相处氛围变得放松，并普遍表现出与他人互动的意愿。在本阶段活动中，社会工作者运用积极回应、适当自我表露的技巧，让小组成员感受到社会工作者的信任，增强自我表达的意愿；通过示范等方式，鼓励小组成员参与到游戏中，从而消除小组成员间的陌生感，改善小组氛围。

（三）中期转折阶段：减少冲突，增进小组和谐

本阶段包含第二节与第三节内容，社会工作者主要扮演引导者的角色。在本阶段初期，小组成员开始尝试表达自己的真实想法，因不熟悉而产生的礼让、妥协等行为减少，权利意识、自我意识增强，使小组中的分歧、竞争增多。而且，小组成员为增强安全感出现抱团现象，形成“社区团体”与“福利院团体”，区分明显。社会工作者首先通过回顾前期活动，使小组成员进入小组活动状态，这时，小组成员在座次上明显地分为了“社区青少年区”与“福利院青少年区”；为此，在游戏分组时，社会工作者采用随机抽签等方式，将两个团体打散，并在游戏中抓住社区青少年热情、主动性强的特点，采用鼓励的技巧，调动社区青少年积极性，从而对福利院青少年发挥带动作用；采用帮助梳理的技巧，在小组成员意见不合时进行引导与调节，使小组成员学习处理矛盾与冲突，从而锻炼团体相处与合作的能力；福利院青少年防御性相对较强，在活动中主动性差，表现较沉默，社会工作者会着重关注，直接给予示范或行为指导，引导其融入活动中。在本阶段末期，小组成员抱团现象减少，部分福利院青少年开始尝试与社区青

少年建立朋友关系，小组关系趋于稳定。

（四）后期成熟阶段：小组关系巩固

本阶段包含第四至第六节内容，社会工作者需要扮演引导者的角色。本阶段的活动由培养团体意识转变为锻炼团体合作能力与技巧，如在“推销自己”的游戏中，要求服务对象基本能够向他人介绍三个以上自己的优点，但有一半以上的服务对象说话声音较小，表现并不自信，此时社会工作者采用鼓励、示范的技巧，引导其大声“推销”自己，增强服务对象自我表达的信心与勇气，使其在与人交往时更有自信。在“巧取糖果”“同舟共济”游戏中，小组成员共同商量策略，分工合作，彼此之间的配合逐渐默契，服务对象在游戏中锻炼了合作与沟通的技巧。另外，有的服务对象开始时不愿有肢体接触，在社会工作者的鼓励或陪同下，逐渐有了牵手、拥抱等行为，动作从僵硬变为自然，使小组关系更为紧密。

本阶段服务对象间的关系更加紧密，对小组的归属感增强，部分小组成员由流动成员变为固定成员，小组结构趋于稳定。

（五）结束阶段：结束活动

本阶段包含第七节内容，社会工作者主要扮演领导者的角色。由于本小组是半封闭小组，小组成员由固定成员与流动成员构成，社会工作者在处理固定成员离别情绪的同时也会帮助流动成员融入活动。本阶段活动由游戏与回顾两部分构成，服务对象在“情绪猜猜猜”“能量加油站”等游戏中表达情绪并学习管理情绪，回顾以往活动以及处理离别情绪则分别放在始末段进行，使单节活动在小组活动中的重要作用得到充分发挥。在活动结束时，组员表示自己非常期待下次活动。

二、明确人员分工

青少年社会工作一般由专业机构组建专门的服务团队来进行，服务团队有可能来自同一机构或者由跨部门、跨区域人员构成，明确人员及职责分工有助于团队的高效合作，从而实现人力资源的合理充分利用。北京某福利院青少年“走出去”历奇辅导小组及职责分工如下表所示。

组别	成员构成	职责
领导组	福利院院长、社区居委会主任、中鼎社会工作事务所主任	业务指导、工作协调
专家督导组	××大学社会工作专业教授	专业指导
项目实施组	专职社会工作者及社区居委会负责青少年工作人员	组织项目的具体实施

三、控制服务进度

在服务执行过程中，由于各种主客观因素会导致实际与计划不一致的情况发生，所以为了确保服务能够准时完成，社会工作者需要在服务进行中不断监控进程。在实际工作中，社会工作者经常采用甘特图来对服务进度进行控制和管理。

服务执行进度表（部分）

工作任务/时间	第一节 6月24日	第二节 7月7日	第三节 7月22日	第四节 8月1日	第五节 9月9日	第六节 10月21日	第七节 11月10日
小组活动							
小组督导							

流程四 服务评估

本次服务共7次活动，6次全勤，且仅1人缺勤，出勤率较高；社会工作者观察记录了每个服务对象在每节活动的表现。通过活动，服务对象防御程度降低，逐渐由沉默变为主动表达自己的想法，从群体边缘向群体中心靠近，逐渐融入群体，团体合作能力有所提高，基本实现小组目标。

在本次历奇辅导活动中，服务对象走进社区，认识来自社区的新朋友，并在活动中提升了团体合作与沟通能力，为福利院青少年实现社会融入奠定了良好基础。

专业反思

本次小组活动，社会工作者将社区青少年与福利院青少年纳入同一小组，通过社区青少年带动福利院青少年。如此，一方面充分利用了组员自身的特点，另一方面也要求社会工作者在设计活动时，充分考虑两类青少年对活动内容的接受程度、感兴趣程度。如福利院青少年较社区青少年更成熟，喜欢挑战难度大的活动，因此，在设计活动时可以选择“筷子夹乒乓球”“同舟共济”类需要一定技巧而社区青少年又可以接受的活动。另外，社会工作者发现福利院青少年防御心理较强，且难以突破，通过小组活动的开展，他们的防御心理虽有所下降，但依旧高出正常家庭青少年的平均水平，需要社会工作者提供长期的、稳定的干预。

任务三 朋辈辅导

朋辈辅导是指通过发现、培训和搭建平台，组织年龄相仿，生活环境和经历、文化水平相似，或具有共同语言的青少年交流互动、分享经验、唤起共鸣、持续支持和互助成长。该方法主要适用于帮助青少年改善朋辈关系、建立朋辈支持。

任务情境

某大学辅导员发现，大一新生中有部分学生由于家庭贫困等因素的影响，形成了敏感、内向等性格特点，自我认同感较低，不知道自己想做什么，也不了解社会上有哪些职业适合自己，对未来倍感迷茫。于是大学辅导员与驻校社工取得联系，经过商讨拟联合开展“大学生职业规划服务”小组活动。

分解任务流程

接触预估 → 服务设计 → 服务实施 → 服务评估

任务实施

流程一 接触预估

一、预估青少年个人的生理、心理、社会发展状况

本任务情境中，因辅导员的特殊身份，社会工作者与服务对象建立专业关系时比较顺利，经辅导员与这些学生进行充分沟通后，共有10名学生愿意参加本次小组活动。社会工作者通过直接访谈全面收集这10名学生的生理、心理、社会发展状况资料，并进行了预估。

（一）生理状况

这10名学生平均年龄在19岁左右，身体状况良好。

（二）心理状况

1. 缺少自我认知

（社会工作者与组员会谈摘要）

“我没有什么特长和爱好，就是不停地学学学……”

“我也不知道自己能做什么、以后想做什么，到时再说吧。”

“我觉得自己毫无用处，除了学习，什么都不会。”

2. 缺乏职业引导

（社会工作者与组员会谈摘要）

“刚开学的时候，我最关心的就是我的专业发展、就业之类的，但是上课的时候老师都没有说到这些东西。”

“我现在还是很迷茫，我知道到大学也不能放松学习，但是大学的学习和以前很不一样，也没有人来告诉我们怎么去规划之类的，现在的学习就是毫无目的地在混毕业的感觉。”

（三）社会发展状况

这10名学生均是刚刚进入大学的一年级学生，其中有9名学生是第一次远离家乡，另外1名学生在高中毕业工作1年后复读考上本所大学。可以看出这10名学生一直以来充当的社会角色都是学生，具有较强的学习能力和社会道德感，但因年龄偏小，性格偏内向，较少结交朋友，社会阅历不足。

流程二 服务设计

一、明确服务理念和理论依据

（一）小组动力理论

（1）了解小组工作过程是一个充满动力的过程，以及这个过程中的各种影响因素及其相互作用；

（2）注重创造民主的气氛，为小组带来积极的动力，从而取得良好的工作效果；

（3）促进小组动力的产生，并通过积极的小组力量影响个体的改变。

（二）生涯选择配合论

生涯选择配合论认为，职业生涯规划的先决条件是必须先对自己有充分的认识与了解，进而探索外在的职业世界，在了解了自己与外面的职业环境之后做出抉择，制定未来的发展目标并开始采取必要的行动。

二、确定服务目的和目标

认识自我与职业之间的关系，提升职业规划能力。

三、选择介入策略

阶段	具体目标	服务活动	预期成效
初期	了解职业生涯规划的重要性	课堂讨论	使青少年认识职业规划和职业规划的重要性
中期	制定职业发展规划并形成正确的职业价值观	职业能力测试	使青少年形成正确的职业价值观
后期	学习就业面试技巧	模拟招聘	使青少年掌握择业和求职的技巧

流程三 服务实施

一、第一次小组活动（小组形成期）

社会工作者向小组成员表明自己的身份，即作为组员的学姐学长的身份，这个身份能够使得组员对社会工作者产生天然的亲切感，帮助社会工作者快速拉近与组员的距离。同时，对于大一新生来说，对高年级学生自然会产生一定的信服感，有助于彼此建立良好的信任关系。如：

“我一听带我们做活动的是我专业的直系学姐，我就觉得很亲切，我们私下都管她们叫‘亲学姐’。”

“他们是我的学姐学长，比我早上了一年大学，肯定知道的比我多，他们给我的建议应该是比较有用的。”

社会工作者在自我介绍后，就要向组员介绍小组的名称及其内涵、小组的目标、小组的活动形式，以及每次活动的内容和安排，让组员对小组在整体上能有一个比较清晰的把握。在此基础上，请组员提出自己对小组的疑惑和期待，或提出自己想要达成的目标。由于组员从未有过参与小组活动的经历，他们对小组的互动形式产生了较大兴趣，并提出了希望活动在形式上活泼、在内容上实用、没有课业负担的期待。

【在第一次小组活动时，小组还处于缺乏凝聚力的阶段。虽然小组成员原本就是同一个班级的同学，但由于大学阶段的班级同学只有上专业课时才能聚集在一起，因此难以形成较强的凝聚力。要想凝聚团体中的成员，前提是组员之间要相互熟悉和了解，这样才能在互动中相互包容和理解，最终相互融合。】

二、第二次小组活动（小组转折期）

本次小组活动通过“弹球”的热身游戏，活跃现场氛围，并引出本次活动讨论的主题，即人生就像弹球一样需要提前规划路线和用力程度才能使球走向目标地点。在介绍游戏规则时，大部分组员都觉得这个游戏很简单，但是当真正开始时，才发现并没有想象中容易。游戏结束后请获胜的组员进行分享，此时小组工作人员敏锐地从组员的分享中提取出关键词，如规划、目标等，从而引出下面的职业规划环节。

(社会工作者与组员会谈摘要)

组员：开始我觉得这很简单啊，但是试了一次才发现很难控制玻璃球的走向，后面多试了几次才逐渐找到了一些技巧。

社会工作者：你说的技巧具体指的是什么呢？

组员：就是要根据距离不同的目标线，在起始的时候就要把握好自己的力度，还有角度。

社会工作者：所以是要根据目标提前计划是吗？

组员：对的，就是这样。

社会工作者：其实弹玻璃球就和我们的人生一样，能走多远就要看你使了多大的力，要想达到目标，就需要你提前规划。

之后，以职业生涯规划为主题，小组成员开始了课堂讨论，促使小组成员进一步了解职业生涯规划的重要性。在讨论过程中，有的小组成员表现得很积极，而有的只是扮演倾听者的角色。

活动结束后，社会工作者对每位组员进行了职业能力测试，要求每位学生制定属于自己的职业发展规划。

三、第三次服务（小组成熟期）

小组发展到这个阶段，已经比较成熟，此时小组工作者的角色和活动内容的安排都发生了变化。在小组工作者的角色方面，由于组员之间已经相当熟悉了，所以社会工作者的角色可以从主导者转变为引导者，社会工作者不再是主要的问题解决者，需要做的就是抛出议题，组员可以通过充分的讨论自己提出解决问题的方案。这种角色转变也能够促进组员自助互助能力的提升。在这种情况下，为让组员学会整合环境资源、把握就业机会等技巧，社会工作者开展了模拟招聘活动。

(社会工作者与组员会谈摘要)

“我对职业规划那次活动很满意，虽然我之前觉得现在讨论这个话题还太早了，但是现在我有了不一样的认识……”

“我现在急需加强对自己专业的认识，像我们工科生很大可能就是做对口的工作，所以我觉得现在分析职业很有必要。”

“这种活动的形式很有趣啊，比我们之前的讲座好玩多了，而且没有什么压力，以后如果还有这样的活动，只要有时间我一定还会参加的。”

【首先，社会工作者的带组风格比较活泼，语言行为幽默风趣，营造了轻松愉快的小组氛围，让组员在小组活动中能够放松无压力。其次，社会工作者适时地自我披露，让组员产生信任感和感到被理解。最后，在小组之外，社会工作者也积极地与组员交流和互动，并且提供必要的帮助。】

流程四 服务评估

一、策略目标达成情况

"大学生职业规划服务"小组活动目标达成情况评估表

考核内容	考核指标	考核说明	得分
无效小组，0分（小组成员不符合要求）			
小组完整（10分）	表格完整（6分）	表格是否齐全	
	流程完整（4分）	是否严格按照小组服务流程开展	
小组专业（60分）	关系建立（5分）	社工是否与服务对象建立稳定的关系；服务开展是否间隔有序；小组成员是否具有稳定性	
	界定目标准确（10分）	小组目标是否符合小组成员需求；小组分目标是否与小组总目标契合	
	小组目标达成（10分）	小组是否完成预期目标	
	小组服务过程（25分）	小组服务的过程是否具有衔接性，小组过程是否与分目标相契合，无其他不相关活动；小组过程是否运用专业技巧开展，社工与小组成员是否有互动性	
	服务效果（10分）	服务过程中是否存在个别无效服务，是否有小组成员反馈	
撰写专业性（15分）	文本规范（5分）	撰写资料是否符合文本要求，例如字体、行间距、字号等	
	内容专业（10分）	表格撰写是否完整，撰写内容是否符合专业要求	
佐证资料（15分）	佐证资料契合度（4分）	佐证资料是否契合小组服务	
	佐证资料体现（3分）	佐证资料是否体现主办社工	
	佐证资料真实（4分）	佐证资料是否真实	
	佐证资料完整（2分）	佐证资料是否完整	
	满意度（2分）	查看满意度测评表或以电话形式抽查	
合计（总分100分）			
是否同意结项			
小组评价			

考核签字		社工签字		考核时间	

二、评估服务满意度

满意度评估是社会服务领域最常见的对象取向的评估类型之一，服务对象对服务的满意程度，是判断一个服务项目成功与否的重要依据，尤其是青少年社会工作，非常强调服务对象对评估过程的参与，可见此种方式的评估更能反映出服务实效。

"大学生职业规划服务"小组活动满意度调查表

小组名称		问卷发放时间				
注意事项	在"评价等级"一项内用"√"表示你所达到的"等级"					
序号	评价内容	评价等级				
		非常满意	比较满意	一般满意	不太满意	很不满意
1	活动内容					
2	活动时间					
3	活动形式					
4	活动地点					
5	活动频次					
6	社工态度					
7	社工能力					
8	自我参与程度					
9	小组整体满意度					
其他意见建议						

三、评估服务对象及环境系统的改变

通过"大学生职业规划服务"小组活动的介入，组员的职业生涯规划能力得到了明显提升。具体表现在三个方面：一是组员在大学中建立了新的同辈关系网络，并随着同辈关系的巩固，在生活中得到了来自同辈群体的实际支持和帮助；二是组员在主观上认为自身在小组过程中增强了职业生涯规划的意识；三是组员在小组之外的现实生活中能够更加主动地寻求和使用来自同辈群体的支持和资源，并有意识地开展与今后职业相关的活动。

任务总结

1. 青少年的基本需求

（1）接纳自己的身体与容貌，表现出符合社会规范的性别角色需求。

（2）个体与同伴发展适当的人际关系。

（3）追求个体的情绪独立自主，少依附父母及其他人。

（4）自食其力，追求经济独立。

（5）为未来的生涯做准备。

（6）发展符合社会期望的认知技能和概念。

(7) 努力表现负责任的行为，追求理想和抱负。

(8) 为未来的婚姻和家庭做准备。

(9) 建立个体价值体系，符合现实世界的需求。

2. 青少年社会工作基本原则

(1) 主体性原则：尊重青少年主体地位，承认与接纳青少年的独特性与差异性，充分照顾青少年的特点和需要，开展有针对性的服务。

(2) 发展性原则：坚持用发展的眼光看待和理解青少年，强调青少年自身蕴含的发展潜力和成长的内在动力，重视经济社会发展对青少年福利的影响。

(3) 整体性原则：重视青少年与其家庭、学校、社区、朋辈及服务机构等因素的相互作用，全面系统地识别青少年的需要，提供整合性社会工作服务。

3. 常见的社会服务风险

一般风险类型如下表所示：

类型	具体内容
人身风险	包括意外伤害、心理危机、健康疾病等
政治风险	包括国家安全、政治影响等
法律风险	包括违法乱纪、信誉损伤和诚信缺失
财务风险	包括财产损失、财务问题等
公共关系风险	包括媒体和社会舆论等
不可抗力风险	包括自然灾害、紧急突发事件等

特殊风险类型如下表所示：

类型	具体内容
服务内容	因服务对象需求临时变化，导致时间、资源、质量等发生变化
服务流程	服务流程繁多且环环相扣，多任务并发，依赖关系复杂，个人难以完成整个流程，对团队合作要求较高
服务活动	活动现场秩序差、活动挑战性较高等
服务对象	服务对象的配合度低
服务费用	服务资金不到位、费用增加等

思考与讨论

1. 结合任务一，试分析服务对象的生态系统的构成。
2. 结合任务二，试分析如何开展本次服务风险预估工作。
3. 结合任务三，试分析社会工作者运用了哪些服务技巧。

实训题

请根据本项目各任务情境的实际情况，制定相应的评估指标。

项目七 老年社会工作

老年社会工作服务（the gerontological social work）是指以老年人及其家庭为对象，旨在维持和改善老年人的社会功能、提高老年人生活和生命质量的社会工作服务。我国老年社会工作的根本目标是“老有所养、老有所医、老有所为、老有所学、老有所乐”。老年社会工作服务应遵循独立、参与、照顾、自我实现、尊严的原则，促进老年人角色转换和社会适应，增强其社会支持网络，提升其晚年的生活和生命质量。

我国一般将老年群体中60～69岁的人划分为低龄老人，70～79岁的人为中龄老人，80岁以上的人为高龄老人。不同年龄段的老年人在身体健康状况、生活自理能力、参与社会活动、婚姻状况、家庭关系、心理需求等方面都有不一样的特点。值得注意的是，社会工作者不能单凭老年人年龄来判断服务需求，还要综合心理、生理和社会方面的标准来考虑，关注个体差异。

本项目将根据中华人民共和国民政行业标准《老年社会工作服务指南》（MZ/T 064－2016）文件规定，结合指定任务情境，讲解老年社会工作的详细流程、理论知识及相关行业标准。

知识目标

- 了解老年人的发展特点及基本需要
- 熟悉老年社会工作服务的主要内容

技能目标

- 熟练掌握老年社会工作的服务方法
- 熟练应用老年社会工作服务流程

素养目标

- 在社区老年群体服务过程中充分感受社会工作的价值和意义
- 关爱社区老年群体，尤其是能为高龄、失能老人和残疾老人提供专业服务

思政目标

- 进一步弘扬中华民族尊老、敬老、爱老、助老的传统美德，有效回应社会发展与老年人发展的双重诉求

任务一　精神慰藉服务

所谓精神慰藉就是在精神层面给予安慰，在思想上给予鼓励。目前国内不少地方开始重视对老年人的精神慰藉，纷纷出台相关法规强调精神慰藉，规定家庭成员应当关心老年人的精神需求，不得忽视、冷落老年人。开展精神慰藉服务，不仅仅要满足于让老年人吃好、喝好、住好，还需要注意老年人的心理护理，充分了解老年人的精神需求，开发和培养老年人的兴趣爱好，丰富老年人的精神生活，改善老年人的心理健康状态，不断满足老年人多元化、多层次的精神需求，使他们身心健康愉快。

《老年社会工作服务指南》（MZ/T 064－2016）明确规定，精神慰藉主要包括以下内容：

（1）识别老年人的认知和情绪问题，必要时协调专业人士进行认知和情绪问题的评估或诊断；

（2）为有需要的老年人提供心理辅导、情绪疏解、认知调节，帮助老年人摆脱抑郁、焦虑、孤独感等心理问题困扰；

（3）协助老年人获得家属及亲友的尊重、关怀和理解；

（4）帮助老年人适应角色转变，重新界定老年生活价值，认识人生意义，激发生活的信心和希望。

任务情境

高女士，63岁，老伴早年去世，退休前曾任行政领导多年，工作业绩突出；女儿41岁，前几年与丈夫离婚，无子女，单身至今。服务对象与女儿相依为命，但女儿平时忙于工作，与服务对象几乎无沟通交流。最近一段时间，服务对象女儿发现高女士不像之前那么开朗了，饭量也减少了，总是说身体不舒服，可是体检结果显示正常。之后高女士常坐在家里叹气，问有什么不开心的事也不说，劝她去公园走走，她说不感兴趣，只说："不知道怎么安排了，觉得自己是一块朽木没什么用……"于是高女士女儿找到社会工作者求助。

分解任务流程

接案 → 预估 → 计划 → 介入 → 评估 → 结案

任务实施

流程一　接案

一、收集老年人资料

根据任务情境介绍可知，高女士女儿主动找到社会工作者求助，在此过程中，社会工作者对其进行了重点访谈，同时来到居住社区与社区干部进行沟通，对服务对象高女士的身体情况和家庭情况进行全面了解。

二、了解老年人的问题和需要

根据收集到的资料，社会工作者初步判断服务对象高女士急需心理疏导，情况较为紧急，于是决定紧急介入。

会谈地点：高女士家中。

参与人员：社会工作者、高女士。

会谈内容：

（社会工作者与服务对象高女士会谈摘要）

社会工作者：你好，高女士，我是中鼎社会工作事务所的社工，我服务的工作领域是老年社会工作。您可以说说自己现在面临什么问题，需要我提供什么帮助吗？

高女士：感觉时间过得太慢了，早上起床后感觉没什么事可做，十分无聊。

社会工作者：现在您每天都做些什么呢？

高女士：每天帮助照顾女儿的生活起居、买菜做饭等，时间长了也就没什么意思了……

社会工作者：（继续倾听）

高女士：以前还有女儿陪着我，最近一年她换了新公司，工作太忙了，回家倒头就睡，跟我也没什么话；我说你都这么大了，是不是考虑再婚，一提这个问题她就跟我急，说再也不结婚了。唉，简直要气死我！

社会工作者：嗯，忽略了您的感受！

高女士：是啊，你说我这年纪也越来越大，还不趁着我身体还行的时候让我搭把手帮她照顾孩子……这倒好，都 40 多了，也不结婚……

社会工作者：那您可以多出去走走，参加社区活动，结交些老年朋友，丰富一下自己的业余生活，不也挺好的吗？

高女士：（转移话题）我以前也没什么兴趣爱好，在单位还挺忙的……

社会工作者：听您女儿说您退休前是个行政干部，听你说话确实不一样。

高女士：以前在单位也管着好几十人……当年我带着三个人去跑订单……（十分自豪地讲述曾经的奋斗历史）

社会工作者：嗯，确实还挺不容易的。

高女士：现在我退休了，也没人说说工作上的事了……

【社会工作者通过本次会谈，已经和服务对象初步建立了信任关系，会谈中社会工作者用接纳、尊重的原则与服务对象进行主动沟通，初步判定高女士尚无轻生念头；其间社会工作者用开放式提问、回顾工作经历等方式让高女士能够尽情倾诉，也能让她感受到深切关怀，从而进一步确立专业关系，同时也逐步找到了服务对象的问题所在。】

流程二 预估

一、初步诊断

（一）年龄方面

服务对象 63 岁，刚步入老年，接受新事物的能力下降。

（二）认知方面

服务对象存在情绪困扰躯体化情况，把不愉快的情绪转化成对身体不适的抱怨，总认为自己身体有问题。

(三)精神方面

服务对象退休后，生活变得相对清闲，节奏单调如一，感觉比较空虚，情绪消沉，观念传统，重视天伦之乐，渴望儿孙绕膝，但现实情况不允许。

(四)家庭方面

服务对象老伴早年去世，女儿忙于工作并决定不再结婚，给服务对象以沉痛打击，和自己唯一的亲人情感交流变少了，隔阂加深，经常产生孤单寂寞感。

(五)社会地位方面

服务对象退休后脱离了职位和职业所赋予的各种权利和义务，觉得自己没有了权力，社会地位下降。

知识链接

老年人面临的问题

(1)代际隔阂问题：老年人与年轻人的沟通经常会出现信息不对称的情况，容易造成代际隔阂。

(2)社会隔离问题：老年人退出工作岗位或失去劳动能力后，社会交往的圈子常常会大大缩小，晚年生活往往与孤独、寂寞相伴，社会隔离严重。

二、评估老年人面临的风险

(1)心理健康风险。

(2)母女关系紧张。

三、需求设计

(一)心理疏导

帮助老年人学会识别自己的各种情感状态，舒缓情绪，接受退休事实，重获价值感。

(二)家庭关系

帮助老年人改善与女儿的关系。

(三)社会参与

鼓励服务对象积极参与社区活动，增加对外的沟通交流。

知识链接

认知与情绪问题

社会工作者要帮助老年人消除产生情绪问题的因素，或改变老年人的认知，使他们能适应无法改变的环境。其中，帮助老年人学会识别自己的各种情感状态是介入工作中非常重要的组成部分。

流程三 计划

一、确定目标

(一)总目标

改善服务对象和家人的关系，充分利用社区资源优势，提供个人、家庭、社区等方面的支持，帮助服务对象更好地融入社区。

（二）具体目标

（1）通过面谈，服务对象对自身和家庭重获认知；

（2）服务对象情绪管理能力得到提高；

（3）服务对象与女儿关系得到缓和；

（4）服务对象建立起支持（资源、情感等）网络。

二、设定实施策略

（1）与社区居委会工作人员取得联系，了解服务对象家庭的基本情况。

（2）与服务对象女儿沟通，传达服务对象需要家庭关爱的需求，希望女儿可以在工作之余与母亲多进行沟通交流。

（3）运用同理心、倾听、回应等专业技巧帮助服务对象增强对自身情绪的认知；通过人本治疗模式舒缓服务对象的情绪，提高服务对象的情绪管理能力。

（4）链接社区资源，引导服务对象走出家门参加健康义诊、智能手机使用知识普及、手工编织艺术品、剪纸等小组活动，扩大服务对象的社区支持网络，排解服务对象的空虚寂寞感，充实生活。

（5）运用动机激发方法，引导服务对象参与社区老年人外出踏青观赏活动，使服务对象的环境适应能力得到进一步提升。

（6）发掘社区资源，培育社区社会组织，引导服务对象作为志愿者队伍成员参与社区为老助残活动，引导服务对象寻找自己的社会价值，满足内心的价值需求。

流程四 介入

在整个服务介入过程中，服务对象本人、家人、社会工作者、邻居、社区社会组织、志愿者等相关系统交互作用、相互影响，社会工作者需要整合社区内有效资源，为服务对象提供帮助与支持。

一、第一、第二次服务

服务地点：服务对象家中。

参与人员：社会工作者、服务对象高女士。

服务内容：

社会工作者采用人本治疗模式，运用个案工作技巧，在与服务对象建立专业关系的基础上开展心理疏导和情绪管理服务，通过放松技巧、心理疏导的训练使她能够自我调节心情，逐步增强对自己的认同感。

知识链接

人本治疗模式

人本治疗模式理论在个案辅导过程中注重服务对象的合作关系，强调人的主体性，尊重人的价值，强调人的自我实现。社会工作者通过融洽、接纳和轻松的辅导环境帮助服务对象发现和认可自己的优势和劣势，发动社会的力量帮助服务对象重建生活信心。

【社会工作者运用鼓励、倾听、了解、接纳和表达同理心等支持性技巧，鼓励服务对象表达内心真实想法，排解内心压抑许久的负面情绪，宣泄对现实生活的不满，减轻心理压力，降低服务对象的焦虑感与不安感，帮助服务对象厘清自己的问题，同时正视这些问题，用积极的态度面对未来的生活。】

二、第三次服务

会谈地点：中鼎社会工作事务所。

会谈人员：社会工作者、服务对象女儿。

会谈内容：

【社会工作者与服务对象女儿取得联系后，向其反馈其母亲的情况，传达了老人渴望家庭温暖和沟通交流的想法，同时也希望女儿能在工作之余关心母亲的日常生活，注重与母亲的沟通交流，让母亲感受到更多来自家庭的关心与爱。】

（社会工作者与服务对象女儿会谈摘要）

社会工作者：您的母亲说您最近一年很忙，也没时间和她好好聊聊天，其实她很需要家人的关心。

女儿：唉，我也知道，可是我确实很忙啊！我换了新单位，一切都从零开始，而且我年纪也不小了，压力更大！

社会工作者：确实如您所说，工作很不容易、很辛苦，但老人嘛，"老小孩老小孩"，年纪越大越需要孩子的关心，有时坐在一起看会儿电视剧或者一起逛个公园都能让老人开心得不得了，我们现在能做的除了为母亲提供经济保障，更重要的是心理上的关心，"子欲养而亲不待"是多么悲哀的事情，别让自己后悔莫及啊！

女儿：（若有所思）

社会工作者：至于老人催您再婚的事，您可以慢慢地沟通，有话好好说，问题都是可以解决的，您母亲是很开明的。

女儿：这个可能是我说话方式有问题，也是我脾气太急了，一上来就发火，我会试着改变的。

【此时社会工作者扮演协调者的角色，将服务对象的情况和想法告知其家人，协调服务对象与家人的关系。】

三、第四次服务

社会工作者通过强调、鼓励和提议的方法介入，邀请服务对象到社区组织的娱乐活动现场参观、参加手工小组活动等社区群体性活动，同时运用减轻个体焦虑、自我欣赏、自我肯定等心理技巧，鼓励服务对象克服心理障碍，积极参与社区组织开展的老年活动。一方面主动与他人交流，在人际交往中接纳新朋友；另一方面培养兴趣爱好，减少内心孤独感，在欢乐中重塑希望，丰富日常精神文化生活。

四、第五次服务

社会工作者在服务期间积极链接社区资源，发掘社区资源优势，邀请服务对象参与社区为老助残志愿队伍，参加邻里互助志愿活动，如高龄老人入户探访、陪伴聊天、代买物品等一对一帮扶服务和重大节日集体庆祝、元旦联欢、春暖花开踏青赏花等集体为老助残服务。其间服务对象发挥自身领导能力，不久便成为志愿组织骨干成员，在活动中逐渐增强了自我认同感，重拾自信，实现了自身社会价值。

知识链接

动机激发方法

老年社会工作者通过协助老年人接触他人、参加群体活动，激发老年人对现在和未来生活的兴趣。

流程五 评估

一、过程评估

社会工作者在任务情境中能够将个案工作和社区工作相结合，有效整合社区资源，运用人本治疗模式、家庭治疗模式，以及鼓励、倾听、了解、接纳和表达同理心等支持性技巧，有效引导服务对象表达真实想法，鼓励其参加社区活动，挖掘老人潜能，较为成功。

二、效果评估

服务对象生活态度、思维能力、语言能力、交际能力和认知能力等社会功能得到较大改善，家庭状况也改善很多，能够积极参加社区活动，提升了自信心和认同感，由此可判定本次服务目标已基本实现。

三、撰写评估表

表格见附录“六、个案工作评估表”。

流程六 结案

社会工作者与服务对象高女士一起回顾整个个案过程，肯定了高女士取得的进步，进一步增强高女士结案后自己面对问题的信心。高女士结案时的情绪反应正面、积极，经社会工作者评估，可以顺利结案。

专业反思

对老年人来说，避免孤寂是他们的主要问题和需求。据参加本任务情境的社会工作者反馈：自己虽然有过多年帮扶退休老年人的工作经验，也参加过多门退休老年人心理、情绪变化的疏导培训课程，但在实际工作中面对不同的服务对象，仍会感觉到专业知识的欠缺。可见社会工作者在社会工作过程中还应注重社会工作专业理论与实务的锻炼。

另外，老年人的爱与归属感一方面来自自身的价值感，另一方面来自家人的关爱与陪伴。本任务情境中的服务对象，一方面因为退休未能适应角色转换，从而感觉自身存在感降低，另一方面与女儿的关系紧张导致其感觉不到家人的关爱，这两点恰恰是服务对象问题的症结所在。这也启发我们，做好社区退休老年人，尤其是有余力的老年人的社会服务工作，社会工作者应注重扮演好资源链接者、倡导者的角色，充分利用社区资源使其重获价值感，同时发动社区力量对空巢老人、孤寡老人、残障老人等弱势群体加强关注，从而进一步增强老年人的幸福感。

任务二　权益保障服务

《老年社会工作服务指南》（MZ/T 064－2016）明确规定，权益保障服务主要包括以下内容：

（1）维护和保障老年人财产处置和婚姻自由的权益；

（2）发现并及时举报老年人受虐待、遗弃、疏于照顾等权益损害事项；

（3）开展社会宣传和公众教育，防止老年人受到歧视、侮辱和其他不公平、不合理对待；

（4）协助符合条件的老年人享受社区和机构的各项养老服务，获得老年人补贴和高龄津贴等。

任务情境

唐某，男，59 岁，无业，丧偶，无子女，身体状况较差，且有肢体残疾，家中父母健在，赡养父母主要靠弟弟，唐某自身也需要弟弟的接济。唐某目前收入源于自己的低保金，无负债。经了解，唐某曾经的工作单位为一家工厂，现在这家工厂已经倒闭。2005 年唐某因为身体疾病无法工作，想要办理因病退休，但由于他不了解办理病退的相关政策，与社区及街道产生矛盾。社区志愿者将服务对象推荐至中鼎社会工作事务所，社会工作者介入本次权益保障服务。

分解任务流程

接案 → 预估 → 计划 → 介入 → 评估 → 结案

任务实施

流程一　接案

根据任务情境介绍可知，唐某是由社区志愿者发现、社会工作者主动介入的服务对象，社会工作者在主动介入协助服务对象解决问题时，发现唐某存在严重的抗拒情绪。针对服务对象存在的抗拒情绪，社会工作者在会谈前期与社区志愿者进行了充分沟通，对唐某在日常生活中的人际交往情况进行了解。据社区志愿者介绍，唐某比较有个性，不爱与人交往，但属于“慢热型”，如果关系熟络后唐某会表现得很热情。

之后社会工作者与唐某弟弟取得联系，了解到唐某现在无业，未缴纳其他商业保险，生活依靠政府发放的最低生活保障金，因为大脑疾病产生较为严重的后遗症，需要定期去医院检查且长期服药。唐某在 2005 年时因为身体疾病原因无法工作，但手中没有任何该单位出具的材料证明其是因病退休，而且曾经的工作单位已经倒闭。另外，唐某自尊心较强，经常由于自己对家人造成负担、不能赡养父母而自责。

社会工作者对收集到的唐某个人资料进行收集整合，做好心理预期，并拟定了会谈提纲。在第一次会谈中，社会工作者运用倾听、积极关注、理解、尊重等服务技巧，对服务对象当前的迫切心情表示理解。在接触过程中，社会工作者发现唐某口齿不清晰，在交流时存在一定的困难，需要耐心地倾听和多次确认方能了解到其真实意思表示，但其精神状态良好，对自己语言表达这方面的问题较乐观。

（社会工作者与服务对象唐某会谈摘要）

社会工作者：您好，唐叔叔，我是中鼎社会工作事务所的小刘，您可以说说自己现在面临什么问题，需要我提供什么帮助吗？

唐某：我现在就想办理病退手续。

社会工作者：嗯，您能和我说说您的具体情况以及现在办理病退手续到哪个阶段了吗？

唐某：我去了社区和街道，他们都说我手续不全，然后就没人理我了……你说我该怎么办？我没有别的要求，就把我这个病退办了就行！

社会工作者：您平时有什么业余爱好吗？

唐某：（拒绝回答）

当社会工作者想要了解服务对象日常业余生活、人际交往情况、是否存在焦虑等情绪时，服务对象予以否认并再次要求社会工作者解决办理因病退休的问题。

【服务对象通常希望社会工作者直接给出建议或意见，若社会工作者此时过快回应问题，给出建议，便落入“圈套”。因为在尚未清楚地认识服务对象背后的问题时草率回应，未必是服务对象真实的需要。此时，社会工作者需留意：分析和建议是无效的，重要的还是回应感受，分析服务对象背后的情绪是什么。】

流程二 预估

一、初步评估

（一）个人层面

服务对象由于语言交流不畅的原因，鲜少外出与他人交往，多为自行散步或与家人交流，不愿与周围人建立新的社交关系，人际交往能力较差，社会支持网络薄弱，缺少朋辈群体的支持和疏解。

（二）家庭层面

服务对象现在独自居住，家中有两位老人需要赡养，但其因为无工作、身体情况差等原因，所有收入只有政府发放的最低保障金，无力承担赡养父母的义务，虽有弟弟救济，但内心还是渴望独立；同时其弟弟对街道办事处有诸多不满，并将不良情绪传达给了服务对象。

（三）社会层面

政府为服务对象提供了足够的经济补贴，但是一定程度上缺少更简单易懂的政策宣传，因此唐某不了解办理因病退休等相关政策，出现无法申请、与社区及街道产生矛盾的情况。

因此，在本次个案服务中，社会工作者将会根据周围的环境，在帮助服务对象解决办理因病退休的问题时，运用增能理论，引导服务对象认识自己的正面形象，增强服务对象的自信心，从而使服务对象勇敢走出社交的第一步，改善服务对象人际交往能力较差、焦虑等情绪无处宣泄的现状。

二、需求设计

（1）办理因病退休手续的需求。

（2）人际交往的需求。

【服务对象虽然自述急需解决的只有因病退休手续的办理这一问题，但社会工作者在进行预估时发现，服务对象因长期未能成功办理手续出现了一定程度的焦虑、急躁的情绪；且在与其家庭成员沟通时进一步发现，服务对象由于自身语言表达不良出现了自信心不足、不愿与人过多沟通交流、人际关系网络较为薄弱的问题，这些问题又间接导致了其主要诉求（办理手续）久久未能解决。因此，社会工作者在进行个案工作时采用增能及优势视角理论，更注重发掘服务对象的潜能与优势，追根溯源，以助他确立自信，改善其表面问题背后存在的更深层次的问题。】

知识链接

优势视角

优势视角是一种关注人的内在力量和优势资源的视角。社会工作助人过程中所关注的焦点是人们及其环境中的优势和资源，而不是专注于问题和病理。优势视角认为个人所具备的能力及内部资源能够使他们有效地应对生活中的挑战。作为社会工作者，要从发现、开发和利用服务对象资源出发，与服务对象探寻其自身所具备的所有有利因素，并协助服务对象利用这些优势实现目标。

流程三 计划

一、设定服务目标

（一）总体目标

运用增能理论，帮助服务对象增强自信心，从而使服务对象勇敢走出社交的第一步；帮助服务对象去街道询问办理病退所需手续和资料，询问住院证明相关问题，并得到街道工作人员的回应，了解办理病退所需手续和资料并反馈给服务对象。

（二）具体目标与计划

（1）进行心理辅导，缓解服务对象的焦虑情绪，帮助其寻找已有的、可靠的宣泄途径，使其意识到自己有着强大的心理资源以及自我成长的能力。

（2）采用经验式家庭治疗方法，帮助服务对象的家人形成良好的家庭系统，促使家庭成员意识到良好沟通的重要性，学会在家庭中进行个人的自我表达；促进服务对象和家庭成员的沟通和互动，改善服务对象焦虑情绪，增强家庭凝聚力及解决问题的能力。

（3）运用增能理论及优势视角理论，帮助服务对象树立关于自己的正面形象，增强服务对象的自信心，帮助服务对象发现自身优点，从而使服务对象勇敢走出社交的第一步，增强人际交往能力。

（4）链接政府以及社会资源，帮助服务对象了解关于因病退休等的政策，方便其了解相关操作程序，通过正确的渠道和方式解决自身问题；帮助服务对象掌握政府相关的福利政策。

二、设定服务策略

本次个案服务将由社会工作者搭建平台，链接相关政府部门资源，与服务对象及其家庭建立良好的专业关系；社会工作者融入服务对象家庭，了解服务对象的需求及问题，并运用专业的理论知识不断地引导服务对象努力建立良好的家庭环境及人际关系网络。

阶段	服务内容	预期目标
前期	与服务对象家庭成员及所在社区的工作人员进行访谈	更充分地掌握服务对象情况，建立专业关系
中期	社会工作者链接相关资源，联合街道、社区，为服务对象进行相关福利政策的解读	帮助其初步了解因病退休的政策及申请程序
	链接多方资源，并且针对服务对象的情况，为其提供专业的心理辅导	解决其目前存在的焦虑、人际交往能力薄弱的问题
	运用增能理论及优势视角理论，帮助服务对象发现自身优点	增强服务对象人际交往的自信心
强化期	链接社区资源，邀请服务对象参与社区活动	增强服务对象人际交往能力
后期	缓解服务对象离别情绪，并且确保服务对象及其家庭改变的稳定性	顺利结案

流程四 介入

一、第一次服务

鉴于服务对象办理病退手续需求迫切，社会工作者第一时间与服务对象居住的社区、街道办事处取得联系，了解办理病退的相关条件和手续。之后社会工作者立即与服务对象取得联系并来到服务对象家中拜访，一方面解释病退不能办理的原因，另一方面以此为契机，与服务对象建立信任关系，并对其进行非理性情绪疏导工作。

(社会工作者与服务对象唐某会谈摘要)

社会工作者：唐叔叔，您看这就是我们了解到的情况，也请您能理解。

唐某：(沉默)

社会工作者：唐叔叔，通过我这几次和您聊天，我发现您其实特别明事理，也特别乐观，我真心地佩服您。我知道办理病退这个事情对您来说很重要，但是我们还是要按照政策要求办理不是？我很理解您，我也了解到您即将年满60岁，到时可以协助您办理老人补贴，老人补贴也是国家对60岁以上老人的一个优待政策。

唐某：好吧。

社会工作者：谢谢您的理解。(转移话题) 我看您家里有二胡，您喜欢拉二胡啊？

唐某：喜欢，但是总是拉不好。

社会工作者：那还真是巧了，咱们社区老年志愿队有位张爷爷，他之前就是音乐老师，现在每周都定期在社区服务站免费教大家拉二胡。咱们就等下次张爷爷上课的时候去看看，还能结识一些新朋友。

【在贫困残疾人群陷入困境需要帮扶时，由于信息闭塞、自信心不足或者一部分帮扶工作的不到位，他们往往找不到或想不到可以寻求社会的帮助和支持，而单单凭借他们自身是无法克服困难的，此时社会工作者的介入是非常必要的，但社会工作者也要建立心理预期，即“自己不是万能的”。如任务情境中的唐某恰恰就是因政策的客观原因未能如愿办成病退，此时社会工作者一方面要做好政策解释工作，另一方面也要注重服务对象非理性情绪的疏导工作，从而解决相应问题。】

二、第二、第三、第四次服务

服务地点：唐某家中。

参与人员：社会工作者、唐某。

服务内容（摘要）：

社会工作者采用经验式家庭治疗方法，通过改善服务对象的焦虑情绪，促使家庭成员意识到良好沟通的重要性，帮助服务对象形成良好的家庭系统，增强家庭凝聚力及解决问题的能力。另外，社会工作者定期采用入户、电话沟通等方式多次与服务对象进行联系，强化其已有改变。

【一次平常的电访、一句简单的关心，都能让那些处于低谷、情绪低落、社会边缘的残障人士和他们的家人觉得温暖和感动，因此社会工作者在服务过程中要有足够的耐心，同时通过为服务对象进行心理辅导，缓解其焦虑情绪，帮助其寻找已有的、可靠的宣泄途径，使其意识到自己有着强大的心理资源以及自我成长的能力。】

三、第五次服务

社会工作者通过链接社区资源，邀请服务对象积极参与社区活动，帮助服务对象重新获得邻里支持，建立起朋辈群体支持系统。

（社会工作者与服务对象唐某会谈摘要）

社会工作者：您最近出门了吗？我看社区好像在组织活动。

唐某：没有，我这腿脚也不方便，参加社区活动也没什么意思。

【社会工作者在聊天时与服务对象视线接触，鼓励其进行自我表达。】

社会工作者：那您最近和社区张爷爷学的二胡怎么样了？

唐某：张老师确实厉害，我学到好多，真挺不错的！

社会工作者：那太好了！告诉您一个好消息，咱们社区最近要举办一次联欢会，邀请您参加为大家拉一段二胡。

唐某：唉，我这技术就算了吧……

社会工作者：您太谦虚啦，我来之前就问过张老师了，他说您进步得很快，现在都可以出师了。

唐某：（不好意思地点了点头）

【通过本次服务，服务对象的情绪明显有所好转，自信心得到了极大提升，不仅主动要求尝试新鲜事物，并且对外界的环境也不再抗拒，更不会因为自己身体残疾而有心理负担，表现出了极大的乐观情绪，逐渐和周围人熟络起来。因此社会工作者要鼓励老年残疾人走进社区，主动利用资源，参与社区活动，增强社会支持，寻求精神支持。】

流程五 评估

一、过程评估

社会工作者在个案服务过程中能够与服务对象共同制订服务计划，尊重服务对象的“自决”权利，严格遵循个案服务工作流程，与服务对象建立关系并且维持关系，其间链接各种资源，联合服务对象所在街道、社区，帮助服务对象了解了病退手续的办理政策。社会工作者在服务过程中，通过运用增能理论及优势视角理论，注重发掘服务对象的潜能与优势，进一步帮助服务对象建立自信，增强人际交往能力。

二、效果评估

服务对象从开始的不相信到后来依据计划努力去做出改变，最终选择了接纳社会工作者，并与社会工作者建立了信任关系。在整个服务过程中，可以看出服务对象不断努力向积极的方向转变。虽然服务对象的办理病退手续需求因政策等客观原因未能得到满足，但社会工作者能够针对服务对象心理问题以及家庭沟通问题进行有效疏导，运用增能理论增强服务对象自信心，如今服务对象的自信心更强了，更加愿意主动表达需求；运用经验式家庭治疗方法，使家庭成员意识到对服务对象的关注较少，现在也注重与服务对象的互动和沟通，家庭凝聚力得到提升；服务对象掌握了人际交往的一些小技巧，并且利用社会工作者链接的资源，积极参加社区活动，进一步扩大了人际交往途径。

本次服务的服务目标基本达成，社会工作者与服务对象及其家庭沟通后确认结案。结案后，服务对象主动表示希望社会工作者定期回访。

流程六 结案

本次介入是个案工作的结案阶段，社会工作者在上一次介入时已经提前告知服务对象即将结束服务，因此结案不会对服务对象造成冲击，使其感到难以接受。此次介入要帮助服务对象回顾其发生的积极变化，让服务对象认可服务的效果。

(社会工作者与服务对象唐某会谈摘要)

社会工作者：唐叔叔，看您最近状态很好，听说又有社区邀请您参加社区联欢会?

唐某：是啊，没想到大家还很支持我!

社会工作者：这是实至名归，大家真的很喜欢您，您积极乐观的心态也影响了很多人。看到您变得这么开心，真是替您高兴。今天我过来是想告诉您，咱们这次服务目前来看效果不错，服务就要结束了。您觉得经过这次服务，您的生活有什么变化吗?

唐某：改变太大了，幸亏有了你们！我一开始就想着病退，可能也是太心急了，在对政策不理解的情况下就去办，给街道、社区也都添了不少麻烦，这也不怨别人，没办法，政策就是政策，咱们都要遵守。

社会工作者：您说得太好了。

唐某：还是你们专业，和我一起商量服务计划，让我这老头子也不觉得自己没用，还帮我找了教二胡的张老师，现在有了生活的乐趣，成为社区志愿者每天都挺开心的！有时想想自己以前的想法真是过时了，总是怕给家人添麻烦，结果自己整天郁郁寡欢的，不正是给家人添麻烦了吗！现在家里人都挺好的，太感谢你们了！

社会工作者：也感谢您这么配合，这是咱们共同努力的结果！您也别担心，就算服务结束了我也会抽空过来看您，还跟以前一样跟您聊天，您要是有什么困难，我一定尽力帮您。

唐某：谢谢！

【本次个案介入，社会工作者与服务对象开展了一系列的活动，在社会工作者的帮助和服务对象的努力之下，服务对象的精神状况、心理状况及生活状态都发生了明显的变化。服务对象的消极状态得到了改变，潜能得到了激发，家庭关系得到了改善，增加了与朋辈群体的交往。同时，社会工作者帮助服务对象获得了志愿者资源，有效地提升了服务对象的自信心，扩大了服务对象的社会支持网络。】

专业反思

在本任务情境中，虽然服务对象最初多次否认社会工作者提出的其自身存在的问题，并只要求社会工作者解决病退问题，但社会工作者在服务过程中能够始终坚持“助人自助”理念，通过剥离表象，发现并改善其表面问题背后更深层次的问题，这是非常难能可贵的。因此这也要求社会工作者在进行个案服务时要有独立思考能力，不要被服务对象所提出的要求牵着鼻子走，从而失去对服务对象本身的客观判断，导致在解决个案问题时，只解决了表面的问题，没有触及服务对象问题的本质。

在服务过程中，社会工作者面对服务对象存在的严重抗拒情绪，积极运用倾听、积极关注、理解、尊重等工作技巧，对服务对象的急切心情表示理解，并针对服务对象的问题在自己工作能力范围内帮助其了解政策及具体操作程序，逐步获得了服务对象的信任，这也再次说明社会工作者在服务过程中一定要有耐心、注重心理疏导，使服务对象真正敞开心扉并接受社会工作，从而感受到来自家庭和社会的温暖，毕竟与身体残疾相比，心理残疾才是阻碍残障人士融入社会的主要原因。

任务三　社会支持网络建设服务

《老年社会工作服务指南》（MZ/T 064－2016）明确规定，社会支持网络建设主要包括以下内容：

（1）对老年人的社会支持网络进行评估，包括个人层面可给予支持的人数、类型、距离及所发挥的功能，以及社区层面老年人群的问题与需求、资源配置情况及需求满足情况；

（2）综合使用各种策略以强化老年人社会支持网络，包括个人增能与自助、家庭照顾者支持、邻里互助、志愿者链接、增强社区权能等；

（3）巩固社会支持网络成效，建立长效机制。

任务情境

赵某，男，65岁，身体健康，丧偶，原本与儿子同住，但近一年儿子全家搬至外区，现独自一人居住，主要通过电话与儿子联系。赵某没有什么兴趣爱好，平日在家中也只是看看电视，生活较为单调。因为他个性比较强，较少与他人进行沟通交流，没有较为亲密的朋友，同时思想保守，不喜欢接受新鲜事物，手机常年使用老年机，没有安装微信等社交软件，因此长期处于较少与外界沟通的状态。除此之外，社区工作者还发现，本小区还有一部分老年人与赵某具有相似情况，于是社区工作者与中鼎社会工作事务所取得联系，准备联合开展独居老人社会支持网络建设服务。

分解任务流程

接案 ➡ 预估 ➡ 计划 ➡ 介入 ➡ 评估 ➡ 结案

任务实施

流程一 接案

社会工作者经过前期的调查和走访，发现该社区与赵某具有相似情况的共有 5 名老人，于是社会工作者与所在社区居委会联系，通过包楼干部、社区志愿者等收集整理这几位老人的相关信息。收集的信息主要包括：基本信息、身体状况、心理状况、家庭成员及日常表现等。

在社区居委会工作人员帮助下，社会工作者与服务对象赵某进行第一次会谈。

会谈地点：服务对象赵某家中。

会谈人员：社会工作者、服务对象赵某。

会谈内容：

（社会工作者与服务对象赵某会谈摘要）

社会工作者：赵大爷，您好，我是中鼎社会工作事务所的社工，您可以叫我小刘。我听社区张主任说您是去年年初搬到这边来的，您在这边居住感觉怎么样，还适应吗？

赵某：（迟疑了一会儿才说）其实根本不算适应，跟这边的街坊邻居也不熟。本想着搬过来有儿子陪着我，结果他们又为了孙子上学搬走了。（失落、沮丧）

社会工作者：那您怎么不跟着一起搬过去呢？

赵某：唉，城里租的房子太小，大家住在一起也不方便，如果租个大点的房子又太贵了，孩子也不容易，别给他们添麻烦了……

社会工作者：（看见赵大爷情绪低落，社会工作者尝试平复他的心情）我能理解您的心情，您也挺不容易的，为了照顾孙子，从家乡来到一个完全不熟悉的地方，还要重新适应新的环境。

赵某：（面色凝重）唉，这小区好是好，可是我谁也不认识……

社会工作者：据我所知，跟您情况类似的老人还有几位，您看咱们能不能一起组织个活动认识认识？大家在一起沟通沟通也结交一些新的朋友？

赵某：我这个人啊，说实话有点不合群，但是自己待久了也没意思，还真有点矛盾……

社会工作者：没关系，咱们慢慢来，如果下次的活动您不喜欢，咱们就再想其他办法。

赵某：（听到社会工作者这番话，眼中闪过一丝希望）好吧……

【之后，社会工作者分别与其他几位老人进行了会谈，在充分尊重其意愿的基础上，最终确定共有 4 名老人（包括赵某）愿意参与本次服务。】

流程二 预估

一、初步诊断

社会工作者通过对 4 名服务对象的基本情况进行收集整合，发现大家具有以下共同问题：

（一）个人层面

人格相对完整、稳定，较少和他人进行沟通交流，对参加社区活动不积极，社会支持网络薄弱。另外，每个服务对象都存在自己的特殊性，如有的个性较强；有的抱怨情绪较多；有的仅抱有试试看的心态。

（二）家庭层面

子女工作较忙，无暇照顾老人，对老人的心理健康不太关注。

（三）经济层面

服务对象退休前都有正式工作，靠退休金生活，没有经济压力。

二、需求设计

（1）丰富服务对象精神生活；

（2）帮助服务对象建立人际支持网络。

流程三 计划

一、设定服务目标

（一）总体目标

通过提供社会支持网络建设服务，帮助服务对象改变单一的生活模式，鼓励其参与到人群活动中，丰富其晚年生活。

（二）具体目标与计划

（1）进行心理辅导，缓解服务对象的焦虑情绪，帮助其寻找已有的、可靠的宣泄途径，使其意识到自己有着强大的心理资源以及自我成长的能力。

（2）运用增能理论及优势视角理论，帮助服务对象树立自己的正面形象，增强服务对象的自信心，帮助服务对象发现自身优点，从而使服务对象勇敢走出社交的第一步，达到增强人际交往能力的目的。

（3）将服务对象带入项目的团体工作坊中，使其置身于社交情境中，促使其进行个人的自我表达，促进服务对象和团队成员的沟通和互动，改善服务对象焦虑情绪。

知识链接

增能理论

增能理论认为个人在与他人及环境的积极互动过程中，能够获得更强大的对生活空间的掌控能力和自信心，并促进环境资源和机会的运用，以进一步帮助个人获得更多能力。

二、设定服务策略

鉴于服务对象的特殊性，在本次服务中社会工作者创新性地采用个案工作方法与小组工作方法相结合的方式。通过个案工作方法了解每名服务对象的基本需求，运用增能理论，帮助服务对象认识自己的正面形象，增强服务对象的自信心；通过开展多种小组活动，搭建交流平台，帮助服务对象调试不良情绪及精神状态，重新融入社会生活，重建服务对象社会支持网络。

阶段	服务内容	服务成效
前期	通过个案介入，运用增能理论，帮助服务对象认识自己的正面形象，增强服务对象的自信心	加强服务对象与社会工作者的信任关系
中期	为老人提供免费喝茶聊天的地方，开启破冰之旅，社会工作者引导小组成员相互熟悉，并介绍小组目标和服务计划	打破服务对象心理防御机制，增进服务对象之间的了解
强化期	开展小组活动，运用缅怀治疗方法引导组员回忆过去，重新认识自我	促使服务对象与他人积极互动，珍惜当下
	开展小组活动，带领服务对象定期走出家门参与到社区活动当中	
后期	小组成员共同分享成果，鼓励组员继续保持良好状态	小组成员之间关系趋于稳定

流程四 介入

一、第一、第二次服务

服务地点：服务对象家中。

参与人员：社会工作者、服务对象。

服务形式：个案会谈。

服务内容（摘要）：

社会工作者始终以尊重、关注、接纳的方式与服务对象沟通，适时予以安慰、鼓励、承认，同时在交谈过程中表达出对服务对象的信心和赞许，鼓励每个服务对象与同龄人交往，减少向同龄伙伴倾诉心事的抗拒，同时引导服务对象学习一些基本的聆听技巧和回应技巧，使服务对象消除焦虑，增强人际交往能力和自信。

二、第三次服务

服务地点：服务对象家中。

参与人员：社会工作者、服务对象。

服务形式：小组会谈。

服务内容（摘要）：

首先，社会工作者介绍每位服务对象的基本情况，如姓名、年龄、退休单位、爱好。同时，服务对象自己进行完整的自我介绍。

（社会工作者与组员会谈摘要）

社会工作者：我看各位叔叔的兴趣爱好中都提到了养花，那我问问大家，北京的花都什么时候开啊？

服务对象赵某：就最近，最近这个阶段北京的花最好了。俗话说得好：一年之计在于春！

服务对象杨某：没错，就四月到五月，四月开，过了五月就败了。迎春花都快开完了。

服务对象李某：这会儿应该开杜鹃、碧桃。

服务对象张某：三月底四月初玉渊潭的樱花是北京一景啊！

社会工作者：看各位叔叔聊得我都插不上嘴，你们都是专家啊！那我可得赶上时候，趁着花开得好过去看看。

服务对象李某：嗯，想当年我在老家有个大院子，养过一大片郁金香，那景色真是太美了。

服务对象杨某：我也养过郁金香，有白的、粉的、红的，特别好看！种植最好在秋天，那时不冷不热正合适。

服务对象张某：对啊，种起来也是功夫活，施肥也很讲究……

【接下来社会工作者介绍社区将开设老年茶馆，为老人提供免费喝茶聊天的地方，同时社区每周还将开展主题活动，如心理疏导、种绿植、健步走等，为服务对象建立良好的社区支持网络，进一步增强服务对象与社会工作者的信任关系。】

知识链接

社会支持理论

人的生存需要与他人合作，以及依赖他人的协助，一个人所拥有的社会支持网络越强大，就越能应对各种来自环境的挑战。社会支持网络是个人生命过程的组成部分，每个人都拥有一定的正式和非正式的社会支持网络，前者是指社会正式组织给予的支持，后者是指来自亲友、邻里等人际互助网络的支持。

三、第四次服务

服务地点：社区活动室。

参与人员：社会工作者、服务对象。

服务形式：小组游戏“猜猜看”。

服务内容（摘要）：

前期工作中，社会工作者了解到4位老人分别来自不同的省份，虽然经过之前的破冰阶段，大家都有了基本的了解，但关系仍不熟，见面也就停留在点头示意这一程度上，大家刚到活动室时还是很拘谨，在邀请服务对象参加“猜猜看”游戏时大家也很拘谨，于是社会工作者首先进行了示范。

（社会工作者与组员会谈摘要）

社会工作者：各位叔叔们好，我先说一句家乡俏皮话，猜猜我是哪里人，“撅尾巴管儿”。

服务对象赵某：哈哈，这也太简单了吧，原来你是北京人呀！

社会工作者：是啊，赵大爷该您了吧？

服务对象赵某：你个瓜娃子，还挺聪明的吗？

服务对象杨某：四川是个好地方啊！出领袖，邓小平的故乡啊……

服务对象张某：确实是个好地方，我年轻的时候还在那里当过兵。

服务对象杨某：在那里当兵，适应得了气候吗？我听你口音像是北方人啊！

服务对象张某：是，没错，那时候年轻什么都克服得了，年轻就是好啊！

服务对象赵某：可不是嘛，我小的时候过的日子可苦了，每天有一顿饱饭就是好日子！

服务对象李某：真是不容易……

服务对象杨某：唉，咱们都经历了苦日子，现在的日子太幸福了！

服务对象赵某：对啊，不容易啊！

（另外几名服务对象不自觉地点了点头）

社会工作者：那时候生活太不容易了，我们更应该珍惜当下的日子，这是我们努力拼搏换来的美好生活啊！

老年社会工作介入方法：缅怀治疗。

【接下来，每个服务对象轮流介绍了自己的家乡并分享了一道家乡美食。通过缅怀治疗方法，让每位老人都有话可说，引导老人以一种讲故事的状态回忆艰苦的岁月，每个人都把自己经历的事情分享出来，当有共同语言时，老人们似乎找到了知音，进一步拉近了老人之间的关系；同时通过回顾过往的人生成就，提升老人自我价值感，促进老人自我价值的挖掘，提高其适应现实生活的能力。】

知识链接

缅怀治疗

老年社会工作者协助老年人缅怀过去，回忆以往的正面事件和感受，从正面的角度去理解和面对过去的失败与困扰，从而肯定自己，适应现在的生活状况。

四、第五次服务

服务地点：社区活动室。

参与人员：社会工作者、服务对象。

服务形式：社区活动。

在本次活动中，社会工作者链接社区资源，邀请 4 位老人参与社区大联欢活动。老人们在活动中默契十足，为大家呈现了非常有意思的三句半节目，进一步增强了老人之间交往的信心。

流程五 评估

一、过程评估

社会工作者能够根据服务对象的特殊性，综合使用个案工作及小组工作方法，通过运用社会支持理论、增能理论及优势视角理论，帮助服务对象发现自身优点，增强其人际交往能力。

二、效果评估

在本次服务中，社会工作者通过专业个案工作、小组工作鼓励服务对象参与到人群活动中去，打破其心理防御机制，提升人际交往能力，并构建了相对稳定的人际支持网络，服务对象的身心健康都有一定的改观，如自信心更强、更愿意参加社区活动等，其亲属对这些改变深感满意。

流程六　结案

（社会工作者与组员会谈摘要）

社会工作者：各位叔叔们好，经过五次服务，咱们的活动马上就要结束了。接下来我们每个人分享一下感受吧？

服务对象赵某：一开始我还真不是很看好咱们这个活动，现在觉得你们还是很专业的。

服务对象杨某：确实专业，我现在非常愿意参加社区活动，找到组织啦！

服务对象张某：嗯，没事咱们下下棋、聊聊天，挺好！

服务对象李某：没错！

本次集会属于小组的结束期，通过社会工作者的引导，服务对象对本次小组活动开展情况进行了回顾。本次小组活动后，小组成员更加愿意表达自己，社会适应能力也得到了有效提升，小组成员之间产生了深厚的感情，也学会了照顾他人的想法和感受。

专业反思

面对具有较强个性的服务对象，社会工作者需要投入更多的耐心开展和组织动员工作，鼓励老人走出家门，参与到集体活动中来。可以看出，无论是个案工作还是小组工作，本任务情境中的社会工作者都主要围绕帮助服务对象走出封闭的自我生活环境，相互之间建立起支持网络来开展，从而进一步聚焦服务热点，这一点是非常值得肯定的。

另外，在实际工作中，社会工作者通过先期开展个案辅导，之后开展小组活动，陪伴并鼓励服务对象运用所学技巧尝试走出家门，建立新的社交网络，主动与社区居委会建立联系，激发服务对象参与社区活动、社区治理的兴趣，使得服务对象能够在团体活动中认识更多的朋友，在一定程度上弥补了家人角色缺位的问题，这也启发社会工作者在工作中需要适时地打破一些理论条框，创新性地运用多种社会工作方法，灵活地开展社会服务工作。

本次服务的服务目标基本达成，但在辅导过程中也存在一些不足，如未能深入服务对象家庭解决其家庭关系问题；由于服务对象长期独居，子女忙于工作，较少与老人一同居住生活，社会工作者未能实现与其家庭共同努力帮助老人。面对同类型个案，如何深入家庭联结独居老人与子女之间的关系是一个重要的课题，社会工作者需要通过反思吸取教训，为日后社会工作的开展积累经验。

任务四　咨询服务

《老年社会工作服务指南》（MZ/T 064－2016）明确规定，咨询服务主要包括以下内容：

（1）协调相关专业人士为老年人提供政策咨询、法律咨询、健康咨询、消费咨询等服务；

（2）完善老年人信息提供和问询解答的机制和流程。

任务情境

陈阿姨，女，60 岁，性格开朗，双腿三级残疾，站立无力，扶墙可缓慢行走。刘叔叔，服务对象丈夫，63岁，身体患有多种疾病，无法工作。家中姐妹会接济一些日用品给服务对象，以满足服务对象基本的生活需要。由于要照顾母亲生活，服务对象平常主要在母亲家活动。据服务对象叙述，因为自己膝盖没有力气，现在需要一个坐便器，还希望社会工作者能帮忙联系一下医院，尽快完成下一次手术。

分解任务流程

接案 → 预估 → 计划 → 介入 → 评估 → 结案

任务实施

流程一 接案

因服务对象母亲是社区低保户，平时与社区工作者沟通较多，社会工作者对服务对象母亲家的基本情况也比较了解，于是社会工作者就服务对象的问题与其母亲进行了充分沟通，整个会谈开展起来比较顺利。

服务对象1999年因脊椎有问题去医院做手术，但手术失败，导致三级肢体残疾，双腿无力，且患有糖尿病并发症。其丈夫亦身患多种疾病不能工作。家里每月医药费近千元，花销很大。社区虽能够报销一部分医药费，但由于家中没有经济来源，二十年来服务对象一直为每个月的医药费花销而凑钱，生活压力很大。

流程二 预估

一、初步诊断

（一）家庭因素

陈阿姨丈夫身体患有多种疾病，无法工作。其母亲九十多岁，需要有人全日照料，目前主要是服务对象在照顾母亲。

（二）个人层面

1999年服务对象因脊椎问题去医院做手术，但手术失败造成三级肢体残疾。目前，服务对象双腿无力，且患有糖尿病并发症，没有固定工作，也没有稳定的经济来源。

二、需求设计

（1）健康咨询；

（2）坐便器购买咨询；

（3）计划做第二次手术。

流程三 计划

一、确定目标

（一）总体目标

帮助服务对象改善当前状况，满足服务对象的需求。

（二）具体目标

（1）增强服务对象心理健康意识；

（2）链接资源，了解坐便器申请渠道；

（3）链接医院资源，咨询服务对象进行二次手术计划情况。

二、设定实施策略

阶段	服务内容	预期效果
前期	与服务对象及其母亲、姐妹、丈夫进行会谈，更加充分地了解服务对象现实生活基本状况	与服务对象建立信任关系
中期	通过社区残联了解坐便器的价格、使用注意事项等信息，向医院门诊人员了解服务对象二次手术的相关信息	帮助服务对象了解相关政策需求
强化期	链接社区资源，邀请服务对象参加健康知识讲座	向服务对象讲解相关养生知识，引导其树立健康生活理念
后期	缓解其离别情绪，并且巩固和保持服务对象的改变	顺利结案

流程四 介入

一、第一次服务

针对服务对象提出的购买坐便器的需求，社会工作者通过向社区残联咨询得知，此项服务可以在社区得以解决，即服务对象需要携带残疾证、身份证到社区残联填写申报表格，由社区残联负责联系事宜；之后社会工作者将了解到的相关政策告知服务对象。此外，社会工作者还全程代办了所有事项，让服务对象足不出户就收到了坐便器。

二、第二次服务

服务对象一直有做二次手术的计划，社会工作者与服务对象沟通后得知其想要去北医三院做手术，于是社会工作者通过电话联系了北医三院的工作人员。鉴于服务对象情况特殊，医院工作人员建议服务对象亲自到医院进行检查后，再告知手术所需费用等信息。另外，社会工作者还了解到院方为了方便残疾人就诊及住院，还专门开通了“残疾人优先就诊”绿色通道，并为残疾人提供了各种无障碍设施。服务对象了解后非常感动，赞扬社会工作者提供的咨询服务全面、及时，便于日后就诊。

三、第三次服务

社会工作者通过链接社区资源，联合社区残联共同组织开展了一场健康知识讲座。活动中社会工作者邀请社区医生用图文并茂的方式、通俗易懂的语言，围绕什么是真正的健康、怎样才能拥有健康的身体和心态、健康生活方式的四大方面（合理膳食、适量运动、戒烟限酒、心理平衡）等进行了详细的讲解，引导残疾朋友加强自我保健，善待自己，清楚了解自己的健康状况，提高自身预防疾病的能力。通过此次讲座，服务对象表示进一步提高了自我保健意识，提升了残疾家庭的幸福生活指数。

四、第四次服务

社会工作者在一次与服务对象的沟通中了解到，服务对象近期有头晕等症状，经医生诊断血压较高，需要实时监测。于是社会工作者对服务对象进行测量血压方法的培训，告知其需要定期对血压进行监测且养成定期检查身体的习惯。另外，社会工作者还细心地提醒服务对象要时刻保持健康的生活习惯，并为服务对象普及了一些养生小常识，如日常起居方面要早睡晚起，避寒保暖；饮食方面要多温少寒，补肾助阳；运动方面要适度锻炼，持之以恒；平时还可以适当服用一些增强抵抗力的保健产品。尤其是在心脑血管病的高发季节，随着天气转凉、肢体运动功能的降低，老年人应特别注意作息规律，休息充足，饮食以清淡为主，少食肠胃刺激性和神经刺激性食物，喝茶也要注意茶的种类、浓淡等。

流程五 评估

一、过程评估

在个案服务过程中，社会工作者严格遵守个案服务工作流程，与服务对象建立专业关系，并链接社会资源，积极协调相关专业人士提供健康咨询、消费咨询等服务，最终解决问题。

二、效果评估

据社会工作者陈述，服务对象每次见到社工都是热情迎接，积极配合个案服务，而且从服务对象每次接受服务后的反馈表和最后一次服务满意度调查表来看，服务对象对本次个案服务过程和结果都给予了高度认可。从最初的坐便器购买需求，到进行二次手术的咨询需求，再到了解日常养生知识的健康需求，社会工作者都能够尽全力协调相关专业人士提供及时、准确的咨询服务，真正为老年残疾人的日常生活提供便利条件。

流程六 结案

（社会工作者与服务对象陈阿姨会谈摘要）

社会工作者：陈阿姨您好，我们这次服务目前来看效果不错，服务就要结束了。我们首先回顾一下关于健康方面的知识吧。还记得我和您说的怎么适量运动吗？

陈阿姨：记得、记得，我每天都在按照你教的练习呢！

社会工作者：太好了，那我提问了：像现在这么寒冷的冬天，在早晨锻炼前要注意什么？

陈阿姨：不要急于起床，等稍微清醒后再起床，然后先喝点温开水，再去厕所。

社会工作者：对，这是因为晚上睡觉时血液黏稠度高，过早晨练易引发心脑血管疾病。那么在运动的时候还要注意什么？

陈阿姨：老年人在运动时，不要做剧烈运动，尤其注意不要过度用力，不要过度弯腰、下蹲、引体向上、俯卧撑等，这些活动会导致瞬间血压上升，尤其是颅脑内血压上升，易引发脑血管疾病。

社会工作者：您说得太对了！看来您掌握得已经非常好了！对了，陈阿姨，我还要和您说，现在天气太冷了，您还要每天早晨外出照顾母亲，您一定要注意安全，路上结冰很危险的！

陈阿姨：太感谢你了，你真是贴心，想得太周到了！这坐便器的问题解决了，我去医院看病也提前了解了绿色通道，我刚到医院就有医生主动引导，全程陪护，服务得太好了，真是感谢你提供了这么多有用的信息。

社会工作者：这是我应该做的。以后您要是有什么困难，我一定尽力帮您。

【本次介入是个案工作的结案阶段，此次介入要帮助服务对象回顾其发生的积极变化，引导服务对象认可服务效果。】

专业反思

老年残疾人是同时具有年老和残疾双重属性的弱势群体。由于老年残疾人是社会的边缘群体，处于失权状态，各方面的需求得不到满足，自身缺乏整合资源的能力，而且他们往往想不到可以寻求社会的帮助和支持或找不到寻求社会支持的途径，所以此时社会工作者提供的咨询服务至关重要。

另外，由于老年残疾人的特殊身份，社会工作者在提供服务的过程中，需要向这一类服务对象表达更加充分的尊重、信任与接纳，信任关系才能很好地确立。本任务情境中的服务对象虽然双腿三级残疾但是性格较为开朗积极，对待社会工作者十分热情，也能够很好地表达自己的问题和需求，这些都为社会工作者提供专业服务奠定了基础。本次服务基本达成服务目标，服务成效显著，但是仍需要社会工作者持续介入，不断地提升服务对象及其家庭应对问题的能力。

最后，社会工作者最大的感触是老年残疾人群体问题的出现并不单是个人或家庭的责任，也是社会的责任，其问题的解决需要政府、社会的大力支持。老年残疾人社会工作的开展对于解决老年人因失权而导致的个人、家庭以及社会问题，恢复该群体的社会功能，促进家庭和社会的和谐发展起着很重要的作用。

任务五　社会参与服务

《老年社会工作服务指南》（MZ/T 064－2016）明确规定，社会参与服务主要包括以下内容：

（1）开展适合老年人的文化、体育、娱乐等各项活动，培养老年人兴趣团体，提升老年人的社会活跃度，丰富老年人的社会生活；

（2）组织老年人积极参与各项志愿服务，培育老年志愿者队伍，发展老年志愿服务团体；

（3）支持老年人参与社区协商，为社区发展出谋划策；

（4）拓展老年人沟通和社区参与的渠道，促进老年人群体的社会融合。

任务情境

某社区属于典型的城乡接合部老旧小区。辖区基本特点可以概括为“四区”：一是中轴城区。该社区位于北京南中轴延长线上，对南中轴区域发展具有承上启下的作用。二是移民社区。区域70%的人口是原崇文、宣武等中心城区拆迁安置居民，相对而言，社区内多为开放式老旧小区，老、弱、病、残等弱势群体较多，是一个以移民为主的社区。三是绿隔地区。辖区近50%的土地是规划绿地。受产业用地指标的控制，街道没有大型企业，辖区道路、市政、公共服务、环境等配套设施建设较为滞后。四是老旧小区。该社区建于20世纪90年代，小区建筑面积共89万平方米，现有住宅楼161栋，居民14 260余户，小区基础条件相对较差。

随着社区结构的变化和居民自治意识的增强，居民需求层次和种类日益多样化，单靠社区十几位工作人员已很难满足居民日益多样化的需求。社会组织孵化中心“以党建引领、多方参与共同治理”为主线，以“培育社会组织、创新工作方法、协同共治参与、服务居民群众”为思路，采取“社区＋社工＋社会组织”三社联动的工作模式，因地制宜培育了 9 个社区社会组织，用专业的工作方法，开展系列特色活动，化解老旧社区治理难题。其中“暖夕阳”为老志愿服务组织是第一支社区志愿服务队伍。

“暖夕阳”为老志愿服务组织隶属于该社区，是 2017 年开始由社会组织孵化、培育与合作中心培育孵化的社区社会组织典型之一，该社区以培育孵化为老志愿服务为切入点打开社会治理局面，带动地区社会力量以老人家庭为单位参与到社区创新治理过程中。目前“暖夕阳”为老志愿服务队伍凝聚社区 32 名退休党员志愿者、20 余户高龄独居老人家庭参与地区系列公益志愿服务，三年来组织开展过 60 余次社区志愿服务活动，累计受益达到 1 800 余人次。

任务实施

一、发展过程

（一）第一阶段：选好当家人，成立小区为老服务队

该社区属于典型的城乡接合部老旧小区，社区内老、弱、病、残等弱势群体较多，且基础公共服务、环境等配套设施建设较为滞后。随着社区结构变化和居民自治意识的增强，居民需求层次和种类日益多样化，单靠社区十几位工作人员很难满足居民日益多样化的需求。于是街道办事处采用政府购买服务方式，委托中鼎社会工作事务所开展社区志愿服务队伍培育工作。中鼎社会工作事务所经过前期走访，充分了解了社区基本情况，调查发现社区居民老年人较多，而且子女忙于工作不能很好地照顾老人，于是社会工作者经过综合分析，在多方争取意见并进行专业论证后，决定在本社区组建为老志愿服务队。

2017 年 5 月，中鼎社会工作者在多次社区走访中认识了社区合唱队队长刘阿姨，刘阿姨是社区党员，热心社区公益，社会工作者提出筹备为老志愿服务队的想法后，双方一拍即合，最终商定由刘阿姨、社区退休党员王大叔和周阿姨成立了为老服务队。之后通过三人与社区工作者和小区内党员、退休干部、热心居民交心谈话，为老服务队从原来的 3 人增加到 15 人；同时社会工作者与街道、社区进行沟通，为服务队提供了一部分资金支持，至此社区为老志愿服务队正式开始运行。社区志愿服务队队员都是拥有着多年党龄的退休优秀党员，组织管理能力强，责任心强，既熟悉情况，又能与其他居民打成一片，协调沟通起来比较方便，这样他们就投入了协助社区工作者摸排和宣传的工作事务中。

（二）第二阶段：带头示范，激发邻里互助热情

“暖夕阳”为老服务队成员们利用空余时间带头尝试为社区高龄独居老人开展“二对一结对子”个案服务。如小区高龄老人王大爷，今年 80 岁，老伴去世多年，子女在国外工作，常年独居的王大爷饱受腿脚不便问题的困扰。在为老服务队和社区工作者入户时老人主动求助，在征得老人子女同意的前提下，由“暖夕阳”为老服务队两名队员与王大爷结成帮扶对子，两名队员开始定期到王大爷家中探访陪聊、帮助修理燃气灶、检查室内安

全隐患、打扫卫生……事无巨细，当王大爷有突发疾病、缺菜断药的情况时，只要王大爷电话打过来，两名队员便随时赶到。正如王大爷所言，两名志愿者比自己的子女都亲。服务队还带头尝试将社区高龄老人带出家门，开展小型活动，比如组织生日相近的老人开展集体生日会，组织老人制作丝网花、纸质红灯笼，春暖花开时推着老人逛公园赏花等；传统节日如端午节组织老人包粽子、送粽子到家等；带头动员队员和居民开展社区宣传活动，如利用学雷锋宣传月、世界志愿者日等在社区内广泛宣传好人好事，形成良好的社区氛围，引领更多的居民参与到社区志愿服务工作中来。

（三）第三阶段：建立模式，促进为老志愿服务常态化

由“暖夕阳”服务队负责设立老人住户档案，并进行小区老人困扰事务档案整理，小到刮风下雨提醒关窗、缺粮断水代替购买，大到陪同医院挂号就医、居家安全情况排查等，皆整理成册，该项工作持续至今已有四年。“暖夕阳”服务队通过平时走访探望老人了解其问题及需求，每季度定期召开总结会总结工作；对服务队无法解决的问题及时上报社区及街道，由社区和街道统筹解决。在日常生活中，服务队建立定期活动机制，如“结对子”定期到老人家中探访，举办中秋邻里宴、夏季纳凉晚会等形式多样的活动，达到普及知识、融合关系的目的，同时还做好服务记录并建立信息公开机制，不管是老人个案探访、小型聚会还是社区宣传，保证活动有记录、记录可宣传。小区内有一块小黑板，“暖夕阳”成员会定时更新小区黑板报内容，包括活动花销明细、身边好人好事等，如今这块小黑板俨然已成为居民了解“暖夕阳”为老服务队活动的“窗口”和“小喇叭”。

二、取得成效

“暖夕阳”为老服务队作为社会组织孵化培育的为老组织典型之一，从 2017 年成立以来成员从最初的 3 名发展到了如今的 32 名，当前此支服务队已成为社区的“眼睛”和工作“抓手”，并在老旧小区居家养老和社区养老上积累了一定的经验：一方面解决了高龄独居老人生活困扰问题，提升了小区老人的幸福感，减轻了社区服务压力；另一方面逐渐形成了小区居民志愿行为的自觉意识和践行标准，提升了小区居民自我服务能力和自治意识。

三、困难及计划

（一）“暖夕阳”成员存在不固定性问题

因社区社会组织成员大多数属于退休后的老党员，平均年龄在 60 岁左右，成员的年龄、身体和家庭等多方面原因造成“暖夕阳”成员不稳定。为此，中心将联合社区进一步发挥治理型党支部引领作用，完善“暖夕阳”成员管理制度，深入挖掘居住党员，成立楼群党小组，建立“楼道式”党建服务点，吸收年轻党员、居民参与小区管理。

（二）“暖夕阳”活动资金得不到充分保障

草根社区组织不像专业的社会组织，它们的资金主要来源于社区和街道的小额资金，“暖夕阳”在向上级部门申请资金过程中也因政策等原因而遇到了困难。

四、反思

社区自组织从社区能人开始，逐步形成小团队（具有自娱性质的种子形态），再到形成小组织（具有共益性质的小苗形态），最后形成正式组织（具有公益性质的地区性小树或大树的形态），需要经历一段很长的发展和培育过程。在此过程中政府部门起到非常重

要的政策和资金的支持、政策培力、资源协调作用，同时每一个环节都需要遵循社区营造理念，采取不同的辅导方法，充分发挥社区自组织的主观能动性，提升自组织的组织管理能力、项目管理能力、财务管理能力、组织宣传能力以及内外部资源筹集能力，不断增强自组织自我造血能力。

任务六 老年临终关怀服务

《老年社会工作服务指南》（MZ/T 064－2016）明确规定，老年临终关怀主要包括以下内容：

（1）开展生命教育，帮助老年人树立理性的生死观；

（2）协调医护人员做好临终期老年人的生活照料和痛症管理；

（3）密切关注老年人的情绪变化，提供相应的心理支持；

（4）协助老年人完成未了心愿及订立遗嘱、器官捐献等法律事务；

（5）协助老年人及家属、亲友和解和告别等事宜；

（6）协调为老年人提供精神层面的支持；

（7）为有需要的老年人及家属提供哀伤辅导服务。

任务情境

刘爷爷，84 岁，退休前为矿工，1996 年经市劳动鉴定委员会鉴定为工伤（职业病）——三期煤硅肺，常年住院疗养；10 年前入住某老年病医院时生活能自理，精气神十足，经常与病友下棋、遛弯；近一年因病情加重，呼吸日益困难，病痛的折磨导致其情绪低落，终日卧床，与外界接触减少。刘爷爷变得爱闹脾气、精神消极沮丧。每每看到与自己病情相仿的老人去世，就会陷入一阵恐惧的情绪中，觉得自己“时限已到”。虽然老伴常年陪伴，儿女孝顺，但刘爷爷碍于情面，不愿意与家人沟通。经了解，目前治疗只能轻微缓解病痛，不能阻止病情恶化。

近期，该老年病医院结合实际情况，联合中鼎社会工作事务所推出“生命关顾计划”，为刘爷爷等病情相似的老人提供临终关怀服务，尽最大努力、最大限度地减轻病人痛苦，稳定其情绪，缓解其面对死亡的恐惧与不安，提高尚存的生命质量。

分解任务流程

接案 → 预估 → 计划 → 介入 → 评估 → 结案

任务实施

流程一 接案

根据任务情境介绍可知，刘爷爷是老年病医院与中鼎社会工作事务所联合开展的“生命关顾计划”活动的服务对象。因刘爷爷已入住该医院多年，医生对其病情非常了解，于是社会工作者与老年病医院的医护人员进行了充分沟通，同时还对几名病情相似的老人的基本情况进行了细致了解。

流程二 预估

一、初步诊断

（一）老化问题

每个人在变老的过程中身体系统都会出现不同程度的衰弱，尤其是像刘爷爷这样患有职业病的高龄老人，身体系统更加脆弱，常年受到病痛折磨，生活质量受损。

（二）心理失衡

刘爷爷患有职业病，每逢病痛都会想到自己面临死亡，内心比较恐惧。

（三）社会隔离

老年医院大多实行相对封闭的院舍式照顾模式，虽偶尔与家人接触，但仍与外界接触比较少。

二、需求设计

（1）心理疏导；

（2）树立正确的生死观。

流程三 计划

一、确定目标

帮助服务对象树立正确的生死观，珍惜生命、活在当下。

二、设定实施策略

阶段	服务内容	预期成效
前期	心理疏导；耐心倾听服务对象现在的感受、面临的问题和困惑	鼓励服务对象充分表达自己的想法和情绪，坦然接受即将面临的死亡
中期	运用人生回顾法，引导服务对象进行生命重温	引导服务对象重温自己的陈年往事，帮助服务对象处理在早期生活中还没有妥善处理的问题
	制作人生回顾手册，结合“世界临终关怀及舒缓治疗日”活动，推广临终关怀服务	鼓励服务对象直面人生，珍惜生命，活在当下
后期	为服务对象家属提供哀伤辅导服务	减轻服务对象家属的悲伤反应，减少亲人即将离世对其正常生活和工作的影响

流程四 介入

一、第一、第二、第三次服务

服务地点：老年病医院。

参与人员：社会工作者、服务对象刘爷爷。

服务形式：会谈。

服务内容（摘要）：

社会工作者每周都会去探望刘爷爷，和他沟通聊天，对其进行情绪疏导，引导其正确面对死亡，消除对死亡的恐惧。另外，社会工作者在聊天中得知刘爷爷对党史特别感兴趣，于是与他约定每次服务时刘爷爷都要与社会工作者分享一个历史事件，这期间刘爷爷要积极“备课”以充实生活。经过几次服务，刘爷爷的情绪逐渐变得平和。

二、第四次服务

服务地点：老年病医院。

参与人员：社会工作者、服务对象刘爷爷。

服务形式：会谈。

服务内容（摘要）：

> 老年社会工作介入技巧：人生回顾法。

社会工作者运用人生回顾法，引导刘爷爷做一次人生回顾，分享自己的工作经历、生活经历等，帮助他察觉到一些未处理的矛盾。刘爷爷讲述了自己“九死一生”的惊险经历，也讲述了自己未能实现的心愿。刘爷爷告诉社会工作者，他最大的遗憾就是没有去当兵，年轻的时候他最期望能够穿上军装，无奈因为各种原因没能如愿，于是就特别希望儿子、孙子能够去当兵，但现实依旧没能如愿，所以有时想到这，他对家人的态度就不是很好。之后社会工作者对其进行了专业辅导，帮助老人接受过去发生的一切，尊重家人们的选择，从而化解家庭的矛盾。

知识链接

人生回顾

人生回顾是一种通过回顾、评价及重整一生的经历，使人生历程中一些未解决的矛盾得以剖析、重整，帮助个体发现新的生命意义的心理、精神干预措施。

人生回顾疗法以完整的个体为中心，强调在关注积极回忆的同时感受消极的经历，社会工作者通过引导老年人重新整合整个人生，以一种平衡的心态评估整个生命的过程，帮助其解决过去的矛盾与冲突，从而接纳自己、接纳当下、重建生活的期望。

三、第五次服务

服务地点：老年病医院。

参与人员：社会工作者、服务对象刘爷爷。

服务形式：会谈。

服务内容（摘要）：

社会工作者将谈话记录整理成册，并通过与家属沟通，收集服务对象刘爷爷年轻时的照片等资料，通过精彩片段回顾、录制祝福视频等方式，协助其梳理年轻时的生活经历、记录过往人生感悟，肯定个人良好品质，为服务对象留下宝贵的精神遗产，帮助其传承生命的价值。

四、第六次服务

服务地点：刘爷爷家中。

参与人员：社会工作者、服务对象家属。

服务形式：会谈。

服务内容（摘要）：

哀伤辅导是临终关怀的最后一个环节，可以帮助哀伤主体接受丧失亲人的事实，尽快重返工作和生活。社会工作者提前对家属进行了心理干预，引导家属接受刘爷爷即将离开的事实，尤其是在面对刘爷爷时要保持积极乐观的态度，尽量不要把自身的悲伤情绪传达给刘爷爷，让刘爷爷有尊严、有质量地走好人生最后一段路。

流程五 评估

社会工作者在服务过程中，能够本着尊重、接纳、同理、保密的理念，耐心倾听服务对象的感受及面临的问题和困惑，通过制作人生回顾手册，协助服务对象留下个人精神遗产，传承生命价值。

流程六 结案

服务对象刘爷爷在尚未结案时，因病情恶化突然离世。让社会工作者意外的是，刘爷爷的遗嘱中写道：自己去世后自愿捐赠遗体，以此为社会做最后一次贡献。最后家属尊重了服务对象的遗愿。

专业反思

随着老年人身体机能的下降，尤其是患有重病、即将面对死亡时，其担忧和恐惧的不良情绪日益增长，内心充满了无法克制的恐惧感，此时针对老年人的心理疏导和生命教育工作就显得尤其重要。

本任务情境中社会工作者采用逆序回顾干预方式帮助服务对象进行人生整合，鼓励服务对象充分表达自己的想法和情绪，坦然接受即将面临的死亡，从而引导刘爷爷珍惜现在的生活；通过重温往事，肯定其人生中的积极经历，引导刘爷爷找到往事的意义并建构生命的价值；通过化解家庭成员之间的隔阂，引导刘爷爷重新激活疏离的人际关系，寻求与自己、与他人的和解。其间运用的缅怀往事疗法和人生回顾疗法得当，社会工作者能够有效引导老人回忆过往经历，检视自己的生命历程，探求人生的价值和意义；在制作纪念册的过程中，社会工作者通过与老人共同回顾其人生经历，感受到了老一辈人对党、对人民的挚爱，让自己深感触动；服务对象讲述的战争年代生活的艰苦，以及中华人民共和国成立以来亲身经历的翻天覆地的变化，都给社会工作者留下了深刻印象，正如社会工作者所说："我感受到了信仰的力量！"

服务对象在尚未结案时突然离世，这让社会工作者、服务对象家属都十分悲痛，但因前期哀伤辅导工作的铺垫，大家的精神状况还是不错的。在家人举办的追悼会上，社会工作者及老年病医院的医护人员赞扬了服务对象勇敢、忠诚、担当的可贵精神品质，这也引发了社会工作者自己对人生价值的思考。最终家属尊重了服务对象的遗愿，将遗体捐赠给需要帮助的人，这无疑是本次个案工作中最令人感动的结果。

任务总结

1. 老年人的需要

（1）健康维护。

老年期是疾病多发期，健康维护是老年人最为关注和渴望满足的需要。

（2）经济保障。

在传统社会中，老年人依靠子女提供经济供养，但在现代社会中，老年人可以通过领取退休金、养老保险等途径来得到赡养，从而获得经济方面的保障。

（3）就业休闲。

许多达到退休年龄的老年人还有继续工作的愿望。因此，重新就业成为其基本需要。

（4）社会参与。

老年人需要表达自身的愿望，维护自身的权益并发挥余热。因此，社会参与是老年人的重要需求。

（5）婚姻家庭。

幸福美满的家庭生活是所有人追求的目标，老年人也有维持和向往美好婚姻家庭生活的需要。

（6）居家安全。

家庭条件的改善、居住环境的安全，都是老年人所关注的。

（7）善终安排。

老年是人生历程的最后一个阶段，许多老年人十分关注自己的身后事宜，需要在离世前安排好子女的生活、财产的分配、墓地的购置、后事的操办等。

（8）一条龙照顾。

伴随老化的过程，老年人在各阶段会有不同的照顾需要，可能需要接受居家养老、社区照顾、院舍照顾等不同类型的服务，不同类型的照顾方式之间需要有良好的整合与过渡。

2. 老年社会工作的服务原则

（1）接纳原则。

社会工作者需要从思想观念上努力理解和接纳老年人，充分理解老年人的真实感受，获取老年人足够的信任，从而有效地协助老年人解决生活问题或困难。社会工作者要始终以解决问题为中心，切忌陷入情感泥淖而无法自拔。

（2）尊重原则。

社会工作者应充分考虑老年人的生理和心理特点，而不能以自己的行动和反应能力来要求老年人。如对老年人开展讲解、说明、劝导工作时，说话要尽量委婉，必要时应做反复说明以使老年人充分理解自己的意图。另外，在开展活动时要给予老年人细致周到的照顾，确保老年人在体力和心理上能够承受，并对老年人多加鼓励，对其所取得的任何进步和改变都应及时地给予赞赏，以促使他们建立起良好的自信心。

（3）自决原则。

社会工作者在服务中要充分尊重老年人的真实想法，不能代替老年人做出行动和决策，否则会极大地打击老年人参与服务的积极性，过度大包大揽会使老年人感到自己无能而产生沮丧心理。社会工作者应相信老年人自身的能力，并通过增强老年人的自立能力，提高老年人的自信心，积极鼓励他们在可能的情况下自行做出选择和决定。

思考与讨论

1. 结合任务一，试分析社会工作者可以运用哪些方法进一步增强老人的“爱与归属”感。

2. 结合任务二，试分析当服务对象希望直接给出建议或意见时，社会工作者需要注意哪些情况。

3. 结合任务三，试分析社会工作者运用了哪些专业方法帮助老年人实现了积极改变。

4. 结合任务四，试分析社会工作者协调和链接了服务对象的哪些资源和系统。

5. 结合任务五，试分析社会工作者如何对服务过程和服务成效开展评估。

6. 结合任务六，试分析服务对象的问题、需求和资源状况。

实训题

实训情境：

服务对象李某，男，55 岁，从小患四级肢体残疾，经过多年坚持不懈的锻炼，如今恢复良好；服务对象的女儿为高一学生，第一次寄宿在学校，存在不适应状况；妻子身体健康，为了照顾服务对象与女儿，辞职在家。目前服务对象家中唯一的收入就是低保，每月三千元左右，钱基本花在医药费以及女儿的学费上，家庭经济状况总体较差。通过与服务对象的进一步接触，服务对象说出了内心隐藏多年的渴望，即希望社会工作者能帮助解决自己母亲的遗产问题。

1. 服务对象的需求有哪些?

2. 社会工作者如何帮助服务对象链接资源?

3. 根据实训情境制订服务计划。

参考文献

[1] 全国社会工作者职业水平考试教材编委会．社会工作实务：中级．9版．北京：中国社会出版社，2020.

[2] 全国社会工作者职业水平考试教材编委会．社会工作综合能力：中级．9版．北京：中国社会出版社，2020.

[3] 沈光辉，周瑛．社区工作实务．北京：中国社会出版社，2018.

[4] 赵芳．小组社会工作：理论与技术．上海：华东理工大学出版社，2015.

[5] 万江红．小组工作．北京：中国人民大学出版社，2016.

[6] 安芹．个案工作实务手册．北京：北京理工大学出版社，2015.

[7] 李晓．老年社会工作案例评析．北京：中国社会出版社，2017.

[8] 许莉娅．青少年社会工作服务指南解读．北京：中国社会出版社，2019.

[9] 黄晓燕．儿童社会工作实务．北京：中国社会出版社，2015.

[10] 陈心洁．小组工作的理论与实务．北京：中国政法大学出版社，2015.

[11] 艾伦-米尔斯·保拉．儿童青少年社会工作．范志海，李建英，译．上海：华东理工大学出版社，2013.

[12] 陈一心．儿童心理咨询与治疗．北京：北京大学医学出版社，2009.

[13] 刘春霞．政府购买社会服务项目的设计与执行．郑州：郑州大学出版社，2020.

[14] 孙薇．社会工作介入老年残疾人精神照料研究——以长沙市G社区为例．湘潭：湘潭大学，2020.

[15] 胡雅洁．个案工作介入社区矫正人员社会融入的实务探究．郑州：郑州大学，2020.

[16] 李婷．社会工作介入社区服刑人员社会支持网络建构的个案工作方法——以P区L为例．广州：华南理工大学，2020.

[17] 张帅佳．未成年女性社区矫正的个案研究．南昌：江西财经大学，2019.

[18] 丁浩．结构家庭治疗模式介入城市隔代抚养家庭代际冲突问题的研究——以Y市A家庭个案研究为例．武汉：华中科技大学，2019.

[19] 李茜．结构家庭治疗模式介入随迁老人家庭代际冲突的研究——以武汉市D社区随迁家庭个案为例．武汉：中南民族大学，2019.

[20] 宋雪．联合家庭治疗模式在单亲家庭亲子关系调适中的应用——以连云港市Y学生为例．南京：南京农业大学，2015.

[21] 高一唯．任务中心模式对单亲隔代教育青少年厌学问题的介入研究．武汉：华中科技大学，2017.

[22] 於红叶．任务中心模式下社区邻里纠纷解决的个案研究．长春：长春理工大学，2019.

[23] 吕玉文．萨提亚家庭治疗模式介入亲子关系的研究．广州：广州大学，2017.

［24］李丹．社会工作介入城市贫困儿童自信心提升的个案研究——基于心理社会治疗模式．西安：西北大学，2019.

［25］张梅．双重家庭治疗模式改善隔代教养家庭亲子关系研究．沈阳：辽宁大学，2018.

［26］陈宇．历奇辅导对在校大学生抗逆力的影响研究——以中国青年政治学院历奇课程为例．北京：中国青年政治学院，2018.

［27］李艳．缅怀往事疗法在老人精神慰藉服务中的应用研究——以北京市B社区为例．北京：北京工业大学，2018.

［28］王博．小组工作在精神障碍患者社区康复项目中的应用．苏州：苏州大学，2019.

［29］孟凯波．社会工作介入社区戒毒康复人员社会融入的实务探究——以深圳市A社区Z个案为例．郑州：郑州大学，2019.

［30］廖雯雯．我国戒毒人员社区康复的社会工作服务研究——以F市L机构启明星驿站为例．大庆：东北石油大学，2020.

［31］孙江涛．社区自治视角下新型社区自组织的建构研究——以北京市3个社区为例．学习论坛，2019（5）：76-81.

［32］《社会工作方法 个案工作》（MZ/T 094－2017）．

［33］《社会工作方法 小组工作》（MZ/T 095－2017）．

［34］《社区社会工作服务指南》（MZ/T 071－2016）．

［35］《儿童社会工作服务指南》（MZ/T 058－2014）．

［36］《老年社会工作服务指南》（MZ/T 064－2016）．

［37］《青少年社会工作服务指南》（GB/T 36967－2018）．

［38］《社会工作服务项目绩效评估指南》（MZ/T 059－2014）．

［39］《社会工作者职业道德指引》．

［40］《中国社会工作者协会社会工作者守则》．

附　录

一、个案工作接案记录表

<table>
<tr><td>服务对象姓名</td><td></td><td>社会工作者姓名</td><td></td></tr>
<tr><td>日期、时段</td><td>年　月　日
时　分—　时　分</td><td>地点</td><td></td></tr>
<tr><td colspan="4">服务对象来源及接受服务意愿</td></tr>
<tr><td colspan="4">来源：□主动求助　□转介　□外展
说明：
接受服务意愿：□不愿意接受服务　□不适用　□愿意接受服务
说明：(不愿意接受服务或不适用请说明)</td></tr>
<tr><td colspan="4">服务对象情况</td></tr>
<tr><td colspan="4">服务对象基本信息（包括但不限于姓名、性别、年龄、联系方式等基本要素）</td></tr>
<tr><td colspan="4">服务对象困境及需要</td></tr>
<tr><td colspan="4">社会工作者建议</td></tr>
<tr><td>危机程度</td><td colspan="3">□低　□中　□高
说明：</td></tr>
<tr><td>紧急服务</td><td colspan="3">□需要　说明：
□不需要</td></tr>
<tr><td>社会工作者（签名）</td><td></td><td>日期</td><td></td></tr>
<tr><td>督导者（签名）</td><td></td><td>日期</td><td></td></tr>
</table>

二、个案工作预估表

<table>
<tr><td>服务对象姓名</td><td></td><td>个案编号</td><td></td><td>社会工作者姓名</td><td></td></tr>
<tr><td colspan="6">一、背景资料</td></tr>
<tr><td colspan="6">（一）服务对象个人的生理、心理及社会等方面的资料</td></tr>
<tr><td colspan="6">（二）服务对象社会环境的微观、中观、宏观系统等资料</td></tr>
<tr><td colspan="6">（三）服务对象对自己及处境的感受、观念和看法</td></tr>
<tr><td colspan="6">二、服务对象问题及需要分析</td></tr>
<tr><td colspan="6">（一）以需求为导向，与服务对象讨论其需要、困境或问题</td></tr>
<tr><td colspan="6">（二）以资源为导向，识别服务对象及其所处环境中的资源、优势与障碍</td></tr>
<tr><td colspan="6">三、服务目标</td></tr>
<tr><td colspan="6"></td></tr>
<tr><td colspan="6">四、服务内容</td></tr>
<tr><td colspan="6"></td></tr>
<tr><td>社会工作者（签名）</td><td colspan="2"></td><td>日期</td><td colspan="2"></td></tr>
<tr><td>督导者（签名）</td><td colspan="2"></td><td>日期</td><td colspan="2"></td></tr>
<tr><td colspan="6">注：此表格请在个案工作首次接触后 5 个工作日内完成</td></tr>
</table>

三、个案工作计划表

<table>
<tr><td>服务对象姓名</td><td></td><td>个案编号</td><td></td><td>社会工作者姓名</td><td></td></tr>
<tr><td colspan="6">概述问题呈现及原因分析</td></tr>
<tr><td colspan="6"></td></tr>
<tr><td colspan="6">目的（与服务对象商议后确定）</td></tr>
<tr><td colspan="6"></td></tr>
<tr><td colspan="6">服务模式</td></tr>
<tr><td colspan="6"></td></tr>
<tr><td colspan="6">目标、介入策略、工作进度</td></tr>
<tr><td colspan="6"></td></tr>
<tr><td colspan="6">评估方法</td></tr>
<tr><td colspan="6"></td></tr>
</table>

社会工作者（签名）		日期	
督导者（签名）		日期	

四、个案工作服务协议

甲方（委托方）：________________

乙方（社会工作服务机构/社会工作者）：______________________________

在自愿、平等、协商一致的情况下，就甲方委托乙方提供社会工作个案服务事项订立本协议。

第一条 服务目的

……

第二条 服务内容

……

第三条 服务监督与评估

……

第四条 附则

……

甲方签字（盖章/签字）：　　　　　　　　　　乙方（盖章/签字）：

日期：　　年　　月　　日　　　　　　　　　日期：　　年　　月　　日

五、个案工作过程记录表

<table>
<tr><td>服务对象姓名</td><td></td><td>社会工作者姓名</td><td></td></tr>
<tr><td>日期</td><td></td><td>地点</td><td></td></tr>
<tr><td>次数</td><td>第____次</td><td>时段</td><td></td></tr>
<tr><td>服务形式</td><td colspan="3"></td></tr>
<tr><td colspan="4">介入目标</td></tr>
<tr><td colspan="4"></td></tr>
<tr><td colspan="4">介入过程（概述）</td></tr>
<tr><td colspan="4"></td></tr>
<tr><td colspan="4">介入小结</td></tr>
<tr><td colspan="4"></td></tr>
<tr><td colspan="4">下次介入计划与建议</td></tr>
<tr><td colspan="4"></td></tr>
<tr><td colspan="4">督导者意见</td></tr>
<tr><td colspan="4"></td></tr>
<tr><td>社会工作者（签名）</td><td></td><td>日期</td><td></td></tr>
<tr><td>督导者（签名）</td><td></td><td>日期</td><td></td></tr>
</table>

六、个案工作评估表

服务对象姓名		个案编码		社会工作者姓名	
接案日期			结案日期		
以下内容由服务对象填写					
一、您接受了社会工作者的哪些服务？					
二、接受了社会工作者的服务后，您应对困难、解决问题的能力是否获得了提升？					
□是　　说明：________ □否					
三、您对社会工作者的表现满意吗？（请在答案处打钩）					
□非常满意　□满意　□一般　□不满意　□非常不满意					
四、自接受本机构服务后，您的情况是否有改善？（请在答案处打钩）					
完全没有改善　1　2　3　4　5　6　7　8　9　10　完全解决					
五、本服务结束之时，您与社会工作者商定的目标达成情况如何？（请在答案处打钩）					
□完全达成　原因说明：________ □部分达成　原因说明：________ □未能达成　原因说明：________					
六、其他评价及建议					
服务对象（签名）			日期		

续表

以下内容由社会工作者填写			
一、目标达成情况（重点描述服务对象的转变，如情绪改善、行为改变以及能力提升等）			
二、总结与反思			
社会工作者（签名）		日期	
以下内容由督导者填写			
一、对服务的评价			
二、对社会工作者表现的评价			
三、督导者建议			
督导者（签名）		日期	

七、个案工作结案表

服务对象姓名		个案编码		社会工作者姓名	
接案日期			结案日期		

介入过程及现状总结

1. 服务时间跨度、服务次数、服务方式：__________
2. 服务对象的情况变化、问题解决程度：__________
3. 目前服务对象的意愿、情绪、期望等：__________
4. 社会工作者的观察、总结：__________

目标达成情况

结案原因

□目标达到　　　　　　　　　□超出服务范围

□社会工作者认为不适合继续跟进　说明：__________

□服务对象不愿意继续接受服务　　说明：__________

□其他情况　说明：__________

服务对象知道个案已结束并知道在有需要时如何得到服务　　□是　　□否

结案后回访跟进计划

社会工作者（签名）		日期	
服务对象（签名）		日期	
督导者（签名）		日期	

八、小组工作计划书

基本信息	小组名称		编号	
	服务对象		服务人数	
	日期/时间		地点	
	小组性质			
	人员安排	（分工与职责）	单元（节）数	共____单元（节）
背景	1. 需求调查 2. 问题分析 3. 政策依据 4. 服务方向			
理论依据	（阐述在小组服务中，运用了什么理论，以及理论在小组服务中是如何发挥作用的）			
小组目标				
招募方法				

续表

各单元（节）小组设计大纲	单元（节）次	名称	目标	主要活动内容	时间配置	人力
	1					
	2					
	3					
	……					

预计困难与解决方法	
小组评估	（评估主体、评估对象、评估内容、评估方式等）

财务预算	序号	项目	单价（元）	数量	小计（元）	经费来源
	1					
	2					
	3					
	……					
	申请经费总计			备注： 在“经费来源”一栏请填写相应代码：A. 机构；B. 用人单位；C. 其他（请说明）		

审批签署				
	社会工作者（签名）		日期	
	督导者（签名）		日期	
	中心/项目负责人（签名）		日期	

九、小组工作单元（节）计划书

<table>
<tr><td rowspan="3">基本信息</td><td>小组名称</td><td colspan="2"></td><td>编号</td><td colspan="2"></td></tr>
<tr><td>单元（节）数</td><td colspan="2">第____单元（节）</td><td>本单元（节）主题</td><td colspan="2"></td></tr>
<tr><td>日期/时间</td><td colspan="2"></td><td>地点</td><td colspan="2"></td></tr>
<tr><td>目标</td><td colspan="6"></td></tr>
<tr><td rowspan="6">流程</td><td>时长</td><td>名称</td><td>目标</td><td>内容及具体操作方式</td><td>所需物资</td><td>工作人员</td></tr>
<tr><td></td><td></td><td></td><td></td><td></td><td></td></tr>
<tr><td></td><td></td><td></td><td></td><td></td><td></td></tr>
<tr><td></td><td></td><td></td><td></td><td></td><td></td></tr>
<tr><td></td><td></td><td></td><td></td><td></td><td></td></tr>
<tr><td></td><td></td><td></td><td></td><td></td><td></td></tr>
<tr><td>预计困难与解决办法</td><td colspan="6"></td></tr>
<tr><td>督导意见</td><td colspan="6"></td></tr>
<tr><td rowspan="2">签名</td><td>社会工作者（签名）</td><td colspan="2"></td><td>日期</td><td colspan="2"></td></tr>
<tr><td>督导者（签名）</td><td colspan="2"></td><td>日期</td><td colspan="2"></td></tr>
</table>

十、小组工作过程记录表

<table>
<tr><td rowspan="5">基本信息</td><td>小组名称</td><td colspan="2"></td><td>编号</td><td></td></tr>
<tr><td>日期/时间</td><td colspan="2"></td><td>地点</td><td></td></tr>
<tr><td>社会工作者姓名</td><td colspan="2"></td><td>协助人员</td><td></td></tr>
<tr><td>出席人数</td><td colspan="2"></td><td>单元（节）数</td><td>第____单元（节）</td></tr>
<tr><td>小组性质</td><td colspan="2"></td><td></td><td></td></tr>
<tr><td rowspan="5">过程记录</td><td>时间段及环节</td><td>目的</td><td colspan="3">过程分析</td></tr>
<tr><td></td><td></td><td colspan="3"></td></tr>
<tr><td></td><td></td><td colspan="3"></td></tr>
<tr><td></td><td></td><td colspan="3"></td></tr>
<tr><td></td><td></td><td colspan="3"></td></tr>
<tr><td>小组成员反馈</td><td colspan="5">（可采用问卷等多种方法）</td></tr>
<tr><td>小组分析</td><td colspan="5">（包括小组沟通模式、气氛、规范、凝聚力、组员领导模式、决策、冲突等；小组活动内容、方式等；小组组员的参与、投入和其他表现等；工作人员的态度、投入和专业性等）</td></tr>
</table>

续表

目标达成情况				
工作反思	（可从价值观、理论及技巧等方面进行专业反思）			
下单元（节）跟进	［在下一单元（节）中需要发扬或利用哪些优势，注意解决或跟进哪些问题，以及在专业价值观、理论、方法技巧、工作内容等方面做出哪些调整，在此处应予以简短说明；如果是最后一单元（节），此部分可省略］			
督导意见				
签名	社会工作者（签名）		日期	
	督导者（签名）		日期	

十一、小组工作评估总结报告

<table>
<tr><td rowspan="5">基本信息</td><td>小组名称</td><td colspan="4"></td><td colspan="3">编号</td><td colspan="4"></td></tr>
<tr><td>服务对象</td><td colspan="4"></td><td colspan="3">服务人数</td><td colspan="4"></td></tr>
<tr><td>聚会地点</td><td colspan="4"></td><td colspan="3">社会工作者姓名</td><td colspan="4"></td></tr>
<tr><td>时间</td><td colspan="4"></td><td colspan="3">单元（节）数</td><td colspan="4">共____单元（节）</td></tr>
<tr><td>小组性质</td><td colspan="11"></td></tr>
<tr><td rowspan="3">出席情况</td><td>单元（节）数</td><td>1</td><td>2</td><td>3</td><td>4</td><td>5</td><td>6</td><td>7</td><td>8</td><td>9</td><td>……</td><td>平均值</td></tr>
<tr><td>出席人数</td><td></td><td></td><td></td><td></td><td></td><td></td><td></td><td></td><td></td><td></td><td></td></tr>
<tr><td>出席率</td><td></td><td></td><td></td><td></td><td></td><td></td><td></td><td></td><td></td><td></td><td></td></tr>
<tr><td>目标达成情况</td><td colspan="12"></td></tr>
<tr><td>参加者满意度分析</td><td colspan="12">（请根据小组满意度调查表总结此栏内容，需包含对活动内容/形式、时间、频次、地点、工作人员态度/能力、自我参与程度等的满意程度）</td></tr>
<tr><td>小组分析</td><td colspan="12">[包括小组沟通模式、气氛、规范、凝聚力、组员领导模式、决策、冲突等；小组活动内容、方式等；小组组员的参与、投入和其他表现等；工作人员态度、投入和专业性等各种表现；工作人员（或者说小组）所在机构的人、财、物的投入等各种表现]</td></tr>
</table>

续表

<table>
<tr><td>其他建议</td><td colspan="4">（如筹备策划、人员分工、资源动员与科学合理使用、专业性、本土化、知识建构、内容设计或其他方面的情况及建议等，请在此栏填写）</td></tr>
<tr><td>工作反思</td><td colspan="4">（可从价值观、知识及技巧等方面进行专业反思）</td></tr>
<tr><td>跟进计划</td><td colspan="4">（追踪评估计划）</td></tr>
<tr><td>财务报告</td><td colspan="4">预算经费总计：　　　元
使用经费总计：　　　元
盈余/超支总计：　　　元
（附经费决算明细表）</td></tr>
<tr><td>督导意见</td><td colspan="4"></td></tr>
<tr><td rowspan="3">结束签署</td><td>社会工作者（签名）</td><td></td><td>日期</td><td></td></tr>
<tr><td>督导者（签名）</td><td></td><td>日期</td><td></td></tr>
<tr><td>中心/项目负责人（签名）</td><td></td><td>日期</td><td></td></tr>
<tr><td colspan="5">注：请将评估工具（如评估问卷、评估量表、访谈提纲等）附后</td></tr>
</table>